XINSHIDAI KECHENGSIZHENG JIAOXUE
MOSHI GAIGE YANJIU

新时代课程思政教学模式改革研究

曾保根◎主编

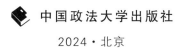

中国政法大学出版社

2024·北京

图书在版编目（ＣＩＰ）数据

新时代课程思政教学模式改革研究/曾保根主编. —北京：中国政法大学出版社,2024.4
ISBN 978-7-5764-1451-6

Ⅰ.①新… Ⅱ.①曾… Ⅲ.①高等学校－思想政治教育－教学研究－中国 Ⅳ.①G641

中国国家版本馆CIP数据核字(2024)第082386号

出 版 者	中国政法大学出版社
地　　　址	北京市海淀区西土城路 25 号
邮寄地址	北京 100088 信箱 8034 分箱　邮编 100088
网　　　址	http://www.cuplpress.com (网络实名：中国政法大学出版社)
电　　　话	010-58908586(编辑部) 58908334(邮购部)
编辑邮箱	zhengfadch@126.com
承　　　印	固安华明印业有限公司
开　　　本	720mm×960mm　1/16
印　　　张	16.25
字　　　数	280 千字
版　　　次	2024 年 4 月第 1 版
印　　　次	2024 年 4 月第 1 次印刷
定　　　价	79.00 元

目 录

基于"一核三层五维"的行政管理一流本科专业课程思政实施体系的构建与实践*

曾保根**

韶关学院　政法学院　广东韶关　512005

摘　要：课程思政是贯彻落实"三全育人"的主阵地，是实现"立德树人"的重要抓手。课程思政建设需要牢牢把握"以培养社会主义合格建设者和可靠接班人为核心目标"（简称"一核"）这一指挥棒，从学校、学院和教学系三个层面（简称"三层"），紧紧围绕教师、课程、竞赛、研究、评价五个维度（简称"五维"）进行系列行之有效的制度安排，将有助于构建全员、全过程和全方位协调育人的课程思政实施体系。本文以"一核三层五维"为视角，较为系统地介绍了行政管理专业课程思政建设的实施体系与实践举措。

关键词：三全育人；行政管理专业；课程思政；实施体系

党的二十大报告指出：培养什么人、怎样培养人、为谁培养人是教育的根本问题。育人的根本在于立德。全面贯彻党的教育方针，落实立德树人根本任务，培养德智体美劳全面发展的社会主义建设者和接班人[1]。早在

---

* 本文系广东省课程思政示范教学团队"行政管理课程思政教学团队"和广东省质量工程项目"基于'一核三层五维'的行政管理一流本科专业课程思政建设研究"（粤高教函〔2023〕4号）的阶段性成果。

** 曾保根，1974年生，汉族，江西吉安人，韶关学院政法学院教授，博士。主要从事人才培养模式改革研究。

〔1〕习近平：《高举中国特色社会主义伟大旗帜　为全面建设社会主义现代化国家而团结奋斗——在中国共产党第二十次全国代表大会上的报告》，人民出版社2022年版，第34页。

2005 年，胡锦涛同志就指出：各高校要切实担负起加强和改进思想政治教育工作的责任，建立健全党委统一领导、党政群齐抓共管、全体教职员工全员育人、全方位育人、全过程育人的工作机制[1]。2016 年，习近平总书记在全国高校思想政治工作会议上强调，把思想政治工作贯穿教育教学全过程，实现全程育人、全方位育人[2]。

为了贯彻落实习近平总书记关于"三全育人"的重要讲话精神，教育部于 2018 年印发了《关于开展"三全育人"综合改革试点工作的通知》（教思政厅函〔2018〕15 号），要求高校围绕"课程育人、科研育人、实践育人、文化育人、网络育人、心理育人、管理育人、服务育人、资助育人、组织育人"十大方面进行综合改革试点。客观地讲，"课程育人"是贯彻落实"三全育人"的主阵地，是实现"立德树人"的重要抓手。

一、问题的提出

笔者通过检索中国知网发现，目前已经公开发表了有关"课程思政"建设的论文 3. 255 万篇。其中，发表在核心刊物（含北京大学《中文核心期刊要目总览》或南京大学《中文社会科学引文索引》）上的论文有 1959 篇。从宏观层面论述课程思政的论文有 273 篇，论述思政课程与课程思政建设的论文有 399 篇，从专业层面论述课程思政建设的论文有 105 篇，从课程群角度论述课程思政的论文有 79 篇；而绝大部分论文侧重论述某一课程的思政建设问题，这类论文高达 1103 篇（见下表）。

目前公开发表的课程思政论文统计表　　（单位：篇）

类型	综合论述类	思政课程与课程思政类	专业类	课程群类	单一课程类
篇数	273	399	105	79	1103
合计	1959				

〔1〕　中共中央文献研究室编：《十六大以来重要文献选编》（中），中央文献出版社 2006 年版，第 645 页。

〔2〕　杨安琪：《习近平在全国高校思想政治工作会议上强调　把思想政治工作贯穿教育教学全过程　开创我国高等教育事业发展新局面》，载 https://news. 12371. cn/2016/12/08/ARTI1481194922295483. shtml，最后访问日期：2023 年 8 月 17 日。

笔者遗憾地发现，在论述专业类的 105 篇课程思政论文中，尚未有学者专门论述行政管理专业的课程思政建设问题。这给学术界留下了研究空间，也为学者开展该领域的研究提供了紧迫性和必要性。那么，行政管理专业的课程思政到底该怎么建设？如何探寻行政管理专业课程思政建设的实施体系及其运行举措，成为一项紧迫的研究课题。

二、行政管理专业课程思政建设的体系构建

行政管理专业课程思政建设是一项系统工程。不仅牵涉课程思政价值导向的正确定位，也牵涉学校、学院和教学系三个组织层级职责与功能的准确定位，还涉及教学主体（教师）、教学场域（课程）、教学研究、学科竞赛和评价体系五个维度的同频发力（见下图）。

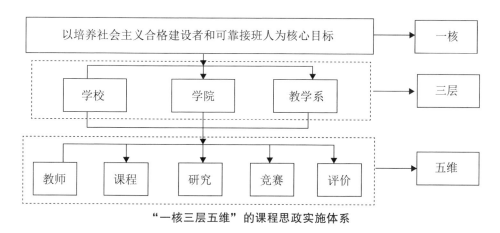

"一核三层五维"的课程思政实施体系

第一，"一核"：是指课程思政建设必须紧扣行政管理专业的人才培养目标，把"培养社会主义合格建设者和可靠接班人"作为本专业人才培养质量的出发点和落脚点，将其视为引领本专业课程思政建设的指挥棒。

第二，"三层"：是指课程思政建设需要从学校、学院和教学系三个层级，探讨教学职能部门、人才培养单位、教学基层组织在推进本专业课程群思政建设过程中所具体扮演的角色及其应该履行的职责，以便各司其职，协调运转。

第三，"五维"：是指课程思政建设需要从实施主体（教师）、实施载体（课程、竞赛、研究）和实施效果评价五个维度，对本专业如何推进专业群课

程思政建设进行专门研究。

三、行政管理专业课程思政建设的实践举措

（一）逐步凝练"一核"，将其视为引领课程思政建设的指挥棒

"培养什么样的人"是高校人才培养和立德树人的出发点。社会主义合格建设者和可靠接班人必须树立共产主义远大理想和中国特色社会主义共同理想；必须具有爱国情怀，时刻不忘自己是中国人；必须坚持立德为先、修身为本，具有大爱大德大情怀；不仅要有中国情怀，而且要有世界眼光和国际视野；必须树立高远志向，具有勇于奋斗的精神状态、乐观向上的人生态度；社会主义建设者和接班人必须全面发展，必须具备德智体美劳综合素质[1]。

具体到学院行政管理专业，主要通过两个渠道逐步凝练和打造本专业的"一核"目标：一是坚持"走出去"，重视与兄弟院校之间的考察交流，学习别人先进的办学理念，以便站在"巨人"的肩膀上，加快推进人才培养高质量发展。二是自 2010 年开始，学院针对在校本科生、往届毕业生和用人单位，专门设计了三套调查问卷。每年对这三类群体和单位开展问卷调查，全面收集学生和用人单位对本专业人才培养的满意度和意见建议，并有针对性地逐步修订和完善人才培养目标及课程体系设置，从而凝练本专业清晰的"一核"——明确当下我院行政管理专业应该培养什么样的社会主义合格建设者和可靠接班人，并将其视为课程思政建设的指挥棒。

（二）探究"三层"之间的职责与功能，构建三个层级的联动运行机制

课程思政建设既需要自上而下的制度设计，也离不开自下而上的积极配合。在这项系统工程中，学校扮演着"顶层制度设计者"的角色，二级学院扮演着"组织规划者"的角色，而教学系则扮演着"具体实施者"的角色。三者之间的权责与功能需要清晰厘定，方能确保本专业课程思政建设的有序运转。

1. 学校切实扮演好"制度设计者"角色

学校职能部门除制定课程思政建设的政策文件之外，更需要开展系列常态化工作来部署和推进课程思政建设。学校为了有序推进思政课程与课程思

---

[1] 本报评论员：《全力培养社会主义建设者和接班人——论学习贯彻习近平总书记全国教育大会重要讲话》，载《人民日报》2018 年 9 月 15 日。

政建设工作，陆续制定了四项制度文件，在顶层制度设计方面提供了政策依据，指明了建设方向；专门设立了校级课程思政建设项目，举行了思政课程与课程思政优秀案例评选，举办了课程思政教学技能大赛；开展了多轮课程思政教学技能培训，等等。

（1）制定系列思政课程与课程思政制度文件

为了有效推进思政课程与课程思政建设，学校于 2019 年制定了《韶关学院思想政治理论课建设行动方案（2019 年—2021 年）》（韶学院党发［2019］32 号）；接下来，又陆续制定了《韶关学院全面推进课程思政建设实施方案》（韶学院［2020］158 号）、《韶关学院思想政治理论课教师结对指导课程思政实施办法》（韶学院办［2021］44 号）、《韶关学院全面推进"大思政课"建设的实施方案》（韶学院党发［2022］71 号）、《关于充分挖掘和利用韶关红色资源深化思政教育改革创新的实施方案》（韶学院党发［2023］21 号）。从指导思想、建设目标、建设原则、建设内容、建设举措和保障条件等方面，对学校思政课程和课程思政建设等多个方面进行了顶层设计。

（2）设立校级课程思政建设项目

学校教务职能部门分别于 2020 年、2021 年和 2023 年启动了校级课程思政项目的组织与评审工作。三年来，共有 218 个项目获得立项。其中，学院类项目 11 项，专业类项目 39 项，课程类项目 168 项。这极大地激发了广大教师开展课程思政建设研究的积极性。

（3）举办校级课程思政教学技能竞赛和培训

近几年来，学校教师教学发展中心每年都举办课程思政教学技能竞赛。比赛分正高组、副高组和中级及以下组，每个组又细分为文科组和理科组。此外，学校每年评选 8 个"优秀组织奖"，用于鼓励参赛积极、动员和组织有力的二级学院。与此同时，学校每年还专门邀请校内外教学名师，以及采取思想政治理论课教师与课程思政教师结对子的方式，对新进教师和参赛教师进行培训和辅导，大大提升了教师们的课程思政教学能力。

（4）组织思政课程和课程思政优秀案例评选工作

学校教师教学发展中心从 2020 年开始组织课程思政优秀案例评选工作：2020 年评选了优秀案例 39 项，2021 年组织评选了优秀案例 97 项。此外，每年评选 5 个课程思政优秀组织单位。此举大幅提高了教师们收集课程思政案例以及运用案例授课的兴趣。

2. 学院切实扮演好"组织规划者"的角色

政法学院是"政治挂帅"的学院，现开设了行政管理、法学、公共事业管理和社会工作四个本科专业。其中，行政管理专业有较多涉及意识形态安全的课程，理应成为课程思政建设的前沿阵地、主战场和排头兵。因而，学院需要对照学校制定的课程思政建设方案或相关政策文件，根据行政管理专业人才培养目标和课程体系设置的具体情况，明确界定该专业课程思政的建设目标、建设规划、建设重点、建设步骤、建设措施以及建设效果评价体系等。

（1）学院党委高度重视课程思政建设

为了体现对课程思政建设的高度重视，学院党委进行了提前谋划和统筹布局。一是成立了课程思政建设领导小组。学院成立了以党委书记和院长为组长，教学副院长和科研副院长为副组长，教学系主任和专业负责人为组员的领导小组。每一季度召开一次课程思政建设研讨会或推进会，专门总结进度，查摆问题，商议解决方案。二是将课程思政建设作为学院党建引领高质量人才培养的重要抓手和特色亮点。将课程思政建设成果作为教师党支部考核和党员评优评先的重要参考指标，提倡广大党员教师率先垂范，在课程思政建设方面发挥榜样带头作用。三是明确提出了学院课程思政建设目标。要求把学院建成全校课程思政领域名列前茅的标杆学院。事实也确实如此，在2021年5月召开的全校"课程思政专题研讨会"上，学院作为全校文科院系唯一代表，在研讨会上就学院如何推进课程思政建设进行了经验交流与分享。

（2）努力打造一批课程思政建设成果

一是全面修订和完善系列课程思政教学资源。早在2020年，学院就开始提前谋划，要求全院教师在2020年—2021学年期间全面修订和完善课程标准、课程教案和PPT课件。在课程标准中的"课程目标"一栏，增加一项"思政教学目标"，并将其列为"课程目标"的第一项预期目标；要求所有课程的每个章节至少融入了一个课程思政元素。根据课程标准中的设计，全面更新课程教案和PPT课件。二是鼓励教师们积极申报课程思政建设方面的教改教研课题，以项目研究为桥梁，积极探索课程思政建设的蕴涵和模式。如行政管理系教师申报的《行政管理课程思政教学团队》获得了2021年广东省课程思政改革示范教学团队；获得了两项省级课程思政教学类项目、20余项校级课程思政建设项目；获得了校级思政课程与课程思政优秀案例一等奖2

项、二等奖 3 项、三等奖 2 项，由于学院组织有力、教师积极参与，学院还获得了优秀组织单位。三是拟出版课程思政专著。学院拟出版一部课程思政专著，这在全校范围内属于首次，具有一定示范性。

3. 教学系切实扮演好"具体实施者"的角色

在课程思政建设过程中，教学系主要负责贯彻落实学校的政策文件和学院的工作布置。行政管理系需要根据全系教师的专业背景、教学特长和教科研优势，对本系的课程建设进行规划，如何开展课程思政师资培训，哪些人负责承担课程思政元素数据库建设，哪些人负责组建课程思政教学团队，哪些人负责承接课程思政教学竞赛，哪些人负责撰写课程思政案例等问题展开研究，探索一套行之有效的分工合作机制，确保每位教师"人人有任务、个个有担当"，确保本专业每门课程都能持续开展课程思政建设。

（1）制定课程思政建设任务

教学系是落实课程思政建设最直接、有效的基层教学组织，是至关重要的载体。在推进课程思政建设过程中，首要任务就是制定该系的建设任务。一是要在学校章程和行政管理专业人才培养目标的定位范围内，明确课程思政建设的范围。界定好本系在思政领域预期取得哪些成果，专业建设、教学竞赛、教研科研抑或学科竞赛。最好有一个长期（如 3 年至 5 年）和短期（如 1 年）的建设任务清单。二是要细化建设任务，压实建设主体。需要根据教学系师资力量的实际情况，把整个教学系的建设任务分解到具体个人，营造一种"人人必领单、个个作贡献"的良好局面。三是定期开展自评检查和跟踪督促机制。最好以半年（一个学期）为周期，对教学系全体教师所承担半年来的建设任务进行统计；同时，每年年底开展年度对照检查。与在规定时间内尚未完成的相关教师进行谈心谈话，查漏补缺，共商解决办法，以便更好地按时完成建设任务。

（2）抓好课程思政建设的落实环节

为了使课程思政建设落实落地，教学系需要抓好以下环节：一是建立专业课程思政元素数据库。针对本专业各类课程群，收集和建立一个涵盖社会主义核心价值观、党和国家大政方针、法律法规、政策文件、职业道德、伦理道德等在内的专业课程群思政元素数据库。使该数据库能够支撑本专业用于培育社会主义合格建设者和可靠接班人的所有课程思政元素。二是定期召开教学系工作会议。学校相关制度规定，教学系原则上每月需要召开一次教学系会议，针对不同时间段布置相应的教学工作。除常规日常教学和管理工作之外，需要对课程思政建设工作进行专门研讨和布置，形成一份建设进度表，以便按部就班推行该项工作。三是组建课程思政教学团队或课程组教学团队。针对整个教学系而言，需要组建一个专业类的教师团队，比如，行政管理系先后组建了公共管理教学团队和课程思政教学团队。经过几年积累，公共管理教学团队被遴选为省级教学团队，行政管理课程思政教学团队被遴选为省级课程思政改革示范教学团队。可见，组建教学团队既紧迫，又富有成效。针对单一课程，凡是有两位及两位以上的任课教师，则需要组建课程组教学团队。比如，本系就组建了《政治学》《公共管理学》《公共政策学》和《行政管理学》等课程组教学团队。教学团队可以为教师竞赛、教研科研和学科竞赛积累人才。四是定期开展课程思政教学研讨和集体备课。通过研讨会和集体备课等活动，教师们相互交流，相互指导，博采众长，取长补短，可以快速提升自身教学和教科研能力。

（三）充分发挥五维主体或载体的作用，确保思政建设落地生效

教师是课程思政建设的实施主体，是积极性和能动性最强的主体。教师在推进课程思政建设过程中，不仅需要依托课程、竞赛、研究等实施载体和路径，还需要合理科学的效果评价考核体系。教师如何挖掘课程思政元素，如何组建课程思政团队，如何提升课程思政教学能力，如何参与课程思政教学竞赛，如何有针对性地开展课程思政理论研究或教学实践研究，如何有效开展学科竞赛，如何对教师开展课程思政教学评价等，都需要进行系统思考和统筹布局。确保教师在推进课程思政建设过程中有牢固抓手，保障课程思政教学能够真正落地生效。

1. 充分发挥教师的主体性和能动性作用

（1）彻底转变以往"重科研，轻教学教研"的错误理念

以往教师晋升职称的业绩考核指标主要是科研类成果，涉及教学和教研类成果的指标非常少。这导致教师们长期以来形成了"重科研"的传统理念，从而在一定程度上造成了一线教师忽视教学和教研的重要性。但是，随着职称评审权限的下放，很多高校都设置了不同类型的职称晋升通道，有科研型、教学型和教学科研并重型。这就意味着教学和教研成果也是助推教师晋升职称的重要指标。无形中有助于教师重塑教学教研与科研之间的观念，培育教师对教学教研的重视理念。

（2）切实提升教师的教学教研能力

很多高校教师不愿意花太多时间在教学和教研方面，甚至科研能力越强的教师，越不重视教学与教研工作。主动与被动地提升教师们的教学教研能力，成为高校迫在眉睫的重要议题。虽然学校针对新进教师和拟晋升职称的教师，每年定期开展教学技能培训；但是，对那些已经评上教授或不打算晋升职称的教师而言，学校往往束手无策，只是鼓励和动员他们积极参与。但从多年实践运行情况来看，效果并不明显。由于这些教师不重视教学，他们在教研方面也没有太多心得和积累，教研积极性偏低。针对这种消极局面，学校和学院还是要制定行之有效的抓手，实行全员培训计划。不论是新进教师和拟晋升职称的教师，还是已经评上教授或不打算晋升职称的教师，都需要在一定周期内（如一个聘期内）参加不少于3次的教师技能培训，主持校级省级教学类项目不少于1项，从而切实提升教师们的教学教研能力。

（3）重视课堂师生互动及学生课后反馈

传统"满堂灌"教学模式已经不合时宜。学校规定教师在课堂教学过程中，师生互动环节不少于10分钟。师生互动不仅有利于营造活跃的课堂气氛，而且有利于调动学生的积极性，引导学生现场思考问题，培养学生逻辑思辨能力、语言组织能力和语言表达能力。但事实上，不少教师还是习惯于"满堂灌"教学模式，自己沉浸于"自导自演"的课堂范围中不能自拔。最为遗憾的是，自己对课堂教学效果还挺满意。

出现这种现象，很大程度上归结于任课教师忽略了学生主体的真实感受和学生的课后信息反馈。从学校评教系统可以看出，学生对行政管理系任课教师的发展性综合评教分数并不理想。任课教师获得"优秀"（学校学生评教系统采取5分值，4.5分及以上为"优秀"）的课程的占比不到全系已开课程的30%。这说明，上好一门课，任课教师要经常保持与学生进行沟通，多倾听学生的所求、所思和所想，并有针对性地调整课堂教学模式。

2. 科学谋划专业课程的思政资源建设

（1）精准遴选课程的思政融入点

仅针对行政管理专业建立一个课程思政数据库，还远远不够。对于一个专业而言，开设每门课程都有其特殊意义，每门课程都肩负着特定的价值导向和知识传授重点。因而，针对不同课程一定要系统思考和精准遴选课程的思政融入点，即每门课程需要融入哪些思政元素。针对这一问题，学院要求行政管理系全面修订和完善所有课程的课程标准。在课程标准中的"课程目标"部分，需要增加"课程思政目标"，明确界定每门课程在思政教学方面要达成哪些目标。并且在"教学内容"部分，增设了"课程思政元素及融入方式"，并说明思政教学策略和方法。保障课程每章每节全面融入课程思政元素，尽可能做到"应融尽融"。修订好课程标准之后，要求每门课程同步修订和更新课程教案、教学设计和教学课件。确保所有课堂教学资源的思政教学内容都能保持一致。

（2）合理统筹课程思政的建设进度

一方面，课程思政建设并非一蹴而就，需要设计一个合理的建设进度。行政管理系按照专业课程类型，对所有学科基础课、专业必修课和专业选修课进行摸排，并以专业课程与意识形态安全紧密程度为原则，将所有专业课程分成三批进行建设。第一批优先建设与政治意识安全密切相关的专业学科基础课程；第二批建设与政治意识安全密切相关的专业必修课；第三批建设与意识形态安全关联性不是太强的专业选修课。确保每门课程都能够按部就班地完成建设任务。

另一方面，除了课程思政教学资源的建设，还需要将课程提质升级。行政管理专业多年来一直很重视课程的提质升级。比如说，重视申报校级优秀课程，目前已有《政治学原理》《社会学概论》《行政管理学》《公共政策学》和《公共管理学》五门课程获得了校级优秀课程；重视申报省级思政课程，《公共政策学》被评为省级思政课程。因为积累了较为扎实的课程思政建设基础，行政管理专业被遴选为省级特色专业。通过提升课程质量和层次，更好地推动专业发展。

3. 重视开展课程思政研究

（1）重视推动教师开展课程思政研究

鼓励和动员全体教师开展课程思政研究相当重要。研究工作是对教学心得的深入思考和系统梳理，有助于提升教师教学能力。近几年来，行政管理系教师非常重视课程思政研究。目前，本系已获得省级课程思政改革示范教学团队1个，省级课程思政类教学改革项目2项，校级课程思政项目14项；获得校级思政课程和课程思政优秀案例一等奖、二等奖和三等奖共7项。全系教师开展课程思政研究的氛围颇浓。

（2）重视吸引学生参与课程思政研究

除重视教师开展课程思政研究之外，还需要带动学生参与课程思政研究。比如，学院从2014年开始就针对行政管理和公共事业管理等专业的大学生启动了"调研韶州"科研活动。鼓励学生对韶关市经济社会发展现状特别是粤北地区红色资源和红色文化的保护情况开展调研，撰写调研报告。通过这项调研活动，让学生深入了解红色文化，厚植爱党爱国情怀，让红色基因薪火相传。由于该科研活动极大激发了学院学生开展调研活动的积极性，一定程度上提升了学生的科研能力。该活动于2019年在全校范围内推广，并升级为一项校级调研项目。

这项调研活动对学院多项工作起到了锦上添花的作用。一方面，由于很多学生开展了调研活动，形成了调研成果，不少学生积极申报大学生创新创业训练项目。多年来，学院学生申报"大创"项目的数量在全校范围内是最多的，立项数也名列前茅。学院学生参与广东省"挑战杯"课外学术科技作品竞赛的积极性非常高。到目前为止，行政管理专业学生共获得广东省"挑战杯"一等奖2项、二等奖6项、三等奖8项。获奖级别和获奖数量在全校范围内遥遥领先。另一方面，由于学生在撰写调研报告或发表论文的过程中得到了指导老师的悉心指导，学生毕业论文的格式规范和论文质量有了较大提升，从而提高了学院毕业生毕业论文的质量。

4. 利用学科竞赛推动思政育人

早在2010年，学院针对行政管理专业和公共事业管理专业，专门启动了管理技能大赛和"品读经典"两项学科竞赛。管理技能大赛于2015年升级为校级学科竞赛，"品读经典"于2018年升级为校级学科竞赛。这两项学科竞赛已经成为学院培养两个管理类专业大学生的品牌活动。随着"三全育人"和"思政育人"理念的提出，学院越来越重视在这两项学科竞赛活动中融入思政元素，通过学科竞赛来达到思政育人的效果。

早期管理技能大赛分为初赛和决赛两个阶段。初赛采取了闭卷考试方式，卷面成绩为100分，试题类型主要有单选题、多选题、简单题、论述题和情景案例题。主要考查学生的管理基础理论、管理基本技能和管理艺术三方面。决赛阶段采取现场答辩的方式，主要从管理技能、管理艺术和管理策略三个方面考查学生。自学校提出"思政育人"理念以来，学院在初试考试阶段，专门设计了15分与思政元素相关的题目；在决赛阶段，也将考察重点放在了领导素质、公平公正管理等方面。这在一定程度上引导学生思考如何成长为一名德智体美劳全面发展的社会主义接班人。在早期"品读经典"评比活动中，主要考核学生品读经典名著的心得与体会。近几年来，学院除考核学生对经典名著的心得与体会之外，还需要学生阐述名著与当前我国社会主义核心价值观、家国情怀、社会道义、伦理道德、民主法治、科学精神与创新思维等思政元素有没有具体启示，从而引导学生培育正确的价值观、人生观和世界观。

5. 探索行之有效的课程思政评价体系

（1）探索全覆盖的课程思政评价制度

学校于 2022 年制定了《韶关学院教师教学共同体竞赛实施方案》（以下简称《方案》），实施了一项非常有特色的"教师教学共同体竞赛"活动。《方案》明确提出：用 5 年左右的时间，使大部分教师参加教学竞赛，努力打造一支有理想信念、有道德情操、有扎实学识、有仁爱之心的高素质、专业化教师队伍，推动学校人才培养主渠道工程高质量发展。主要做法：一是根据全校各二级学院专任教师的人数，用 5 年左右时间，每年抽取一定数量的教师，确保绝大部分教师在 5 年内参加教学竞赛。二是参赛教师分正高组、副高组和讲师及以下组三大类，同类别教师相互竞争。每组配备了七位专家评委，每位评委单独到现场听课评课，对授课教师进行单独评分。其中，评分指标中就有"课堂思政教学效果"的内容。三是学校按照评委打分，对同一组别的参赛教师进行全校排名，评出一等奖、二等奖和三等奖。同时，又将各个二级学院当年参赛的所有教师视为一个教学共同体，进行打分排名。教学共同体的整体成绩就代表了当年该学院教学竞赛的成绩。这种做法非常有特色，不仅实现了参赛教师的全覆盖，也极大激发了所有参赛选手的积极性和荣誉感。因为，教学共同体代表的不仅仅是个人，更是整个二级学院的水平，这种做法值得大力推广。

（2）探索多层次的课程思政评价制度

目前学校和学院构建了"四位一体"的课程思政评价体系。一是学校成立了教学督导委员会，共遴选了 40 余位专兼职专家评委。主要职责是对全校近三年新进教师、拟申报高级职称的教师以及部分 50 岁以下的教师开展听课评课。二是学院成立了教学督导小组，遴选了 7 位教师作为督导小组成员。要求每位学院督导成员每学年听课次数不少于 28 学时。主要职责是对学院当年新进教师、拟申报初级中级职称的教师以及学院师生评价不高的教师开展听课评课。三是实行同行专家听课评价制度。学校要求每位教师每学年听课次数不少于 16 学时。行政管理系每学期都会安排至少一位教师举行公开观摩课，并要求全系同时段没有教学任务的教师参与听课。听完课后，全系举行评课活动，并将听课评课意见反馈给授课教师。四是推行学生评教制度。学校每学期末对该学期所开设的课程开展学生评教活动，要求所有学生参与。这四类评价制度的一个共同特点就是需要对任课教师的课程思政教学情况进行评议。

地方高校大学生思想特点与行为方式的研究
——以韶关地区高校为例*

林家坚　刘宏韬**

韶关学院　政法学院　广东韶关　512005

摘　要：受当前社会环境、互联网普及、多样社会文化等因素的影响，当代大学生的思想特点及行为方式呈现多面性和可塑性。作为新时代地方高校主力军的大学生的思想特点与行为方式也因时而变、因时而新。对新时代大学生群体的思想行为特点进行深入调研，不仅顺应历史潮流、体现时代要求，也是全面强化思想政治教育队伍、充实思想政治教育内容、创新思想政治教育方式的重要途径，对地方高校开展大学生思想政治教育具有重要意义。

关键词：大学生；思想特点；行为方式

每一个时代的学生都带有着不同时代独特的印记，具备不同的特点。作为党与人民寄予厚望的重要群体，大学生得到来自全社会的着力培养。近年来，从实体校园到虚拟校园的教育场域变化，深度重塑了教育组织形态，也为教育改革带来了新契机。教育是思想和行为培养的最基本途径，也是最重要的途径，而大学校园正是培养大学生全面发展的地方，"对新时代大学生的

　* 本文系广东省高校思想政治教育（厅级）项目"地方高校大学生思想特点与行为方式的研究——以韶关地区高校为例"（2020GXSZ091）的阶段性成果。

　** 林家坚，1974 年生，汉族，广东韶关人，韶关学院政法学院党委书记、助理研究员。主要从事党建与大学生思想政治教育研究。刘宏韬，1994 年生，汉族，广东韶关人，韶关学院政法学院辅导员。主要从事马克思主义中国化研究和思想政治教育研究。

思想行为特点、变化规律进行调查研究，以促进大学生思想行为的进步"。[1]

一、大学生思想特点与行为方式的具体状况：基于问卷调查的分析

"00 后"已成为当代大学生的主体。"由于生长在中国经济发展最为迅猛的时期，受各种思想文化互相激荡和社会环境的影响，特别是以网络为集中代表的新媒体的多重影响，当代大学生的思想行为特点呈现多面性，这给高校思政工作者带来了新的挑战，同时成为摆在高校思想政治教育面前的新课题。"[2]为了切实把握当前地方高校大学生在互联网背景下的思想特点和行为方式的具体状况，笔者就相关问题对韶关地区高校展开问卷调查。共发放调查问卷 1200 份，回收调查问卷 1136 份，问卷回收率为 94.67%，有效调查问卷 954 份，问卷有效率为 83.98%。从调查问卷反映的结果来看，随着时代发展，当代大学生接触新事物的途径越来越多，接受信息的渠道越来越便捷，他们比任何时代同年龄段的年轻人思想都前卫，行为表现也更加成熟，但仍然存在各种突出的问题。

（一）大学生群体主流意识健康向上，心理问题突出

当下，世界正处于百年未有之大变局时期，大学生成长的社会环境比较复杂，个人的价值观念趋向多元化，其主流意识健康向上，但一定程度上表现出精神世界空虚、心理承受能力低的问题。调查结果显示，在表 1 关于身边是否发生过大学生自杀事件的调查中，选择"有，经常发生"的占 1.89%；选择"有，偶尔发生"的占 39.62%；选择"从未发生"的占 58.49%。表 2 调查对象中有自杀念头的占 6.71%，没有的占 80.08%。由此可以看出大学生自杀事件的发生率相对较低，但是自杀念头的存在仍然是一个值得重视的问题。学校应该采取相应措施防止自杀事件的发生，比如提高心理健康意识和心理咨询服务的覆盖率，及时发现和干预自杀念头的出现等。同时，也需要关注和研究自杀念头的产生原因和影响因素，以便更好地预防自杀念头和自杀行为。

---

[1] 陈平等：《新时代大学生思想行为特点及变化规律研究》，载《教育教学论坛》2020 年第 42 期。

[2] 程敏、罗秋兰、高普：《当代大学生的思想行为特点与理想信念教育》，载《教育与职业》2014 年第 24 期。

表 1　您身边是否发生过大学生自杀事件?

选项	小计	比例
有,经常发生	9	1.89%
有,偶尔发生	189	39.62%
从未发生	279	58.49%

表 2　您有没有过想自杀的念头?

选项	小计	比例
有	32	6.71%
没有	382	80.08%
偶尔出现	63	13.21%

(二)大学生群体价值观多元,趋于开放独立

新时代背景下,大学生思想政治教育主客体也发生了重大的变化,其主体特征更加明显。在多种思想文化元素的影响下,大学生的思想特点和行为方式也偏向多元化发展,他们受到平等、互动等观念的影响,能够对各种社会事物的看法展开独立思考与判断。如表 3 所示,互联网上出现一件很有争议的事,选择"相信权威"的占 15.51%,选择"只要有理就认同"和"跟从大众的看法,群众的眼睛是雪亮的"的分别占 11.11% 和 3.14%,选择"从多个方面看问题,有自己独立的看法"的占 70.23%。由此看出,大部分大学生在对待有争议事件时,有自己独立的看法,这可能是由于大学生的学习经历和思维方式,使得他们更加注重从多个角度来看待一个问题,更加注重独立思考和表达。然而,在互联网时代,信息的获取和传播变得更加容易,但信息的真实性、客观性和准确性却存在着较大的不确定性。因此,大学生的信息素养和思辨能力需要进一步加强,以便更好地处理和理解互联网上的信息,不被虚假信息所误导。同时,大学生也应该保持开放的心态,尊重和欣赏不同的观点和思考方式,并在不断的实践和思考中逐渐形成自己独特的看法。这也能够帮助他们更好地适应和应对不断变化的社会环境,更好地实现个人的价值和目标。

表3　互联网上出现一件很有争议的事情，您的观点倾向

选项	小计	比例
相信权威	74	15.51%
只要有理就认同	53	11.11%
跟从大众的看法，群众的眼睛是雪亮的	15	3.14%
从多个方面看问题，有自己独立的看法	335	70.24%

（三）大学生群体就业形势严峻

当前在多元化价值观并存的市场经济和日趋激烈的竞争大背景下，青年群体面临着较重的生存压力、就业压力，导致大学生群体存在对未来就业信心不足。如表4所示，关于近年毕业生就业形势的态度，表示"完全不担心，通过努力可以找到工作"的占8.81%，表示"现在就业困难大，很担心"的占35.01%，表示"有点担心，但是会努力"的占56.18%。特别是如今后疫情时期，多因素诱发的大学生就业问题显著增多，给高校毕业生的就业带来不可估量的冲击和影响，就业形势不容乐观。然而，仍有一部分毕业生对就业形势持乐观态度，认为通过自己的努力可以找到工作，这也反映出他们的自信和实际能力。另外，表示有点担心但会努力的毕业生占了相当大的比例，表明他们既有对就业形势的现实认知，又有一定的信心和积极性，愿意通过自身的努力来应对就业挑战。

表4　您对今年毕业生就业形势的态度

选项	小计	比例
完全不担心，通过努力可以找到工作	42	8.81%
现在就业困难大，很担心	167	35.01%
有点担心，但是会努力	268	56.18%

（四）大学生群体对网络的依赖度高

作为"数媒土著"，新时代大学生的出生、成长都伴随着互联网时代的更

新、进步，其个人思维方式、生活观念、娱乐选择等都受到互联网的熏染，在不同领域有着极具个人特色的思想与逻辑。如表 5 所示，关于平时生活中对上网的依赖程度的调查中，选择"依赖程度很小，只是为了偶尔的放松"的人仅占 24.53%，选择"更多是为了学习工作需要"的占 16.14%，而选择"有一定依赖，一段时间不上网就会感觉异样"的占大部分，有 55.77%，选择"相当沉迷，一会儿不上网就会感到浑身难受"的也有 3.56%。这表明互联网已经成为大学生们生活中不可或缺的一部分，很多人已经养成了依赖和沉迷的习惯。在这种情况下，大学生容易受到网络信息的影响，可能会忽视现实生活中的任务和责任，对学习和生活造成负面影响。

表 5　平时生活中您对上网的依赖程度

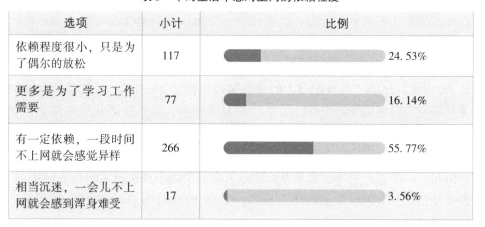

选项	小计	比例
依赖程度很小，只是为了偶尔的放松	117	24.53%
更多是为了学习工作需要	77	16.14%
有一定依赖，一段时间不上网就会感觉异样	266	55.77%
相当沉迷，一会儿不上网就会感到浑身难受	17	3.56%

二、影响大学生思想特点与行为方式的外部环境

（一）社会因素——系统教育缺位导致学生身心迷茫无措

社会因素是影响新时代大学生思想行为特点和变化规律的主要因素。当前我国正处在经济、政治、社会的全面转型期，这使得整个社会的意识观念、价值观、利益格局等发生重要转变，大学生的行为习惯和生活方式也随之发生重要的变化。目前，高校大学生由于受心理、生理两方面不同程度的影响，存在不同程度潜在的极端思想风险，有极大可能产生消极情绪，自我放弃甚至轻生的念头，大学生的心理健康问题已经成为我国教育部门重点关注的问题之一。同时，由于市场竞争日益激烈，大学生面临着严重的学业压力、就

业压力、人际关系压力和生活压力，长期处于高度紧张和焦虑状态，这也是导致心理问题出现的重要原因。

根据对韶关地区高校的调查发现，具有"留守儿童"背景的大学生，在心理情绪稳定性方面比没有"留守儿童"背景的大学生低一些；而在敏感性方面则要高一些，这也充分区别开了有无"留守儿童"背景大学生的心理健康情况。诚然，在20世纪80年代初期开始实施计划生育和改革开放，部分父母不得不外出务工，"留守儿童"背景大学生由于缺乏了父爱、母爱，会缺少安全感，更多的是具有焦虑和恐惧的心理。另外，应试教育使得学校易成为单纯成绩、升学率等数字符号的机构，会导致学生对社会认知、道德教育、情感教育、"三观"教育的缺失。这使得一些大学生道德信念缺失、以自我为中心、"三观"不正、抗挫折能力差等。

（二）文化环境——思想观念开放包容下出现个别认知偏差

中国经历改革开放40多年来的洗礼，市场经济的发展带动了社会各方面的变革，加上我国对外开放，各种思潮随之而入，当前大学生的思想十分活跃。开放包容的文化环境，使当代大学生沟通交流的方式也发生了巨大变化，虚拟的网络世界让学生更方便地了解了外部事物，他们易于接受新思想、新事物，知识面更宽，学习能力更强。特别是信息逐步开放和透明化，使当代大学生对社会的认知比他们的前辈更加丰富和理性化，他们关心国家的前途和命运，关注社会现实问题的解决。

此外，大学生的行为特点也受到了现代社会的影响。在追求个性化、多样化的今天，大学生更加注重自我表达和个性化体验，愿意通过不同的方式表达自己的个性和态度。同时，随着社交媒体和网络的普及，大学生的社交方式也发生了巨大的变化，相比传统交流，当代大学生更加倾向于在虚拟世界中进行社交和交流。但是，这些新兴的行为方式也存在一定的风险和问题，如过度依赖虚拟世界、过度关注个人表现等。

（三）市场结构——就业市场逐渐向"买方市场"转变

教育部公布的数据显示：2021届高校毕业生总规模高达909万人，同比增加35万人，再创历史新高。但由于疫情影响，企业招聘需求下降，校园招聘岗位数量有所减少。未来几年，高校毕业生人数和毕业未就业的人数还将急剧增长。毕业生就业人数的增加，促使毕业生就业市场发生了新变化，毕业生就业逐渐从"卖方市场"向"买方市场"转变，这使广大毕业生面临更加激烈的就业竞争环境。

一方面，韶关作为经济欠发达地区，长期面临"引不进、留不住、用不好"等人才短缺问题。大学生就业的地区意愿主要集中在珠三角地区，这使得粤北地区大学生留不住、优秀大学生进不来，从而陷入人才匮乏的恶性循环之中。中小城市的用人单位招不到满意的毕业生，毕业生找不到满意的单位，是市场不完善、信息渠道不畅通的直接体现。另一方面，围绕高校、地区、行业存在不少就业市场，但是未形成较统一的大市场，导致毕业生和用人单位的搜寻成本较高。经历了 2020 年的疫情，在对未来市场环境预测不利的前提下，"很多企业为了生存，采用'断尾'的方式求生，即采用裁员的方式来消减成本压力，缩减校招名额"。[1]在这种就业竞争日益激烈的环境下，毕业生需要更加注重自身的综合素质和职业技能的提升，增强自身竞争力。

（四）技术条件——网络资源共享互利间存在信息良莠不齐

网络使得在世界范围内全球资源共享和信息交流变得更迅捷，同时也悄无声息地渗透到社会生活的方方面面。互联网被利用到教学当中，为学生提供了接触更多知识的机会，教师上课以幻灯片为基础进行教学；学生可以在网络上通过网课的形式自主学习，也可以通过网络查阅各类有用信息；学校也会利用网络视频进行辅助教学，部分实验课程还需要利用电脑进行数据计算、图表绘制等。

然而，网络是一把双刃剑，虽然促进了大学生的成长与发展，但也对大学生的成长产生了不少负面影响。当代大学生正处于价值观形成的重要阶段，在健全的人格形成之前，心智发育并未成熟，个人明辨是非能力较弱。大学生在借助网络平台汲取丰富知识的同时，一定要明晰的是，网络世界的背面是一片黑色地带，其中充斥着大量消极、暴力信息。因此，大学生应当学会正确使用网络，例如合理利用网络资源进行学习、交流和娱乐等。在网络时代，大学生需要具备较强的信息素养和批判性思维能力，以更好地应对信息爆炸的挑战，充分利用网络的优势，避免受到其负面影响。

---

〔1〕 孙蕊、王阳：《促进高校毕业生就业对策研究观点述评》，载《中国劳动关系学院学报》2023 年第 3 期。

三、加强大学生思想与行为方式的教育引导的基本路径

（一）把握工作重点，切实将学生教育体系贯穿高校思想工作全过程

第一，大学生健康成长直接关系着国家的前途、民族的命运。高校在大学生心理健康教育中是重要的场所。政府应该与学校、家庭、社会组织等多方面合作，共同制定综合的解决方案，以提高大学生心理健康水平。

（1）建立跨部门协作机制：各社会组织应建立跨部门协作机制，定期举行协商会议，就大学生心理健康问题进行深入讨论，并制定具体的政策和措施。例如，政府可以提供资金、法律政策、设立心理健康中心、培训心理健康医生等；学校可以设立心理咨询室、聘请专业心理医生提供心理健康教育、心理咨询、心理治疗等服务；家庭则加强内部教育的支持和指导，如亲子关系教育、沟通技巧培训等；社会组织则可以提供组织心理援助志愿者服务、提供心理危机干预等。通过跨部门协作，优势互补，为大学生心理健康的发展提供全面支持和保障。同时，这种协作机制也可以促进社会各方面的责任共担和合作发展，共同推动社会心理健康事业的发展。

（2）加强信息共享和宣传：社会组织间应当加强信息共享和宣传，通过媒体、网络等渠道广泛宣传心理健康知识，提高公众对心理健康的认识和意识。例如，政府可以通过组织宣传活动、在媒体上发布心理健康知识等方式，加强对心理健康的宣传；学校可以通过开展心理健康教育课程、在校园内张贴心理健康宣传海报等方式，将心理健康知识传递给学生；社会各组织可以积极开展心理健康知识普及活动、提供心理咨询等服务，为大学生提供更加全面的心理健康支持。这些宣传和服务措施应当相互补充，协同推进，形成强有力的宣传和服务网络，为促进大学生心理健康的发展提供全方位的支持和保障。

（3）加强家庭教育：政府、学校可以加强对家庭教育的支持和指导，以帮助家长更好地了解和应对子女的心理健康问题，减轻学生和家长的心理压力。家长还可以帮助孩子制定适合自己的学习和生活计划，确保孩子有足够的休息和娱乐时间，减轻学业和生活给其带来的压力。同时，家长还应该关注孩子的人际交往，帮助孩子建立健康的社交网络，以促进孩子的情感成长和自我认知。家庭是大学生心理健康的重要组成部分，家长应积极参与孩子的心理健康教育，关注孩子的心理状态，为孩子提供家庭的温暖和支持，从

而帮助孩子健康成长。

第二，大学生的价值观在引领社会的发展、推动创新发展以及培养社会责任感方面具有重要作用，因此，我们应该重视大学生的价值观教育，引导他们树立正确的价值观。政府、学校、家庭、社会组织等是影响大学生价值观发展的重要力量，需要共同合作来引导大学生的价值观发展。

（1）加强教育力度：各组织应该加强对大学生的教育力度，共同提高道德教育、职业教育和公民教育等方面的教育水平，引导大学生树立正确的价值观和世界观。政府、学校、家庭和社会组织共同合作，制定相关的教育计划和方案，积极组织和开展相关的教育活动，全面提升大学生的综合素质水平，引导他们树立正确的价值观，为社会的和谐发展贡献力量。

（2）提高文化素养：政府、学校、家庭和社会组织可以共同开展各种丰富多彩的文化活动，鼓励大学生参加文艺、体育、科技等方面的活动，促进多元文化的交流和融合，引导大学生树立包容、开放、多元的价值观。

（3）提供实践机会：各社会组织应当共同合作为大学生提供各类实践机会，包括但不限于社会实践、公益志愿服务等，以助力其价值观的健康发展。通过这些实践机会，大学生可以更深入地了解社会现实，增强社会责任感和公民意识，提高综合素质。

第三，大学生群体是社会稳定、经济发展、科技创新等的有生力量，对社会发展起着重要的作用，政府、学校、家庭和社会组织等应该紧密配合，共同关注大学生的就业问题，提供全方位的支持和服务，帮助大学生逐步适应就业市场，实现自身价值和社会价值的双赢。

（1）支持高校开展就业指导和创业教育：支持高校开展就业指导和创业教育是政府的一项重要任务。政府可以加大对高校就业指导和创业教育的支持力度，以提高大学生的就业竞争力和创业能力，帮助他们更好地应对就业挑战。同时，学校也可以邀请企业进行招聘宣讲，社会组织也可以提供创业指导和实践机会等，以帮助大学生更好地了解职业领域，提高就业竞争力，激发大学生的创业意识和创新精神，为未来的创业之路做好准备。

（2）建立完善的就业服务体系：政府可以加强对就业服务机构的建设和培训，提供多样化的就业信息和咨询服务，引导大学生根据自身能力和兴趣选择适合的就业方向，增强就业信心和能力。学校可以提供就业技能培训和辅导，社会组织可以提供就业信息和咨询服务，家庭可以帮助大学生规划职业生涯和制定就业计划等。通过不断完善就业服务体系，为大学生提供更全面、更有效的就业服务。

（3）建立健全的社会保障体系：政府可以制定税收减免和财政资助等有关政策，以促进大学生创业，为大学生创业提供更多的机会和平台，学校可以为学生提供创业基地和实验室等资源，家庭可以提供创业资金和家庭支持，社会组织可以提供创业指导和资金支持，社会各方的共同协助，有利于推动社会保障体系的健全发展。

第四，大学生正确地使用网络对社会的进步、创新、社会公益等有着重要作用，政府、学校、家庭和社会组织等应共同引导大学生群体正确使用网络。

（1）宣传教育：政府可以通过制作宣传广告、分发宣传册子，或在社交媒体上发布相关内容，传达正确的网络使用方式，以提高他们的网络素养和安全意识。学校和家庭也应在教育中注重网络素养的培养和安全意识的提高。学校应加强网络素养的培养和安全意识的提高，设置相关课程和活动，让学生了解网络风险并掌握正确的网络使用方式。

（2）加强监管：政府应当通过制定相关的网络监管法规，对网络内容、网络平台以及网络设备等进行严格的监管，以保障网络信息的真实、合法和健康。学校也应当加强对学生网络使用的监督和管理，制定相关规范，确保学生在校园内的网络行为符合规定。此外，家庭也应该对孩子的网络行为进行严格的监管和引导，鼓励孩子主动向家长汇报网络遇到的问题和困惑。

（3）增加正面引导：政府、学校和社会组织等可以通过举办多种活动来加强对大学生群体的正面引导，促进网络的健康发展。比如，政府、学校和社会组织可以组织网络安全知识竞赛、网络文化节、网络志愿者等多种活动，以提高大学生的网络素养和安全意识。这些活动不仅可以增强学生对网络安全的了解和认识，更能使他们充分体验健康网络文化的魅力和正能量。

（二）针对对象特点，坚持个体选择和群体意识适应性的教育要求

当前，很多高等院校在教育上只注重学科教育，而忽视了对学生的创新培养，大学的发展需要浓厚大学文化作底蕴，而有生命力的大学文化一定是创新文化。发展大学的创新文化首先要弘扬求真务实、科学民主、开放兼容的大学精神，并在此基础上大力发展大学的个性。个体适应性的发展中，一方面实现了教育的人性化、人道化，尊重人及其个性，突出学生在整个过程

中的主体地位，培养其主体意识和主体能力；另一方面实现了教育的个性化或个别化，包括应考虑个人的生理、心理、年龄特点，考虑个人的天赋、特长、兴趣、爱好，考虑个人的社会志向和职业选择等。只有注重发展个性化教育，才能真正实现大学生的个性成长与全面发展。因此，高校应该在课程设置和教学方法上创新，注重学生的实践能力和动手能力培养，提高教育的针对性和实用性。此外，学校更应该加强对学生的心理健康教育和心理咨询服务，帮助学生在成长过程中更好地理解和认识自己，增强自我意识和自我管理能力，从而更好地适应社会的需要。在加强个体适应性的过程中，也要注意不要忽略了社会适应性的培养。大学生毕业后要走向社会，适应社会环境和要求是必要的，因此在大学教育中，也应该注重培养学生的社会责任感、团队协作能力和创新创业精神，让学生在学习中不仅能够掌握专业知识，还能够具备面向未来的全面素质和能力。这样的教育才能真正实现增强德育的个体适应性，为学生的未来发展奠定坚实的基础。

（三）回应现实需求，提高毕业生留韶率和引导职业生涯规划系统化

高等学校是为国家和社会培养高素质人力资源的主要阵地，社会和市场发展的需要应该成为高等教育发展的导向。首先，要提高毕业生留韶率。一方面，政府应建立公开、透明的信息发布途径。定期公布就业专业预警机制，将就业竞争力低的专业适时向社会公布。另一方面，高校应加强就业能力教育和就业观念培养，照顾多元化就业需求。"学校要着力深化产教融合、校企合作，推动人才培养与就业有机联动，实现人才供需有效对接。"〔1〕通过加强校地结对合作、深化实践育人、推进学校人才培养水平提升，发挥学校人才与智力优势，激励更多韶关大学生加强为社会服务的本领，为韶关经济社会发展提供更多更好的技术、人才与智力服务。其次，要构建立体化职业生涯规划体系。职业生涯规划是高校就业教育的基本导向，高校应把职业生涯规划教育作为教育的一项核心内容贯穿于大学教育的各个阶段，让学生在大学期间树立正确的就业取向、做好就业准备、提前应对职业挑战，把握就业主动权。再次，高校要积极推动创新创业教育，培养学生的创新创业精神和实践能力，推进创新创业教育与产业融合发展，培养一批适应新经济发展的高素质创新创业人才。最后，应该加强对跨文化、跨领域、跨行业、跨国界的

---

〔1〕 景远：《校企双元育人格局下课程思政教学改革探究》，载《船舶职业教育》2023年第1期。

职业素养培养，让学生掌握多语种、多元文化背景下的职业技能，具备全球化视野和开放心态。

（四）占领媒体阵地，扩大网络思想政治教育对大学生成长成才的覆盖面

当前，大学生通过互联网发展，获取信息的渠道不断拓宽，针对大学生思想特点与行为方式，高校应明确互联网平台的引导作用，积极发挥网络的引导、交流、服务、管理的功能，主动挖掘潜在的热点信息，为学生们打造形式活泼、内容丰富的大学生思想政治教育网络平台，引导学生正确利用网络信息平台。同时运用网络媒体采用图文并茂的形式对当下大学生进行网络媒介素养教育。韶关地区具有丰厚的红色资源，如梅关古道、水口战役纪念公园、五里亭中共粤北省委旧址等，可以运用现代教学手段，采取现场教学+线上直播的方式，通过企业微信、共青团员线上宣讲与提问互动等方式，从多种载体、多个平台、多个角度开展思想政治教育，发展"红色嵌入式微课堂"，着力丰富红色教育内容，将党史学习教育融入韶关地区大学生学习教育中，培养学生有"理想、本领、担当"的时代青年精神，让学生在思想上得到进一步提升，成为具有积极向上的社会价值观的时代新人。

四、结语

可见，社会转型、文化冲突、家庭环境熏陶、家庭教育、新媒体快速发展等多种因素，都会催化大学生思想行为的养成，促进大学生思想行为的多样化与复杂化，使其具有鲜明的时代印记。伴随着网络技术的发展，在促进大学生网络生活途径便捷化和多样化的同时，也应该积极发挥网络的引导、交流、服务、管理的功能，为学生们打造形式活泼、内容丰富的大学生思想政治教育网络平台，使得网络影响更为积极。这些都在不同程度上促成高校大学生个性、思想、人际交往、人生目标趋向更明确、更务实。因此，高校应当根据时代发展的需求，对大学生思想行为的多样化与复杂化加以应对。首先，高校应该制定更加科学合理的思想政治教育计划，针对大学生的具体情况和需要，制定差异化的教育方案，实现因人而异的思想教育。其次，高校应当注重对大学生的心理辅导和疏导，引导大学生树立正确的价值观和人生观，帮助他们认识和处理人际关系，化解社会文化冲突，增强心理适应能力和生命力。同时，高校应该加强对家庭教育的指导和支持，帮助家庭更好地承担家庭教育的责任。最后，高校应该积极推进网络思想政治教育工作，

建设更加完善的网络平台，开展丰富多彩的网络思想政治教育活动，扩大覆盖面，提升影响力，进一步推动高校大学生个性化、多样化、全面化的成长。通过这些措施，我们相信大学生的思想行为将更加积极向上、健康有益，为社会的发展进步作出更大的贡献。

"三全育人"视角下行政管理专业课程思政建设与基于 OBE 的应用能力培养与评价体系建设探析[*]

马全中[**]

韶关学院　政法学院　广东韶关　512005

摘　要： 推行三全育人理念下课程思政建设，有利于保证行政管理专业人才培养的正确政治方向，有利于提高行政管理专业的人才培养质量，有利于行政管理专业的专业建设和基于 OBE 的应用能力培养和评价体系建设。目前行政管理专业课程思政建设存在着部分师生缺乏三全育人的理念和课程思政的意识，各种教学文件未充分融入课程思政元素，课堂思政形式化和课程思政教学方法单一现象共存，缺乏融入三全育人理念和课程思政元素的应用能力培养和评价体系建设等问题。未来行政管理专业要从正确理解三全育人理念，重视行政管理专业课程思政改革，使课程思政元素充分融入行政管理专业教学制度之中，矫正课程思政形式化，推进课程思政教学方法改革，加强融入三全育人理念和课程思政元素的应用能力培养和评价体系建设。

关键词： 三全育人；课程思政；行政管理专业；OBE；应用能力培养与评价体系

一、引言

高校承担着为国家和社会培养人才的重任，高校培养的人才既要有知识、

---

　* 韶关学院课程思政项目"行政管理专业课程思政建设"；广东省高等教育教学研究和改革项目"基于 OBE 理念的公共管理专业应用能力考核评价体系探索研究"。

　** 马全中，1974 年生，男，韶关学院政法学院教授，博士。主要研究方向：合作治理研究。

有学问、有技能，也要有品德、有理想、有政治素质。在当前的形势下，党和国家对高校人才培养的思想政治素质非常重视。在中国共产党成立 100 周年的时候，中共中央、国务院印发了《关于新时代加强和改进思想政治工作的意见》。该意见指出，加强学校思想政治工作，加快构建学校思想政治工作体系，实施新时代新人培育工程，完善青少年理想信念教育齐抓共管机制，培养德智体美劳全面发展的社会主义建设者和接班人；同时，该意见提出，坚持全员全过程全方位育人（即"三全育人"）。这段论述对新时代高校教育工作、思想政治工作提出了新的要求，这份文件是新时期高校开展思想政治工作的指针和方略。因此，高等学校在各个专业的教学过程中，以三全育人的精神为指导不断推进各个专业的课程思政建设，具有重要意义。目前课程思政在实践中已经取得了一定的成绩，但实践中课程思政还存在着一些问题，例如有学者认为，"长期以来，高校思想政治教育存在'孤岛'困境"，[1]即课程思政还需要研究和完善。鉴于此，本文以行政管理专业为例，来探讨在三全育人背景下如何推进行政管理专业课程思政建设。

二、加强行政管理专业课程思政建设的意义

党中央提出全员全过程全方位育人具有重大意义，这给课程思政建设提出了新的方向。而对于行政管理专业而言，要实现党中央提出的三全育人目标，必须把三全育人目标与加强行政管理专业课程思政结合起来。换言之，行政管理专业需要以国家三全育人目标为指引，持续加强专业课程思政建设和基于 OBE（Outcome-Based Education，成果导向教育）的应用能力建设。加强三全育人目标视野下行政管理专业课程思政建设和基于 OBE 的应用培养和评价体系建设具有重要意义。

（一）有利于保证行政管理专业人才坚持正确政治方向

"课程思政建设对高校坚持社会主义办学方向，落实立德树人根本任务"[2]意义重大，因此，课程思政建设需要各级学校和教育工作者重视。行政管理专业培养的是能够在各级政府、党政机关、事业单位、基层组织从事行政管

---

〔1〕 高德毅、宗爱东：《从思政课程到课程思政：从战略高度构建高校思想政治教育课程体系》，载《中国高等教育》2017 年第 1 期。

〔2〕 邱伟光：《课程思政的价值意蕴与生成路径》，载《思想理论教育》2017 年第 7 期。

理的专业人才与管理干部。很显然，行政管理专业学生除必须具备政治学、行政学、管理学、经济学、社会学等专业知识和应用能力以外，还需要具备良好的思想政治素质和道德情操。在某种意义上，行政管理专业学生的思想素质和政治素质在行政管理专业人才培养中处于非常重要的位置。而保证行政管理专业学生在思想、政治素质、道德情操上具备高的素质和水平，加强三全育人和专业课程思政建设有极其重要的意义。通过加强三全育人指导下的行政管理专业课程思政建设，能够使学生增强共产主义信仰。行政管理专业各个任课教师通过挖掘课程思政元素，对学生进行思想政治教育，能够使学生增强社会主义信念，树立唯物主义历史观，坚定马克思主义信仰。加强行政管理专业课程思政建设，能够使学生对党和国家正在进行的事业有更为深刻的认识，能够更积极地投身社会主义现代化建设的浪潮，能够树立更为正确的人生观、价值观和世界观。行政管理专业学生树立正确的政治观念非常重要，因为行政管理专业是为各级政府机关、党政事业单位培养基层行政管理人才，行政管理专业毕业生参加工作到基层组织后，需要承担着繁重的服务基层的工作，承担着落实党和国家方针政策的任务；而完成这些基层管理任务的前提条件是有正确的政治素质、高超的思想水平和坚定的共产主义信仰。从学科性质上讲，行政管理专业具有较强的政治属性，正因为此，加强行政管理专业课程思政建设，既是党和国家的战略部署和要求，也是行政管理专业的学科性质决定的。

（二）有利于提高行政管理专业的人才培养质量

加强三全育人理念下课程思政建设能够有效地提高行政管理专业的人才培养质量。提高行政管理专业的人才培养质量需要从内因和外因两个方面着手。外因是学校、教师和相关教育部门加大对学生的教育培养力度；内因则是学生的学习积极性和自主性，即调动学生学习的内在动力，使学生自我激励、自我管理、自我督促和自我学习。外因是提高行政管理专业人才培养质量的基础和前提条件，内因则是提高行政管理专业人才培养质量的关键和根本。因为，只有调动学生学习专业知识的积极性，才能使学生主动学习、积极学习。如何调动学生的内因促使学生积极学习专业知识呢？加强三全育人模式下课程思政建设是一个重要的途径。通过加强课程思政建设，能够使学生树立远大理想，使学生产生更为持久的动力。行政管理专业学生缺乏学习积极性和学习动力的一个主要原因是缺乏明确的学习目的，更缺乏远大的理想。通过课程思政建设，能够使学生更为清楚地认识到学习的价值在于树立崇高的理想，在于提高自己的专业知识和应用能力，在于提升自己的管理知识，在于提升自己"四化"建设的本领。通过课程思政建设，使学生认识到潜心进行专业知识学习和应用能力培养，从短期看，能有效提升自己的专业能力和就业竞争力；从长远来看，能够提升自己为社会和群众服务的能力，能够更好地实现自己的人生价值，能够更好地将个人发展和国家民族命运结合起来。换言之，三全育人视野下行政管理专业课程思政建设和应用能力培养，通过理想信念、意识形态等内因方面从根本上解决了行政管理专业的学习态度问题，从而解决了行政管理专业学生"怎么学""为谁学""学什么"等学习的根本问题。

（三）有利于行政管理专业建设和基于 OBE 的应用能力培养和评价体系建设

一直以来，行政管理专业的专业建设主要方向是改革教学内容和改革教学方法，即通过教学内容和教学方法的改革来实现专业内涵的提升。实际上，这种专业改革方向更多是技术性的，即通过改革行政管理专业的课程结构和知识体系来实现行政管理专业的内涵建设。但是，这种专业建设思路存在缺陷，即忽略了行政管理专业的办学方向、课程思政建设以及基于 OBE 的应用能力培养和评价体系建设。就行政管理专业而言，它作为一门政治性较强的社会科学，加强它的课程思政建设和基于 OBE 的应用能力培养和评价体系建设具有非常重要的意义。因此，为了保证行政管理专业办学的方向正确，为了保证行政管理专业教育教学质量的提升，也为了行政管理专业的专业发展更为均衡，需要加强行政管理的课程思政建设和基于 OBE 的应用能力培养和评价体系建设。同时，通过加强三全育人视野下课程思政建设和基于 OBE 的应用能力培养和评价体系建设，行政管理专业建设才能更加合理和均衡，即行政管理专业既重视专业知识结构，使专业知识结构适应社会发展需求，反映科技前沿，又重视思想政治、道德情操、理想信念等方面的教育和培养。行政管理专业课程思政建设和基于 OBE 的应用能力培养和评价体系建设要反映在人才培养计划、课程标准、教材、课堂教学等各个环节当中。在各种教学文件和教学制度中要注意规定课程思政和基于 OBE 的应用能力培养和评价体系建设的内容，在实际教学中也要重视课程思政教学和应用能力评价。三全育人理念指导下的课程思政建设和基于 OBE 的应用能力培养和评价体系建设使行政管理专业建设更加科学完善，更符合行政管理专业的发展规律，也能促使行政管理专业人才培养质量更加优良。

三、行政管理专业课程思政建设面临的挑战

行政管理专业课程思政建设目前已经取得了一定的成绩，例如教师们撰写了一系列的课程思政的论文，申报立项了一批课程思政的项目，在课堂上增加了课程思政的内容。但是，行政管理专业课程思政还存在一些问题，这些问题阻碍着行政管理专业的进一步发展。

（一）部分师生缺乏三全育人的理念和课程思政的意识

全员、全过程、全方位育人是教育理念的重大改革，是推进教育现代化的必由之路；课程思政能够保证行政管理等专业的办学方向，能够保证行政管理等专业的办学质量，因此，三全教育和课程思政都具有重要意义。但在实践中，部分教师对三全教育和课程思政重要性的认识不够，认为课程思政不重要，课程思政是思想政治教师的事情，而不是专业课教师的事情。正是由于这种错误思想的影响，部分教师并没有真正在教学中践行三全育人的理念和实行课程思政的改革。缺乏三全育人理念和课程思政的意识具有非常不好的影响。由于部分教师课程思政和三全育人理念的缺乏，他们自己在日常教学过程中就不会贯彻课堂思政，从而使课堂思政流于形式，使行政管理专业教学质量和人才培养水平得不到保证。同时，由于缺乏正确认识，这也会在整体上阻碍行政管理专业课程思政改革的发展。

（二）各种教学文件未充分融入课程思政元素

近年来，伴随着课程思政的不断推进，课程思政已经在教学中得到了一定推广，但是还存在一些问题。例如，课程思政元素并没有充分融入教学改革的各种文件和制度当中。首先，人才培养方案中课程思政元素的缺乏。虽然目前行政管理专业人才培养方案规定了人才培养的思想政治标准，但是在各类专业课程中如何体现课程思政元素却较少涉及。作为人才培养根本文件的人才培养方案，缺乏课程思政的规定无疑会影响人才培养的质量。其次，各门课程的课程标准中也相对缺乏课程思政元素。在目前各门课程的课程标准中，课程思政元素相对缺乏；有的课程即使有课程思政的一些内容，但这些课程思政的规定也过于抽象和笼统，缺乏可操作性。也就是，部分课程标准中课程思政的内容过于简单化和形式化。最后，各种教学制度设计中缺乏课程思政的相关规定。例如，教学管理规定、学生考核规定等教学文件的设

置都相对缺乏课程思政的相关规定，导致各种教学制度机制设计没有体现全过程全方位育人的特点。

（三）课程思政形式化和课程思政教学方法单一现象共存

行政管理专业课程思政目前存在着形式化问题。课程思政形式化主要表现为教师在课堂教学中不进行课堂思政或者课堂思政简单机械。这种简单化、机械化课堂思政根本起不到课堂思政的作用。有的教师有时只是在进行公开课或者在被听课的过程中引入课堂思政环节，且有时课堂思政融入方式生硬，导致课堂思政效果有限。造成这种现象的主要原因，还是教师们对课程思政缺乏必要的重视，没有认识到课程思政的价值和意义。另外，课程思政教学方法单一也是课堂思政面临的主要问题。目前，部分教师在进行课堂思政的过程中，讲授式教学法是主要的教学方法，这种方法的优点是简单、易于操作，但这种方法也存在缺陷，即说教色彩较浓，无法达到课堂思政的效果。从目前了解到的情况，大多数教师课堂教学方法比较单一，甚至部分教师认为课程思政教学非常简单，不需要采取新的教学方法。显然，这种观点是错误的。课程思政也需要新的教学方法的支撑，这样才能达到课堂思政应有的教学效果。

（四）缺乏融入三全育人理念和课程思政元素的应用能力培养和评价体系建设环节

行政管理专业人才培养既要重视专业理论知识的传授，也要注重应用能力的培养和评价。相对于理论知识学习而言，应用能力的培养和评价未得到应有的重视，目前行政管理专业在制度上、设计上比较缺乏基于三全育人理念和课程思政元素的应用能力培养和评价体系建设环节。例如如何培养学生应用能力和实践能力，如何评价学生应用能力和实践能力，如何加强应用能力培养中课程思政建设，在教学管理制度和学生考核制度中没有相关制度规定。教师在日常教学中也较少进行应用能力的培养和评价。这导致行政管理专业无法实现三全育人中的全方位育人，也导致无法在应用能力培养过程中实现行政管理专业的立德树人的目标。

四、践行三全育人，加强行政管理专业课程思政改革

为加强行政管理专业的人才培养质量，提升行政管理专业人才培养水平，行政管理专业必须加强三全育人理念下的行政管理专业课程思政改革。

（一）正确理解三全育人理念，重视行政管理专业课程思政改革

之所以存在部分教师对三全育人和课程思政不理解不重视的现象，主要原因有三：一是对三全育人的概念不理解；二是对三全育人和课程思政的重要性认识不够；三是对二者的联系缺乏正确认识。三全育人和课程思政有其自身的内涵，三全育人是指全员、全过程、全方位育人，即教育过程要全员参与，不仅仅是教师、教育工作者、教辅人员要参与，家庭、社会各界也需要尽量参与，之所以如此，主要是因为教育是百年大计，需要教育人士、社会人士和家庭成员参与，形成合力，这样才能达到最好的教育效果。课程思政则是指将各类课程都与思想政治课同步，形成协同配合效果，将立德树人作为教育的根本任务。也就是说，各门专业课既承担着专业知识的教学任务，也承担着立德树人的重要职责。部分教师对二者重要性认识不足，是导致对三全育人和课程思政不重视的根本原因。三全育人和课程思政之间存在着紧密的联系，三全育人是教育改革和课程思政的方向，也是教学改革的重要原则和方法。因此，当前需要采取措施提升人们对三全育人和课程思政的认识。首先，举办培训班和各种讲座，提升人们对三全育人和课程思政的认识。通过各种教育培训，使人们理解三全育人与课程思政的重要性，理解它们的内涵，理解它们之间的关系。其次，定期举行教研活动。通过举行教研活动，提升他们课程思政的水平和加强他们课程思政的意识。

（二）使课程思政元素充分融入行政管理专业各种教学制度之中

推行全员全过程全方位课程思政，就要使课程思政元素全方位地融入各种教学制度之中。首先，要在人才培养方案中充分融入课程思政元素。在人才培养方案中不但要规定人才培养的政治思想目标，也要规定课程思政方面的内容。具体而言，这需要在课程思政专业目标中规定课程思政的内容，即规定这些专业课程如何与课程思政融合同步，如何体现课程思政的内容等。当然，这些规定是原则性的规定。其次，要在各门课程的课程标准中融入课程思政元素。课程标准是各门课程的重要纲领性文件，是对各门课程知识的总的规定，它是具体的。因此，课程标准中的课程思政元素应该是具体的。各个任课教师需要认真分析每个章节如何融入课程思政元素，如何使课程思政融入专业知识之中，如何使课程思政更加自然。课程标准中的课程思政设计需要涉及细节，课程标准中的课程思政设计是将人才培养方案中的课程思政原则具体化、可操作化。最后，将课程思政融入各个教学管理制度文件之

中。行政管理教学运行有很多教学文件，例如，课堂教学制度、考试制度、教学改革制度、教学运行制度、教学评价制度等。三全育人中的全过程育人和全方位育人意味着在各类教学文件中要融入课程思政元素。目前应该在课堂教学制度、考试制度、教学评价制度中融入课程思政元素，发挥各种考核在课程思政建设中的引领作用，特别是在课堂教学制度和教学评价制度中设计课程思政的相关制度安排，会对课程思政的发展起到积极作用。

（三）矫正课程思政形式化，推进课程思政教学方法改革

课程思政具有重要作用，而课堂思政的形式化容易导致课堂思政无法达到其应有的效果。矫正课堂思政形式化的路径包括加强备课，注重课程专业内容中的课程思政元素等方面。加强备课是做好课程思政的基础工作，也就是说，认真备课，认真讲课，认真对待学生本身就是课程思政，这是教师以以身作则的方式来言传身教实现课程思政，教师以教师自己行为影响学生认真对待学习，认真对待工作。认真备课同时包括要认真分析课程思政的内容和元素，要认真分析研究如何进行课程思政，如何使课程思政达到良好的效果。概言之，通过认真备课和分析课程中课程思政的元素，来实现课程思政的去形式化，使课程思政能够达到其应有的效果。

推进课程思政教学方法改革也是提高课程思政教学效果的重要手段。课程思政和其他专业知识的教学一样，需要遵循教育教学规律，需要教师们探索尝试不同的教学方法，而不是仅仅使用传统的讲授法。课程思政教学可以尝试启发式教学法、案例教学法、讨论式教学法、实践教学法等各种教学方法。启发式教学法注重启发学生认识到思想政治教育、树立崇高道德理想的重要性，启发他们树立共产主义理想、培养他们高尚的情操。案例教学法具有生动活泼的特点，同样能使学生有身临其境之感，这会使课程思政的效果更好。讨论式教学法，可以使学生在讨论中获得更多的认识，在思想的碰撞中对课程思政理解得更深更透，从而使课程思政的效果更优。实践教学法让学生更多地参与社会实践，向广大党员干部群众学习，从而在实践中得到思想政治的教育和引导。

（四）加强融入三全育人理念和课程思政元素的应用能力培养和评价体系
　　　建设环节

基于 OBE 的应用能力培养和评价体系建设非常重要。首先，要建设基于OBE 的行政管理专业应用能力培养和评价体系建设。OBE 教学模式是重视结

果导向的教学模式，它通过重视结果导向，注重以学生为中心，能够提升学生的学习效果。因此，行政管理专业要推进基于 OBE 的应用能力培养和评价体系建设，把提升学生的应用能力作为提升教学质量的着力点。通过注重应用能力培养和评价体系建设，能够改善目前行政管理专业重视理论知识教学而轻视应用能力培养的现状。其次，在应用能力培养和评价体系建设中融入三全育人理念和课程思政教育。加强行政管理专业应用能力培养本身是三全育人中全方位育人的有机组成部分，完善和加强基于 OBE 的应用能力培养和评价体系建设有利于实现三全育人目标。同时，加强应用能力培养和评价体系建设也要与课程思政相结合。课程思政和应用能力培养之间是相互促进的关系；通过加强课程思政建设，能够帮助学生树立正确的世界观、价值观，能够端正学生的学习态度，能够帮助学生更好地掌握各种专业应用能力。为实现以上目标，行政管理专业需要从制度上注重基于三全育人理念和课程思政元素的应用能力培养和评价体系的制度建设。

思政元素与公共事业管理理论协同育人路径探索*

周新成**

韶关学院　政法学院　广东韶关　512005

摘　要：公共事业管理是一门蕴含丰富思想政治教育资源的专业理论，为了在公共事业管理理论课程教学中融入思想政治元素，使立德树人达到润物无声的效果，我们一直在努力探索协同育人的路径。课程思政是新时代背景下我国高等教育提出来的新要求和新内涵，专业课程是课程思政建设的重要载体，充分挖掘公共事业管理专业课的思政教育元素，实现思政元素与公共事业管理专业理论深度融合，在明确课程建设目标的基础上，设计公共事业管理教学内容与方法，实施多元化的教学，既能提高专业课程的教学品质，又能有效贯彻高校立德树人的教育理念，实现思政理论与专业理论的协同育人。

关键词：思政元素；公共事业管理；协同育人

思政元素与专业理论协同育人是新时代进一步加强高校思想政治工作、贯彻落实立德树人任务和"三全"育人的重要抓手，其实质是对专业课程思想政治教育元素的挖掘、整理和具体运用。习近平总书记强调，各门课都要守好一段渠、种好责任田，使各类课程与思想政治理论课同向同行，形成协同效应。[1]

---

　*　韶关学院 2021 年课程思政建设项目"公共事业管理专业思政教学探究"成果。

　**　周新成，1969 年生，男，湖南耒阳人，韶关学院政法学院教授，硕士。主要从事技术哲学与科技管理的研究。

　〔1〕杨安琪：《习近平在全国高校思想政治工作会议上强调　把思想政治工作贯穿教育教学全过程　开创我国高等教育事业发展新局面》，载 https://news.12371.cn/2016/12/08/ARTI1481194922295483.shtml，最后访问日期：2023 年 8 月 17 日。

推进"课程思政"改革，教师是课堂教学的第一责任人，是立德树人的主力军，也是创新课程思政内容和实施课程思政活动的关键因素，课程思政建设要靠广大教师去落实，因此，有必要提升公共事业管理专业课程的思想政治和德育育人功能。

一、公共事业管理专业课程思政现状与培养目标

将思政目标与公共事业管理专业课程特色相结合，并有机融入专业内容的讲解，形成自身的教学优势和思政特色，是我们公共事业管理专业思政教育改革的重中之重。目前，公共事业管理专业课程思政教育工作面临着前所未有的机遇，各大高校非常重视课程思政的建设，并取得了一定的成绩。如广东省的中山大学、华南理工大学、华南师范大学等公共事业管理专业课程思政教育改革研究主要集中在思政教育目标、教育理念、能力培养、教学内容、教学方式、教育管理、教学评价等板块。[1]相关研究为我们专业课程思政教学体系建设提供了一些思路和有效举措，但我们在思政教学的具体过程中，还存在一些问题，影响了思政教育的实效性：一是部分教师对于专业课程思政目标不清晰；二是专业课程思政资源的挖掘广度、深度不够；三是各专业课程之间的思政目标和内容衔接度不高；四是课程教材内容与思政内容结合不紧密。

为此韶关学院公管系结合公共事业管理专业课程标准设置细化思政教育培养目标，主要表现为：坚持党的领导：培养学生坚定的中国共产党领导的意识和信仰，使他们深刻理解党的领导地位和核心作用，自觉在思想上、政治上和行动上同党中央保持高度一致。强化法治意识：培养学生具备法治意识，尊重法律，遵守法纪。应该了解和把握中国特色社会主义法治道路，认识到法治对于公共管理的重要性，并能够依法行政，维护社会稳定和公平正义。培养忠诚为民的服务意识：培养学生以人民为中心的发展思想，树立为人民服务的宗旨意识。应该关注群众利益，始终将人民的需求和利益放在首位，积极解决人民的实际问题，促进社会进步和民生改善。培养正确的价值观：培养学生正确的价值观，弘扬社会主义核心价值观。应该具备社会责任

---

〔1〕 邹娟：《公共管理类专业本科生就业能力培养模式研究——以上海市 H 高校为例》，华东政法大学 2021 年硕士学位论文。

感和爱国情怀，尊重社会公德、职业道德和家庭美德，树立正确的人生观、世界观和价值取向。

通过达到上述思想政治目标的要求，学生将具备坚定的政治信仰、正确的世界观和价值观，具备忠诚为民的服务意识和法治意识，能够积极践行社会主义核心价值观，为公共管理事业作出积极贡献。同时，他们将成为遵纪守法、廉洁奉公的模范和引领者，为维护社会稳定和文明建设贡献力量。本文结合公共事业管理专业特色，主要从思政教育目标、岗位胜任能力、职业素养、价值观等维度对公共事业管理专业思政目标进行了研究，并采用德尔菲法调查行业领域相关教育专家，以访谈形式了解学生学习需求，经过多轮调查和反馈，最终确定了我们公共事业管理专业课程思政培养目标。[1]

二、挖掘思政元素，明确公共事业管理专业课程建设目标

（一）以公共事业管理专业人才培养要求为目标，培育公共精神

韶关学院公共事业管理专业应国家高等教育改革的发展要求，主要服务于粤北地区、大湾区以及省内外其他地区。培养思想政治素质良好，德、智、体、美全面发展，掌握现代公共管理理论、方法和技术，能运用本学科的基础理论、专门知识和专业技能，具备公共意识、公共精神、公共责任，具有从事公共管理、人事管理和文秘工作等方面实际工作能力，能在非政府组织、企事业单位、基层社区与党政机关等部门从事公共事务管理、人力资源管理和服务的高素质专业人才。公共事业管理专业课程是管理类专业的核心课程，公共管理专业人才培养目标是为公共部门培养具有全球视野、理论扎实、动手能力强的公共管理人才，这些人才必须具有"公共性"特质的思想政治素养。公共利益、公共价值是贯穿公共事业管理专业课程始终的基本价值，超越个人狭隘眼界和利己主义的公共精神，正是思想政治教育现代化的具体体现。[2]

（二）围绕公共事业管理专业学生的未来职业特点，提升政治素养

公共事业管理专业要求学生具有良好的思想政治素质，树立正确的世界观、人生观、价值观，具有良好的职业道德和服务社会的奉献精神。本专业

---

〔1〕 商蓉郁、秦宇彤：《公共事业管理专业课程思政教学研究》，载《现代医药卫生》2022 年第 23 期。

〔2〕 王婉娟：《高校思政理论与专业理论协同育人路径研究——以"公共事业管理"课程为例》，载《江苏商论》2022 年第 8 期。

学生毕业后会有相当比例到国家机关和企事业单位工作。这样的职业特点对学生的政治理想、政治道德、政治意识和政治素养提出了较高要求。公共事业管理专业课程恰恰研究如何组织和管理公共事务。因此，可以围绕理想信念开展课程思政教育，向学生讲授习近平总书记关于理想信念的一系列重要讲话，筑牢这些学生的思想根基。

（三）以大学生文化素质与思想政治素养为目标，引导树立全球管理理念

公共事业管理专业要求学生全面系统掌握公共事业管理的理论知识；熟悉国家有关公共事业管理的方针、政策、法律、法规；了解本学科的理论前沿和发展动态，在本专业领域有较高的理论素质和政策认知水平；熟悉广东改革开放、经济社会发展的动态与趋势，体察城乡基层的社情民意，为广东城乡基层管理工作提供智力和人才支持。同时，按照中共中央、国务院发布的《关于进一步加强和改进大学生思想政治教育的意见》，大学生应积极投身新时代中国特色社会主义事业的伟大实践，要具有改革精神和创新能力。可以围绕二十大报告反复强调"强化国家战略科技力量，建设创新型国家"等相关重要论述，介绍创新驱动发展战略的内涵、基本特征、对国家与社会各个部门的价值以及公共部门战略管理的过程和战略分析方法，让学生理解国家创新驱动发展战略的重大意义。引导学生主动肩负起民族复兴的伟大责任，珍惜学习时光，树立远大理想，追求真理、勤于学习、勇于创新，实现思想政治教育和专业教育的有机结合。

（四）围绕高校学生专业素质的育人目标，落实立德树人

公共事业管理专业要求学生熟练掌握公共事业管理的专业技能和工作方法；具有较强的组织管理能力、公关交往能力；较好的语言表达和文书写作能力；较强的信息搜集与处理能力；较强的政策规划和决策能力；能够有效开展公共事业管理工作，并具备一定的科学研究能力。高校要为实现"两个一百年"奋斗目标和实现中华民族伟大复兴的中国梦培养高层次人才，公共事业管理专业课教师要跟紧做实。例如，公共事业管理专业课程要强调，政府、企事业单位、社会组织和公民都是公共事业管理的主体，协同共治正是国家治理能力现代化建设的关键路径，不论学生未来从事何种职业，都应有维护和发展公共事业的责任感。[1]相应地，将厚德载物、治学报国等思政要

〔1〕 丁聪聪：《公共管理类职业岗位知识能力结构》，载《经济研究导刊》2022年第22期。

素在课程中传递给学生，提醒学生不忘作为国家建设者的责任担当，应"始终奋斗在时代前列"，与党和国家"同呼吸共命运"。

（五）立足公民思想政治素养要求，落实公共管理价值引领

高校学生首先是普通公民，必须接受公民道德教育，形成公民政治素养。公共事业管理专业课程涉及公共事业管理环境的理论知识，其中民族整体文化、社会意识形态、社会心理层次、公众政治文化等环境要素都将影响或制约公共事业管理的主体及其行为方式。中共中央印发的《公民道德建设实施纲要》要求公民应以集体主义为原则，明礼诚信，这是我们中华民族数千年来形成的民族整体文化的瑰宝。[1] 爱祖国的美好河山和灿烂文化，具有"四个自信"，忠于职守、服务社会、诚实守信、公民间和睦友好等，均已形成了为公民所认可的、较为统一的社会意识形态。毫无疑问，充分融合这一思政教育资源和公共事业管理专业课理论知识点，可促进学生对公民思想政治素养和公共事业管理环境的双重理解。

三、课程思政与公共事业管理专业课程教学深度融合的困境

公共事业管理专业培养目标内涵：要求学生毕业后五年左右能在非政府组织、企事业单位、基层社区等就业领域具有较高的管理理论素质和政策认知水平，具有较好的专业管理技能和一定的职业道德素养，能在不同的社会环境中具有较强的职业发展潜力、创新创业能力和竞争力，能综合运用自己的专业知识和技能，解决所在岗位领域实践方面的管理问题，凸显个人的综合管理能力与职业成长。课程思政强调在专业课程教学中通过润物无声地引入思政元素，提升学生专业素养，从而达到"立德树人"的教育目的，实现专业培养目标内涵的要求。现实在具体践行专业课程思政方面存在教师思政意识缺乏、能力不足、协同乏力、评价制度不健全等问题。[2]

（一）思政教学主观意识不足

专业教师可利用专业知识丰富思想政治教育内涵，具有独特的优势，但在课程思政的实际落地过程中，因专业课教师自身主观意识缺乏，导致推进

---

〔1〕 吕子欣等：《公共管理类专业大学生"学做合一"实践教学探索》，载《产业与科技论坛》2021 年第 11 期。

〔2〕 彭顺绪：《应用型人才培养视角下公共管理类专业学生实习研究——以梧州学院管理学院为例》，载《西部素质教育》2022 年第 5 期。

课程思政的积极性和主动性难以发挥。例如，部分专业课教师认为课程思政只是口号，在教学中为了应付检查，只是片面地、突兀地引入一些思政内容，对于"适时适度"将思政元素融入公共事业管理专业课堂教学存在排斥心理，无法将政治术语与专业学术话语进行有效融合。[1]

（二）课程思政教学实践能力缺乏

专业教师将课程思政融入课堂的教学能力参差不齐，尤其针对学生学习规律、思想认识开展符合其特点的课程思政能力不足。在公共事业管理核心专业课程如公共管理学、管理学、公共事业管理概论教学中，发达国家相关理论研究起步早、更具话语权，这会在一定程度上给学生造成思想认识误区。事实上，我国近年来在国家治理现代化进程中形成了一系列系统的理论体系和成功的治理模式，这些研究成果是需要专业教师引入课程教学的。因此，在中国治理语境下的人才培养模式应该站在中国具体国情背景下，充分挖掘我国思政元素，在课堂教学中充分引入中国特色元素。

（三）尚未形成健全的课程思政评价机制

健全的课程思政评价机制是充分调动专业教师积极性和主动性的重要保障，但现实中，课程思政评价机制存在评价方式单一、评价指标不科学、评价结果转化不足的问题。首先，评价方式单一。目前一些高校对教师评价"重科研、轻教学"，导致专业教师在完成基本教学任务后把更多的精力投入科研能力提升中，投入在教学中的精力十分有限。其次，评价指标体系不科学，例如一些评价方式主要采取同行评价、专业评价、学生评价的方式，主观性较强，对于教师投入、教学水平、学生意识提升难以量化。最后，评价结果转化不足导致不能够充分调动专业教师积极推进课程思政。

（四）思政管理理念滞后，重视理论学习而忽视实际操作

传统教育中的"满堂灌""考试死记硬背"等教学方式，造成大学生在运用理论知识时生搬硬套，加之自身的观察力和阅历有限，大学生在实践教学活动中容易产生迷茫和悲观情绪，从而对自己的人生规划和预期目标感到模糊。[2]虽然大学生已经具备了较高的文化知识水平和专业技能，但是仍然

〔1〕 王汇闽、董武诚、丁玥：《课程思政：公共事业管理专业课堂教学内涵、逻辑与路径研究》，载《现代商贸工业》2022年第11期。

〔2〕 吴永清：《地方高校公共事业管理专业人才就业能力体系构建及培养路径探究》，载《人才资源开发》2018年第16期。

存在专业理论基础不够扎实、实践能力不足等问题，这就需要教师通过合理有效地将学生组织起来进行教学活动来提高他们的动手操作能力和解决实际工作过程中遇到的各种难题的能力，使其能够更好地适应社会发展需求并实现个人价值。然而，多数专业系和教师缺乏对实习实践教学的理论认知，对实习实践教学逻辑定位模糊，对其人才培养功能的理解不够深刻，进而制约了他们组织和实施专业实习的行动意愿。部分教师对学生们开展的实践活动缺乏足够的重视和了解，导致他们往往忽视与学生之间互动交流的重要性，没有充分发挥学生的学习积极性，也使得学生们无法充分参与到实践活动中来。

四、公共事业管理专业课程思政有效运转的实现路径

（一）创新教学形式，提升教师课程思政能力

公共事业管理专业教师可利用多样化教学方式使思政元素与专业知识深度融合、相辅相成。具体内容可结合公共管理成为独立学科的内在依据，公共管理学是时代的产物，公共管理与私部门管理有本质区别。理解公共管理思政教学的内涵与研究方法，了解公共管理学与中国的发展，可通过公共管理的含义、公共管理的构成要素、公共管理学的研究内容等方面了解掌握。首先，课程思政需从公共事业管理专业的课程属性和教学规律出发，充分挖掘每门课程的隐性思政教育资源，从而在增强学生专业能力时，润物无声地提升思想政治教育质量。其次，打造专业课程思政团队，充分发挥团队课程建设的智慧和创造性，结合专业特色有针对性地发挥教师研究领域特长，实现专业课程与思想政治理论课同向同行。[1]最后，积极申报课程思政示范课程。根据公共事业管理专业人才培养要求，优化课程思政内容供给，积极申报课程思政案例教学课程，发挥优秀示范课程的引领作用，带动思想政治教育提质升级。

（二）增强大学生思政元素运用技能，提高其综合管理素质

首先，大学生应根据自身情况制定符合自己实际的就业发展规划和计划，明确未来就业方向。在校期间大学生可以通过多种途径了解企业、社会及学

---

[1] 余军华：《公共管理专业教师"课程思政"素养与能力提升研究》，载《湖北经济学院学报（人文社会科学版）》2023 年第 5 期。

校对人才的需求状况，积极寻找适合自己职业定位的岗位和合适工作机会，合理利用专业课程掌握必要的专业技能与知识，在实习实践过程中不断优化自己的专业知识结构，努力把所学知识运用于实际生产，通过实习来提升自我综合能力，并且在工作过程中加强理论联系实际，学以致用，使自身具备较强的实际操作水平，同时也要有计划、有步骤地进行学习与训练，以达到全面提高自身分析问题和解决问题的能力，并获得相关理论知识的目的，为将来走向工作岗位做好准备。其次，学生应积极参加学校组织的专业竞赛、校园活动以及社会公益活动等各项活动，丰富自己的阅历，培养责任感、使命感和协作精神等素质，不断增强其实践能力和适应能力。大学生通过广泛地参与校内外各类活动，不仅可以锻炼自己的动手操作能力和语言表达能力，而且可以开阔自己的视野和思维方式，提升分析问题和解决问题的能力，从而使自己更加顺利地融入所学习的课程当中。同时也能促使他们养成良好的学习习惯，从各个方面不断提升自我修养，让学生积累更多经验并锻炼他们自主学习的能力，培养他们终身学习的精神。再次，大学生应树立正确的职业观，努力认识到职业是一种生活方式和生存状态，而不是简单地追求收入或事业地位，要懂得实现个人价值并不必然意味着一定要从事某种特定的职业，而是应该选择一条属于自己的人生之路，发挥出自己最大的潜能。[1]最后，学生需重视心理教育，增强自我调节和自我管理的能力，正确对待职场竞争压力，学会换位思考，以乐观心态看待困难和挫折，减少负面情绪影响，增强抗挫折能力，保持良好的情绪健康和积极向上的生活态度，使自己能够适应职场要求，顺利进入工作岗位，实现自己的理想和抱负。

（三）加强教师引导作用，强化"学做合一"思政教学理念

为了提高专业课程思政教学质量，必须改变传统教学模式，从培养大学生分析问题和解决问题的能力入手，采用多种教学方法来激发学生的学习兴趣，让他们通过实践来掌握更多的相关知识，从而促进大学生全面发展。一方面，根据大学生的实际情况制定合理可行的教学方案。通过专业引导、思想教育、生活指导等方式帮助学生正确分析职业目标、合理制定个人职业计划、有效实施求职策略以及提升职业素养等方面促进他们顺利完成学业，实

---

〔1〕 王务均、刘铨：《公共管理专业实习的困境与改进策略——一个教育行动研究理论的实践》，载《安徽工业大学学报（社会科学版）》2022 年第 1 期。

现梦想，并通过开展多种培训活动，比如在学校内开设就业指导课程、职业规划课程和定期举办"就业创业知识讲座"等一系列丰富多彩的校园文化活动，为学生提供一个展示自我能力、展现自身价值、提高综合素质的舞台。同时还要加大教育培训力度，让更多人了解本专业课程的教学理念与方法，从而达到学以致用、促进知识转化为现实生产力的目的。尤其应增强毕业生自我价值实现的信心与决心，促使他们更好地适应社会发展。[1]此外，学生要对所学知识有一个初步了解和掌握，并利用自己所拥有的专业知识去解决实际问题，也要时刻关注社会发展，关心国家大事，了解自己所处行业的状况，以增强自身的使命感和责任感。另一方面，要坚持把教师作为教书育人的第一资源来对待，注重培养造就思想政治素质过硬、专业知识扎实、教学能力强的优秀中青年骨干教师队伍。通过进一步健全教师管理制度，严格按职称评聘标准选拔、使用优秀教师，不断改善教师队伍整体质量；教师应坚持以教学为本，注重知识更新，努力提高教育理论研究水平，为学生提供扎实有效的专业知识及技能训练，确保培养合格的应用型、技术型专业人才；教师应积极探索并推行基于能力导向的课程设置方法，引导学生形成良好的学习习惯、学习态度和学习方式，使其具备较强的实践操作和实际操作能力。

（四）以立德树人、"三全育人"理念为核心的价值导向

"立德树人"是高校教育事业的立身之本及追求的终极目标，"三全育人"要求全员、全过程、全方位育人，是高校人才培养的创新模式。公共事业管理专业课程思政元素主要有：一是公共管理的任务性职能，其思政教育融入点为结合我国公共管理的任务性职能，学习公共管理职能的内涵及其形成原因，公共管理的程序性职能，公共管理的任务性职能等；二是改革公共组织的类型与作用，其思政教育融入点为结合我国公共组织的类型，理解课程的内容，如公共管理时期新公共管理，主要工业化国家的新公共管理实践，对新公共管理的评价，新公共管理的理论困难与受到的批评等。[2]

教师在教学过程中要树立"服务"意识，采取案例教学、讨论教学、模拟教学、实验教学等多形式教学形式及内容，激发学生学习兴趣，在课程教

---

〔1〕 闫娟、朱水成、钱林玲：《政、校、社合作共享视角下共建大学生实习基地探索与实践——以公共管理类专业为例》，载《上海理工大学学报（社会科学版）》2020年第4期。

〔2〕 钱成敏等：《公共管理类专业学生实习教学的过程管理探析》，载《出国与就业（就业办）》2010年第23期。

学中融入思政元素。此外，应广泛动员社会积极参与到高校课程思政建设中，例如充分利用红色教育资源激发学生的爱国情怀，为师生提供更好的教学平台资源，通过广泛宣传等形式，把课程思政真正融入学生价值观的塑造中。

（五）建立健全公共事业管理专业课程思政评价机制

考核评价机制是教师课堂教学活动的风向标，科学合理的考核评价机制能保证活动更有计划性和针对性。首先，评价机制要实现全方位，破除"五唯"，以学生满意度为核心指标，实行动态评价机制。其次，在课程思政评估中，要根据专业课程具体实际，从课程思政的管理手段、责任主体、资源分类、协作状况及教学效果等方面入手，从整体上对高校课程思政的建设水平进行考量。最后，评估方法要科学。着力形成多元主体参与评估的发展格局，多举措促进高校课程思政建设水平的提升。

五、结语

公共事业管理专业课程思政目标的建立和思政资源的挖掘，并进行尝试性的研究和改革是时代赋予我们所开设的专业课程教学的使命。研究如何将思政目标与公共事业管理专业特色相结合，形成自身的教学优势和思政特色，创新性提出地方院校公共事业管理专业多个层次的课程思政培养目标，有利于解决公共事业管理专业思政目标不清晰、不统一的问题。聚焦课程思政元素挖掘与知识承载点，从公共事业管理专业课程思政属性、教材教学内容及学生思政需求等方面探讨地方院校公共事业管理专业课程思政资源的挖掘路径，能有效解决专业课程思政资源挖掘广度、深度不够的问题，为进一步探索地方院校公共事业管理专业课程思政的内容选择和专业课程融合的路径奠定了研究基础。

论科研育人

梅献中*

韶关学院 政法学院 广东韶关 512005

摘 要：科研育人是指以科学研究活动为载体，在进行科学研究的过程中实现育人的功能。科研育人的主体是教师，载体是科研本身，目的是育人，主要对象是学生。科研育人具有价值性、规律性、探索性、实践性、长期性等特征。要实现科研育人的目标，必须在思想上树牢科研育人的意识，建立健全科研育人的体制机制，制定促进科研育人的规章制度，探索科研育人的方式方法。

关键词：科研育人；高校教师；大学生；体制机制

引 言

科研育人的思想，是在习近平总书记的讲话精神指引下发展起来的。2016 年 12 月，习近平总书记在全国高校思想政治工作会议上指出，要坚持把立德树人作为中心环节，把思想政治工作贯穿教育教学全过程，实现全员育人、全程育人和全方位育人，努力开创我国高等教育事业发展新局面。[1]这是"三全育人"观念的主要由来。2017 年 2 月，中共中央、国务院印发了

---

* 梅献中，1969 年生，男，河南扶沟人，韶关学院政法学院副教授，硕士。主要从事行政法学方面的研究。

〔1〕 杨安琪：《习近平在全国高校思想政治工作会议上强调 把思想政治工作贯穿教育教学全过程 开创我国高等教育事业发展新局面》，载 https://news.12371.cn/2016/12/08/ARTI1481194922295483.shtml，最后访问日期：2023 年 8 月 17 日。

《关于加强和改进新形势下高校思想政治工作的意见》，该意见提出，要坚持全员全过程全方位育人，把思想价值引领贯穿教育教学全过程和各环节，形成教书育人、科研育人、实践育人、管理育人、服务育人、文化育人、组织育人长效机制。该意见承继了习近平总书记的讲话精神，也进一步扩充、丰富了"三全育人"的内容。"三全育人"思想的提出，为高校在新形势下做好"科研育人"工作奠定了基础、指明了方向。

那么，什么叫"科研育人"，其内涵是什么？它有哪些主要特征？如何做好科研育人工作？本文试作粗浅的探讨。

一、科研育人的涵义

所谓"科研"，即科学研究；所谓"育人"，即教育人、培养人、塑造人。简言之，科研育人是指以科学研究活动为载体，在进行科学研究的过程中实现育人的功能。具体而言，在高校，就是在高等教育中，教师通过指导学生参与科学研究活动，培养学生在科学认知方面的素养，提高他们参加科学研究和解决实际问题的能力；同时，将全面提升学生的思想品德、意志品质、人格操守、学术道德等作为科研的指导方针，最终实现立德树人的根本目标。[1]

科研工作是立德树人的一个重要载体，是三全育人过程中不可忽视的重要环节。众所周知，立德树人是高校的根本使命，但高校育人不但要关注课堂教学过程中的育人要素和方式方法，也要充分发挥包括科研工作在内的多维度、多环节、多渠道的育人功能。[2]申言之，科研育人的主体是教师，科研育人的载体是科学研究本身，科研育人的目的是教育人、培养人、塑造人，科研育人的对象主要是学生。以下分述之。

（一）科研育人的主体是教师

就像课堂教学的主体是教师一样，科研育人的主体也是教师。教师是科研育人工作的主导者，是指导学生走上科研之路的引路人，对学生在科学研究之路上的健康成长和长远发展至关重要。教师作为主体，既是科研育人工

---

〔1〕 于丽、王明年、刘大刚：《浅谈科研育人的措施和方法》，载《教育教学论坛》2020 年第 22 期。

〔2〕 毛现桩：《大学科研育人的内涵意蕴、本质特征与时代价值》，载《华北水利水电大学学报（社会科学版）》2020 年第 3 期。

作上"权力"的享有者，也是"责任"的承担者。前者需要教师敢于并善于管理，及时介入、干预学生的科研工作，以给他们指明方向、纠正错误、掌舵定向；后者需要教师积极投入指导学生开展科研活动的工作中，甘当人梯、不厌其烦、任劳任怨，不推诿、不卸责。教师仅指导学生积极从事科学研究还不够，还要有育人的思想觉悟、育人的主观能动性和育人的专业能力，并大力推动相应的体制机制建设。在科研育人工作中，要努力传承"科研报国"的红色基因、"敢为人先"的创新基因、"舍我其谁"的奉献意识，积极探索科研育人的体系构建和实施路径，建立健全科研育人体制机制，实现"三全育人"和立德树人的目标。俗话说，"要给学生一杯水，老师要有一桶水"。要培养最适合国家、行业需要的人才，师资队伍就要承担、接触、了解最前沿的科研、产业和地方经济社会发展情况，指导学生"将论文写在祖国的大地上"。

（二）科研育人的载体是科研

要做到科研育人，若离开科研活动，不从事具体的科研工作或者指导学生从事具体的科研工作，无异于空中楼阁。很难相信，一个不从事科研、不指导学生开展科研活动的教师，能对学生起到什么样的科研育人作用。只有勇敢地面对科研、积极地从事科研、高效地完成科研、快乐地投身科研的教师，才能有资格、有能力、有威望、有成效地指导学生搞好科研工作，进而发挥良好的科研育人作用。因此，在科研育人的过程中，教师必须是合格的科学工作者和教育工作者，在做好自己的科研工作基础上倾心引导学生科研能力和学术道德的发展。在科研过程中，学生和教师长时间朝夕相处、密切接触、深入交流，教师既是学生学习的榜样，也是学生观察了解社会的一个窗口；教师不仅对学生的学术能力的提高至关重要，更会对学生的品德成长和未来发展产生深远影响。同时，学生也只有在具体的、长期的、多样化的科研活动中，才能锻炼自己、成长自己、发展自己，从而既能取得应有的科研成就，也能为国家和社会作出更大的贡献。

（三）科研育人的目的是育人

"科研育人"，不同于科研本身，科研育人意在通过科研育人，在科研中实现育人效果。而科研，作为一种理论探讨和实践活动，本身并不直接带有价值立场和价值追求，大多数科研活动具有价值中立的属性，类似法律上的"事实行为"，而不是"法律行为"。但是，科研绝不是从天上掉下来的事物，而是人的主观思想认识活动和遵循逻辑发展规律的创造性实践活动，隐含着巨大的价值形塑意蕴和价值引导功能，因而同样能实现育人效果。首先，从事科研工作的人从属不同的国家，具有强烈的身份属性、国别属性，甚至阶级属性。俗话说，"科学没有边界，但科学家有祖国"。饱含强烈的爱国主义情感去搞科研，或者指导学生搞科研，定会开出更鲜艳的花，结出更丰硕的果。其次，科研工作从选题到论证再到结论的得出，乃至成果的发表，都立足于研究者所在的历史文化条件和经济基础之上，他要解决自身所在的社会现实问题，否则科研毫无意义。脚踏实地、实事求是、关注当下去搞科研，才会有真正有价值的科研成果，才能作出自己的贡献。通过这样的科研历练，师生们也更能实现自己的人生价值。最后，科研带有共同的规律性，搞科研需要诚实守信、求实创新、质疑批判、团结协作的精神，反对急功近利、弄虚作假、道听途说、抄袭剽窃等行为。掌握、运用这些共同的规律，不但有助于提高科研能力、取得科研成果，而且有助于塑造整个社会的理性风尚和秩序意识，从而增强国家的治理效能和综合国力，在潜移默化中达到育人的效果。从哲学的角度来看，科学活动的最终目的就是认识世界、改造世界、追求真理、造福人类。在科研工作中，教师既要"育智"，更要"育人"，教师应该成为学生的信仰之师、学问之师、品行之师。顾明远先生指出，"凡是科研机构都要研究学术，当然在开展科研过程中也培养年轻人，但那只是科研机构的衍生物，不是其主要任务。只有大学又要开展科研，又要培养人才，而且要用科研成果来培养人才"。[1]作为高校教师，通过科研育人，是我们责无旁贷的使命。

（四）科研育人的主要对象是学生

在科研育人工作中，育的主体是教师，育的对象主要是学生，广义而言，也包括教师自身。学生是教师教育的对象，也是科研工作中被指导的对象，正是在教育、指导的过程，学生得以成长，育人的效果得以实现。在科研过程中，教师更好地关注学生的成长是科研育人的核心。因此，科研育人将德育教育和科学精神培养融入日常的科研活动中，这也是新时期我国高等教育建设发展的必然要求。科研作为连接社会与学校的桥梁，教师在这个过程中，要做到两个紧密结合：一个是把科研活动与学生思想品德的养成紧密结

---

[1] 顾明远：《大学文化的本质是求真育人》，载《教育研究》2010年第1期。

合；另一个是把学生科研能力的提高与思想品德的提升紧密结合。"科研的核心是育人"应是师生们共同的认知。同时，科研育人的对象也包括教师自身，即通过开展经常性的科学研究工作，教师既教育、培养了学生，也锻炼、成长了自己，教师与学生是共进退、共荣辱的"命运共同体"，师生之间不是单纯的、相互割裂的单向度的教育与被教育、指导与被指导、培养与被培养的关系，而是相互成长、共同进步的一个整体。

二、科研育人的特点

相较于课堂育人或者其他形式的育人，科研育人具有自身鲜明的特点。刘在洲认为，科研育人特征鲜明，科研理想教育具有方向性特征，科学道德教育具有规范性特征，科学精神教育具有认知性特征，科研方法指导具有实践性特征。[1]概言之，科研育人具有方向性、规范性、认知性、实践性等特征。毛现桩认为，高校科研育人具有鲜明的时代价值，是社会主义办学方向和高校立德树人根本任务的必然要求，是新时代高等教育变革的内在动力，是实现"三全育人"的重要体现，是新时代大学素质教育的客观要求，也是新时代实现国家科技创新发展的应然所在。易言之，科研育人具有物质与精神的双重超越性，具有合规律与合目的的高度统一性，是大学科研的教育性与大学教师本职性的统一。[2]本文认为，科研育人具有价值性、规律性、探索性、实践性、长期性等特征。

（一）价值性

科研育人的价值性，是指科研本身不是单纯的与价值无涉的纯理性活动，而是带有强烈的价值属性，具有重要的价值引领、价值塑造功能。以社会主义核心价值观为指导、以爱国主义精神为支撑的科研工作，与毫无方向感和目标感的科研工作相比，科研成效孰优孰劣，高下立判。在科研工作中，师生们要树立正确的政治方向、价值取向、学术导向，通过科研培养师生们至诚报国的理想追求、敢为人先的科学精神、开拓创新的进取意识和严谨求实的科研作风。要积极引导科研人员坚持"四个面向"，即面向世界科技前沿、

〔1〕 刘在洲：《高校科研育人的内涵、特征与实践方略》，载《思想理论教育》2021年第3期。

〔2〕 毛现桩：《大学科研育人的内涵意蕴、本质特征与时代价值》，载《华北水利水电大学学报（社会科学版）》2020年第3期。

面向经济主战场、面向国家重大需求、面向人民生命健康，服务国家整体战略，坚定科研报国情怀。

（二）规律性

科研育人的规律性，是指和科研本身一样，科研育人也具有规律性。科研的规律性，决定了科研育人的规律性。科研工作需要诚实守信、求实创新、质疑批判、团结协作的精神，反对急功近利、弄虚作假、道听途说、抄袭剽窃等行为。掌握、运用这些共同的规律，不但有助于提高科研能力、取得科研成果，而且有助于塑造整个社会的理性风尚和秩序意识，从而增强国家的治理效能和综合国力，在潜移默化中达到育人的效果。遵循科研的规律，才能取得科研成果；也只有遵循科研的规律，才能实现更好的育人效果。科研活动的开展有利于在大学形成浓厚的学术环境和科研氛围，使青年学生沐浴在充满人文精神和科学素养的文化氛围中，在潜移默化中促进学生良好思想品德的养成。

（三）探索性

探索性是指由于科研结果的不确定性、科研问题的复杂性，需要科研人员刻苦探索、攻坚克难的精神。在科研活动中，科研参与者追求的是研究成果的产出性、新方法新手段的适用性、改造客观世界的效果性等。这种超越常态、自主探索的实践活动本质上是一个创新求异、改造物质世界对人束缚的过程，是一种探索、超越的过程。[1]

科研的探索性决定了科研育人的探索性，即不断尝试、不断摸索、不断总结和提炼，在此过程中，师生们得到锻炼和提高，从而达到育人效果。教师通过指导学生参加各类科研活动，培养大学生的科技创新意识和实践动手能力，激发、鼓励大学生养成大胆探索、质疑问题、攻克难题、勇于展现自我的科学精神和创新能力。通过科研，培养他们发现问题、分析问题、解决问题的能力，培养未来的科学家；通过科研成果向教学素材的转化，将科研成果中的新观点、新理念、新技术、新方法及时融入课堂教学和教案、教材中，增强教学内容的学术性和前沿性，提升教学的学术品位，从而激发学生的学习热情，培养学生的创新意识、探索精神，进一步提高人才培养质量。

---

〔1〕 毛现桩：《大学科研育人的内涵意蕴、本质特征与时代价值》，载《华北水利水电大学学报（社会科学版）》2020年第3期。

（四）实践性

实践性是指科研工作需要大量的科学实验和亲身实践，需要较强的动手能力和亲身参与，而科研育人工作，也是在大量的、具体的实践中得以实现的。没有具体的实践，仅凭空洞的说教是没有意义的。与课堂育人模式不同的是，科研育人更多的是教师在干中育，学生在干中学，师生之间更多传递的是一种治学态度和科研精神。[1]通过开展横向课题研究，培养学生解决地方经济社会发展中的实际问题，或者解决工程技术领域"卡脖子"、企业急需解决的难题，培养大量的合格的工程师；通过开展纵向课题研究，面向国家经济主战场，做好项目设计规划，培养战略思维、全局意识，提高学生看待问题的前瞻性、全面性，培养合格的战略家；通过推动科技成果的展示，提升学生科技自立自强自信，树立科研报国的情怀；通过举办科技文化节等活动，提升学生的参与感、获得感和幸福感，等等。

（五）长期性

长期性是指科研育人工作需要长期的时间投入和持续的悉心培养，是一个漫长的、逐渐提高的过程。一方面，学生对科研内容的理解、科研方法的掌握需要一个循序渐进的过程；另一方面，教师对学生的指导，也并非通过朝夕之功能够完成，需要长期的跟踪、指导与监督。科研成果是长期积累、持续研究的结果，短则两三年，长则十余年，甚至更长的时间，不可能走捷径、想当然、在短期内见到成效，非常需要"坐冷板凳"的功夫和持之以恒的精神。与科研相伴而来的往往是寂寞、枯燥、失落、烦躁和焦虑，极需要耐心、细心、精心、恒心，许多人由于不能坚持而半途而废，白白荒废了大好时光而一无所获。正像马克思所言："在科学的道路上没有平坦的大道可走，只有不畏艰险沿着陡峭山路向上攀登的人，才有希望达到光辉的顶点。"科研育人也像科研一样，是一个需要耐心、细心、精心、恒心的工作，对学生的指导需要更长的时间、更多的投入、更久的陪伴、更强的耐心，是一份极其考验人、检验人的工作。对此，师生们都要有清醒的认识和正确的态度。概言之，长期性是科研育人工作的一个非常重要的特征。

---

[1] 毛现桩：《大学科研育人的内涵意蕴、本质特征与时代价值》，载《华北水利水电大学学报（社会科学版）》2020年第3期。

三、科研育人的路径

要实现科研育人的目标，必须依靠科学的方法，依循科学的路径。本文认为，这主要包括以下几个方面。

（一）在思想上树牢科研育人的意识

思想是行为的先导，理论是行动的指南。只有在思想上首先牢固树立科研育人的主观认识，才能在具体的科研工作中付诸行动、见诸成效。有研究认为，当前学生的科研创新能力有待提升、科研报国的科学家精神尚需加强。现存问题主要有：一是意识有待加强，够"专"不够"红"，即在"专"的方面，单纯从智力水平衡量，学生的智力水平普遍很高，但在科学家精神、牺牲奉献精神、科研报国精神方面则表现为"红"不足；二是认知有待明晰，"学"与"用"存在脱节现象；三是需求有待明确，缺乏有效的科研育人思想和方法的引导。[1]在此情况下，更加要求教师牢固树立科研育人的思想认识，把加强思想政治教育和指导学生的科研训练相结合，做好导思想、导人生、导学习、导科研、导心理、导生活等工作，引导学生锤炼品格、学习知识、投身科研、创新思维、奉献祖国。要培养大学生崇尚科学的理想信念、勇攀科学高峰的意志品质、科学严谨的学术作风。[2]要引导师生树立正确的政治方向、价值取向、学术导向，加强师生学术规范、学术诚信、学术道德教育，强化科研育人意识和责任担当，勉励广大青年面临困难时秉承科学精神，做到坚韧不拔、从容不迫，培养奋斗精神和家国情怀。

（二）建立健全科研育人的体制机制

没有良好的体制机制，仅靠零散的、孤立的、片面化、暂时性的科研育人号召动员，是难以为继的。对此，建立健全有利于科研育人的、长效化的体制机制就显得至关重要。教育部《高校思想政治工作质量提升工程实施纲要》（教党〔2017〕62号）提出了课程育人、科研育人和实践育人等十大育人体系，为加强和改进新时期高校思想政治工作明确了路径和抓手。该纲要指出，要"改进科研环节和程序，把思想价值引领贯穿选题设计、科研立项、

---

〔1〕 郑磊等：《以科研育人为主要特征的拔尖创新人才培养模式研究》，载《高教学刊》2020年第16期。

〔2〕 吴凤庭、马学军、刘满中：《湖北理工学院：践行"科研育人"全力助推高质量人才培养》，载《光明日报》2019年9月27日。

项目研究、成果运用全过程，把思想政治表现作为组建科研团队的底线要求。完善科研评价标准，改进学术评价方法，健全具有中国特色的学术评价标准和科研成果评价办法，构建集教育、预防、监督、惩治于一体的学术诚信体系，治理遏制学术研究、科研成果不良倾向"。这些要求具有很强的现实指导意义和实践价值。为此，务必加强顶层设计，健全体制机制，构建、完善"全过程、全覆盖、全方位、零容忍"的科研诚信体系，推进学术诚信建设制度化、常态化，营造良好的学术和科研氛围，推动提高人才培养质量。

（三）制定促进科研育人的规章制度

没有规矩，不成方圆。要想取得科研育人的成效，必须做好建章立制工作，这包括指导思想、基本原则、领导体制、激励机制、约束机制、评价考核、程序规则、监督保障等多个方面。把制度规范渗透到论文审查、成果汇报、项目申报等环节，建立规范、评价、考核等多方面的学术道德长效机制。"发挥科研育人功能，优化科研环节和程序，完善科研评价标准，改进学术评价方法，促进成果转化应用，引导师生树立正确的政治方向、价值取向、学术导向"。[1]促进科研育人的规章制度可以分级分类加以规定，如对教师、对博士生、对硕士生、对本科生等，可以有不同的规定，这样便于实施，也便于考核。

（四）探索科研育人的方式方法

再好的思想认识和规章制度，如果没有一套行之有效的科学的方式方法，也是无法落实下去的。为此，必须探索出推进科研育人工作的方式方法。本文认为，这方面至少包括：

1. 弘扬理念、营造氛围

在学生参加科研项目、从事科研工作之初，就应大力教导他们牢固树立正确的学术道德理念，不问收获、但问耕耘，矢志报国、坚定不移；营造"拒绝学术不端，从我做起"的良好氛围；依托各类学术论坛和科研平台，发挥榜样引领示范作用。

2. 因材施教、分类指导

面向本、硕、博，培养创新思维能力；面向中学生，培养创新实践能力；面向小学生，培养科学研究意识；面向社会，拓展高校科研领域。对此可以建立传、帮、带机制，高年级学生指导低年级学生、经验丰富者指导经验不

---

〔1〕《高校思想政治工作质量提升工程实施纲要》（教党〔2017〕62号）。

足者，让高年级学生在指导过程中发现自己的不足，低年级学生通过高年级的指导，获得第一手的科研训练机会。

3. 教研融合、齐头并进

教师在课堂上要积极传播、灌输科研理念，课余时间让学生参加课题研究，培养学生自主学习、科学思维、敢于创新的能力，逐步形成学生理论与实践相结合、课堂教学与教师科研项目相结合、社会实践与服务地方经济社会发展相结合的"三结合"模式。

4. 有文有武、一张一弛

学习学业压力大，就业竞争激烈，心理负担重，导致部分学生出现人际关系紧张、自我意识过强、自信心不足等问题，这在一定程度上影响了他们正常的学习和生活。为了让学生以更好的精神面貌迎接越来越有挑战性的科研工作，要鼓励学生多参加文体活动和校外游览。通过这些活动，让师生们释放压力、增进友谊、扩充知识、开阔视野、强身健体、增强信心。

5. 校地合作、协同育人

可邀请行业楷模、领军人物等走进课堂，为师生们讲述科研报国的壮志豪情和艰苦历程，让学生们"亲其师、信其道"，坚定科研报国的理想信念。鼓励每一个大学生充满深切爱民之情、恪尽兴国之责、无私奉献精神，让每一个科研团队都要有艰苦奋斗、淡泊名利的奋斗精神和自强自信、奉献牺牲、顽强拼搏的优良作风。

四、结语

科研育人是一项长期的、持续性的工作，作为科研主体的高校教师肩负着为国家和社会培养输送人才、把科学研究转化成社会成果的服务职能。作为高校教师，要坚持教育者先受教育的原则，积极践行社会主义核心价值观，严守学术道德，强化科研自律，严谨治学、求真务实、诚信敬业，对学生实行全过程的学术培养，全面担负起对所指导学生在思想政治、学术道德和专业能力等方面全面成长的责任，切实做到把学生科研能力的提高与思想品德的提升紧密结合起来，使学生的思想品德在科学研究过程中潜移默化地形成，从而达到科研育人的目的。[1]

---

〔1〕 阮一帆、徐欢：《高校科研育人探析》，载《思想理论教育导刊》2019 年第 8 期。

新时代课程思政融入专业课程教学的方法与实践[*]

黄一映^{**}

韶关学院　政法学院　广东韶关　512005

摘　要： 从课程思政融入应用型课程教学在教学理念更新、教学环节设计、教学融入实施等方面的问题，提出协同机制构建、教学理念更新、基于环节设计的课程思政融入与评价、系统的课程思政实施路径。注重创新授课模式、提升学生的思政意识、激发学生的爱国报国情怀。关键是实施路径的创新，贯彻思政专题是课程体系当中的重要组成部分。创新要素体现：一是思想性和政治性的一致；二是继承性与创新性的结合；三是知识性与实践性的统一。

关键词： 课程思政；课程教学；探索；实践

新时代高校开展课程思政教育，是党和国家作出的一项具有战略意义的重要决策，是落实国家人才培养战略和加强国防后备力量的重要举措。2019年，习近平总书记在学校思想政治理论课教师座谈会上指出，"要坚持显性教育和隐性教育相统一，挖掘其他课程和教学方式中蕴含的思想政治教育资源，实现全员全程全方位育人"。[1]习近平总书记在全国高校思想政治工作会议上

---

　* 广东省 2020 年度高等教育教学改革项目"'课程思政'导向的高校《军事理论课》教学创新与实施路径研究"阶段性成果。

　** 黄一映，1979 年生，女，广东韶关人，韶关学院政法学院副教授，博士。主要从事课程思政与地方治理研究。

　〔1〕石光辉：《习近平：用新时代中国特色社会主义思想铸魂育人　贯彻党的教育方针落实立德树人根本任务》，载 https://www.12371.cn/2019/03/18/ARTI1552914602174896.shtml，最后访问日期：2023 年 8 月 17 日。

强调，"把思想政治工作贯穿教育教学全过程，实现全程育人、全方位育人，努力开创我国高等教育事业发展新局面"。[1]这说明在新的历史条件下，思政教育已不应局限于马哲、毛概等思政类课程，而是要和高校教育中的其他专业学科相融合，做到教书育人。其他各门课都要守好一段渠、种好责任田，使各类课程与思想政治理论课同心同行，形成协同效应。

一、专业课程教学实施"课程思政"的可行性

课程思政，是指将思想政治教育融入课程教学的各环节、各方面，把政法各专业课程作为思想政治教育的"隐性课程"，让专业课程教学与思想政治理论课教学同向同行，让显性思想政治教育与隐性思想政治教育同频共振，对专业进行全方位、全领域、全过程思想政治教育，从而实现培养德法兼修的高素质法治人才教育目标的活动与过程。习近平总书记在视察中国政法大学时指出，"法学教育要坚持立德树人，不仅要提高学生的法学知识水平，而且要培养学生的思想道德素养"。[2]这需要大力推动中国特色社会主义法治理论进教材、进课堂、进头脑；创新政法教育模式，培养德法兼修的高素质法治人才。习近平总书记的讲话为我们培养德法兼修的高素质法治人才提供了明确方向。政法教育首先是一种专业教育，虽然不能只局限于传授前人的行政法知识与技能，但是培养正规化、专业化、职业化的法治和管理人才往往是政法教育的基本目标。对学生进行法律知识传授、法律技能培养、法律思维塑造，是政法教育的基本内容，但是政法专业学生同样要学会用正确的立场、观点和方法分析问题，把学习、观察、实践同思考紧密结合起来，要善于把握历史和时代的发展方向，把握社会的主流和支流、现象和本质，养成历史思维、辩证思维、系统思维和创新思维；要善于用辩证唯物主义和历史唯物主义的思维方式去看待事物，不能陷入唯心主义和机械唯物主义的泥沼，甚至将政法理论导向神秘主义。

---

〔1〕 杨安琪：《习近平在全国高校思想政治工作会议上强调　把思想政治工作贯穿教育教学全过程　开创我国高等教育事业发展新局面》，载 https://news. 12371. cn/2016/12/08/ARTI1481194922295483. shtml，最后访问日期：2023 年 8 月 17 日。

〔2〕 杨安琪：《习近平在中国政法大学考察时强调　立德树人德法兼修抓好法治人才培养　励志勤学刻苦磨炼促进青年成长进步》，载 https://news. 12371. cn/2017/05/03/ARTI1493813533526614. shtml，最后访问日期：2023 年 8 月 17 日。

尤其是在当前国际政治形势和意识形态领域风云变幻，各种社会思潮激烈交锋的背景下，高等教育要顶住压力、抵住侵蚀，就应进一步加强在各门课程中的思想政治教育，用马克思主义的立场、观点和方法去教书育人，为学生构筑起牢固的思想防线，抵制各种错误思潮、错误言论对学生的侵蚀和危害。为贯彻落实习近平总书记的重要指示精神，教育部发布了《高等学校课程思政建设指导纲要》，对当前和今后包括政法在内的专业课程思政建设，都提出了明确要求。为此，开展政法专业课程思政建设研究，在当前具有十分重要的理论意义和现实意义。

二、专业课程思政建设的目标

通过挖掘该课程思政教育内涵、开发价值观隐性培育，紧扣该课程改革核心环节，从课程资源、教学方法、知识传授、能力培养、价值渗透五个方面深入挖掘专业课程教学的重要德育内涵，更新教学理念，注重解决该课程在以往传统教学过程中突出知识和能力目标，而价值目标和德育渗透在教学准备、教学实施和教学反馈中明显不足的问题，设计基于课程思政融入的教学环节，完善方式、要素、评价的课例文本，特别是课程思政融入要素中的内涵式融入，形成对应用型课程思政实施载体要素模型和基于教学实施的课程思政融入典型案例教学。

进行课程德育目标与教学内容、任务单元及课程思政共性元素与个性特点的分析，建立目标协同、有机嵌入的教学理念定位，确定该课程为课程思政示范型融入应用型课程，进行全课程思政设计，并进行教学各个环节的支持性保障。在基于校情、学情分析的基础上，匹配课程思政有机融入教学单元模块，进行课程思政嵌入式课程总体设计，整体性推进。使课程思政系统构建内含于高校思政教育整体性课程规划，隐含于专业课程德育目标的达成过程。在教学全过程中，对课程思政融入的方式、要素进行分析，结合多维度评价模式，形成可分解目标体系。

课程教学目标从"双基"（基础知识、基本技能）到"三维"（知识传授、能力培养、价值引领）转变，教学设计注重不同模块的有机结合与课程思政价值引领，教学方法结合专业课的课程思政特点创新导课、参与、调研、互动，在教学过程中进行专题教育和常态教育结合、教学活动与专项活动结合的课程思政实践，不断建立、完善专业课的课程思政过程管理及结果的效果运用，在专业课程中融入思政元素。

三、课程思政实施方法和技术路线

（一）实施措施

第一，教学对象和目标的确定。将能观察到的和可测量的教学指标参数作为教学结果衡量的目标。

第二，学生听课起点状态的确定。包括他们原有的理论知识结构、技能和学习的动机、状态等。

第三，学生听课终点状态的确定。分析学生上课从起点状态到终点状态应掌握的知识技能或应形成的态度与行为习惯。

第四，多媒体展示教材的确定。确定方式和方法给学生呈现教材，提供学习指导。

第五，上课信息反馈的确定。采取科学方法观测学生的上课效果并及时准确提供第一手课堂反馈信息。

第六，测评方法的确定。对教学的结果进行科学的测量和评价，主要指测试和评分。

（二）技术路线与方法

1. 立体讲授法

立体讲授法是指教师运用多种方法和手段从多方面、多角度进行讲解和传授，使学生运用多种感受器官进行多方位、多渠道学习的一种教学方法。教师在授课过程中，不仅要使用口头语言，还要有效地运用表情语言、体态语言和时空语言，同时还要借助正、副板书等书面语言形式，采用音、像、图、表、实物、模型等直观教学手段，结合实验或实践等教学环节进行讲授。根据教学内容和学生特点，传授性讲授和指导性讲授相结合，详讲、略讲、精讲、不讲相结合。这样的讲授，本身就具有立体性和层次性，并能引发学生通过耳听、眼看、口说、脑思和手动（笔记和操作）等多种感受器官的协同活动来学习，使学生的学习具有立体性、灵活性。哲学是抽象的，通过"五官齐学"，使事物间复杂而模糊的辩证关系以量化的方式表现出来，这样学生不仅理解了理论，也掌握了方法，还学会了应用。多种感受器官参与学习，不仅能够加强对知识理解的全面性、系统性、深刻性和敏锐性，而且能够强化记忆，有利于综合提高多种智能水平。

2. 启发问疑法

启发问疑法是根据启发式原则，设置难易适度的问题向学生发问，学生通过创造性的思考，寻找问题的答案。它要求教师提出的问题既不要过于简单，学生不假思索便可以脱口而答，也不要过深过难，一下子把学生难倒，而是根据教学的需要，使学生利用已有的知识经验和智能，经过创造性思考，能够自行找到答案。许多问题不一定要求学生立刻回答，目的在于吸引学生的注意，启发其创意，随着教学过程的进展，答案会自然而然地显现，或教师讲授到即将水到渠成时再要求学生进行回答。启发问疑法的目的不仅在于加深理解所学原理，更在于培养学生的创新思维。

3. 心理动力法

心理动力法就是根据学生的心理特点，有针对性地采取多种办法激发他们的学习动机，使之始终处于优势动机状态。大学生的学习动机中的情绪情感成分严重超标，学习动机常受情绪左右。同时，大学生行为动机中的意志成分较少，动机脆弱，不稳定。但是，他们有理想，有抱负，对人生价值的追求是学习动机动力。凭趣味性激发他们的学习动机，其作用是短暂的。有针对性地把哲学思维方法和学习方法结合起来，把理论问题和学生最关心的人生问题以及时事热点问题结合起来讲授，才能有效而持久地调动学生学习的积极性。

4. 内外讨论法

国内外教学实践已经证明内外讨论法是课堂教学行之有效的方法之一，符合教学规律，有利于培养训练学生的素质。然而课堂时空狭小，教学任务量大，讨论很难深入，把课内讨论和课外讨论有机结合起来效果将显著提高。其一，针对学生普遍关心的社会热点问题，如宇宙起源问题、腐败问题等，开展课内讨论，学生积极性高，发言活跃。其二，提出与学生发展密切相关的问题，如人生价值与自我设计问题、社会需求与自主择业问题等，开展课外讨论，选择有启发性和教育意义的观点组织课内发言。其三，选择社会发展过程中出现的重大问题，如环境与社会发展问题、CPI 与经济增长问题等，号召学生以班级、宿舍、学习小组、自愿组合等方式进行课外讨论，派代表参加课堂发言。

5. 指导探索法

指导探索法是在教学过程中采用科学研究的方法进行教学，指导学生探索未知领域，培养学生研究、解决新问题能力和创新能力的教学方法。把科研过程引入教学过程，把学科前沿的状况引入教学内容，培养学生科研意识、探索未知的兴趣和攀登科学高峰的勇气。教学生以科学研究的方法，不断提高自己的科学研究的能力。根据教学目的、教学内容的要求以及学生的发展状况和可能达到的水平，有计划有选择地实施。在大学低年级，多采用示范探索法，通过教师的示范探索式讲授，指导学生举一反三，触类旁通。随着教学过程的发展和学生能力的提高，逐渐加大使用科学研究方法进行教学的比例，逐渐提高研究问题的难度，增加学生自主研究的独立性因素。对于难度较大的问题，可采用集体讨论法，在教师指导下集中全体学生的创造性智慧。根据因材施教的原则，可区别问题难度的层次，采取个别指导法，通过教师的启发、引导、点拨等手段，使不同水平的学生共同发展。

6. 实践运用法

实践运用法是指在教学中密切联系社会生活实际，指导学生在分析和解决实际问题的尝试操作中运用所学知识。培养学生勤于动脑、动手的习惯，训练他们对实际问题的敏锐性和对尝试操作的积极性，在实际操作中培养和训练智能素质。由理论到实践有一定的距离，要经历一个"传授操作—指导操作—独立操作"的过程。实践运用法使学生在走出校门，成为独立的社会工作者的时候，能够用思政课习得的科学世界观与方法论指导个人各项工作实践的开展，从而更快地进入角色，顺势成才。

四、课程思政融入专业课程实施效果评价

(一) 转变观念、提高思政意识

要实施"课程思政"，关键还是人。首先，需要大学教师转变观念。学生的思政教育并不只是思想政治理论课教师的责任，大学教师不仅要有扎实的专业知识，也需要学习思政教育方面的相关知识，积极探索思政课与专业课之间的联系，思考如何将社会主义核心价值观融入专业课教学中，帮助学生树立正确的世界观、人生观、价值观。其次，大学教师要加强自身的品德修养，通过言传身教来引导学生思想健康发展。不管是传授知识还是进行思想政治教育，教师都应该以身作则给学生正确的指引，这是德育在大学教学中最直接的途径，以身示范的力量是最强大直接的。长期以来，大学课程教学中往往注重专业的工具性，即以提高学生的专业技能为目标，授课重点都是

技术理性，却忽视了教学内容背后的价值导向。学生很容易受到西方文化的吸引，且部分学生缺乏判断力，无论精华糟粕，通通吸收，这样不仅不利于大学生形成正确的价值观，还可能会动摇其政治理念。也就是说，我们需要培养的是服务国家的新时代人才，具有社会主义核心价值观的政治素质过硬人才。因此，在提高大学生的专业能力的同时，要引导学生辩证地认识西方世界，取其精华去其糟粕，服务于我国的经济社会发展。

（二）基于教材、深挖思政元素

在专业课程教学中做好课程思政，需要对教学内容进行梳理，以教材为基础，针对性地导入思政设计。当前我们项目组课程思政的设置，基本上体现为宏观和微观两个方面。已有的研究取得如下成果：一是统一了思想、凝聚了共识，即政法课程思政必要而紧迫，政法教育与思想政治教育关系更紧密等；二是明确了目的、确定了原则，即政法课程思政的目标是培养德法兼修的法治人才，政法课程思政应坚持融合渗透原则等；三是探索了几种路径，包括进行整体教学设计和规划，注重教师队伍的引领示范，创新教学方式方法，辐射实践教学环节，构建课程思政教学评价体系等。

（三）适度补充、注入思政内容

第一，应当明确政法专业课程思政建设的目标定位。高校作为人才培养的主阵地，只有坚定贯彻党的教育方针，坚持社会主义办学方向，遵循教育为人民服务、为中国共产党治国理政服务、为巩固和发展中国特色社会主义制度服务、为改革开放和社会主义现代化建设服务的基本要求，才能承担起培养担当民族复兴大任的时代新人的历史使命和时代责任。课程思政强调将思想政治工作贯穿于政法专业的学科体系、专业体系、教材体系、管理机制体系之中，在传授课程知识的基础上引导学生将所学的知识和技能转化为内在德性和素养，注重将学生个人发展与社会发展、国家发展结合起来，作为高校立德树人的突破口和新抓手。如果教学只带领学生学习教材中的内容，而忽视本国的文化核心价值，学生的思想观念可能偏离社会主义核心价值观。鉴于此，在教材学习的同时、我们要强调中华文化的重要性，适度补充中华文化的知识，提升自己的民族自信心和自豪感。

第二，要转变观念，懂得教育的基础是沟通。首先，要认识到每个学生是独特的，人的天性是需要尊重，每个学生都有巨大的潜能，学生正在成长的过程中。为此要尊重学生的个体价值，尊重学生的自我决定。其次，以开放的心态接纳学生的各种行为，能欣赏各个学生的优点；能充分了解、鼓励帮助学生，较少误会、委屈或压抑学生；能保持心情的开朗，思考空间的开阔，价值观念的清明，观察事物的多面性。为此，在第一节课就会要求学生建立这门课程的班级专有 QQ 群或微信群，每天晚上和周末教师都会抽出一定时间在群里主动与学生进行交流和探讨，特别是针对当前的重大会议精神和热门事件及时传递信息，当学生每天在群里和教师轻松交流成为习惯以后，他们的问题常常就会从学习转到其他任何方面了，这样更有利于教师全面了解学生的思想动态。

第三，教学过程中，借助国内外著名概率统计方面的专家，通过跟学生分享名人轶事来提高学生的学习动力，从而进行思政教育。例如，在讲到概率的统计定义时，为了验证定义的正确性，德摩根、蒲丰和皮尔逊等多名著名的统计学家都做过大量的抛硬币试验，其中罗曼若夫斯基总共抛了 80 640 次。通过这个实例，教师告诉学生科学理论知识都是来之不易的，统计学家为了追求真理，会不辞辛苦地做成千上万次试验，从而教育学生要有不怕艰难、不断探索、勇于追求真理的精神。

（四）多维讲授，拓宽视野

做好传统政法专业知识与当前课程思政内容的衔接。现行的政法专业课程教材很少专门编入思想政治教育的内容，国家相关机构也没有明确规定在政法专业课程教学中应当纳入哪些思想政治教育教学内容，或是制定政法专业课程思政教学内容的遴选标准与教学要点。因此，在政法专业课程教学中选择融入哪些思想政治教育的教学内容，几乎完全取决于教师的"自由裁量"。

现实中，政法专业课程教师基本上都是政法专业"科班"出身，不熟悉思想政治教育和马克思主义基本原理及其最新发展，难以在专业教学中选择合适的思想政治教育教学内容，这在很大程度上影响了课程思政的教学效果。为此，应当在具体内容上作深入探讨、细心钻研，将思想政治教育的原理、元素全方位地融入政法专业的学习内容之中。讲授国家基本制度时，突出人民代表大会制度、中国共产党领导的多党合作和政治协商制度等制度的优越性，增强制度自信；讲授国家机构的内容时，引导学生认识国家监察机关的设立是为了集中国家反腐败的力量，实现对国家公权力行使者监督全覆盖；在讲授公民基本权利和义务时，强调权利与自由都是相对的，作为合格的公民要正确行使权利、自觉履行义务、严格遵守法律法规；在讲授宪法修正案时，重点引导学生认识习近平新时代中国特色社会主义思想和社会主义核心价值观写进宪法的重大意义。坚持马克思主义政法基本立场和基本观点，讲授马克思主义政法的基本理论和基本知识，特别是中国特色社会主义法治理论。在中国法制史课程中融入中华优秀传统法律文化和地方优秀文化，增强文化自信。在民法课程教学中突出诚实信用原则和社会主义核心价值观的公平正义、诚信友善。在刑事诉讼法课程教学中，将党中央在深化国家监察体制改革、反腐追逃追赃、深化司法体制改革等方面作出的一系列重大决策部署等，以及刑事诉讼法最新内容和前沿动态增加到教学中。

在上课过程中，可采用主体性教学与视频+案例教学。主体性教学，让学生自由组成小组进行选题和备讲，同时，教师通过 QQ 与微信等方式全程参与引导，让各组代表登上讲台进行讲课，最后教师评价与评分。所有上述课堂形式都与学生的平时成绩直接挂钩。通过视频，生动地将中国传统文化以及中国的腾飞展现在学生面前，让学生领略中国文化之美，中国景色之秀，中国速度之快，从而对中国文化产生仰望、敬畏之情，更加坚定"四个自信"。

最后值得一提的是，案例教学可以选用经典和有趣的案例来吸引学生，通过提出问题来激发学生思考，通过讨论问题来启发学生，通过教师总结来澄清问题，得出科学结论。一个好的思政教学案例首先要有针对性，尽量做到理论与实践以及学生认知的统一。比如讲授《政治学原理》绪论部分的马克思主义时，可以先用短视频介绍马克思精彩的一生，然后选用马克思被评为千年思想家第一人的案例，先使学生知道马克思主义的产生是历史的必然选择，然后让学生知道当今世界马克思的热潮方兴未艾；之后，为了激发学生兴趣，可以提问习近平总书记指出社会主义发展了五百年，其源头在哪？吸引学生注意力之后就可以用《乌托邦》这个案例来阐述社会主义的起源。在阐述清楚问题的实质后，我们可以引申到做人应该怎样处理好内容与形式的关系，也就是面子与里子的关系，还可以进一步上升到如何树立正确的价值观问题以及对社会的一些突发事件应该如何判断分析等世界观的问题。这样从感性到理性，逐级深入剖析，让学生紧跟教师思路，最终形成科学结论。这也说明一个好的案例的分析最好要有层次性。在给学生讲述案例之后，最好伴随问题的提出和学生的讨论或回答。特别是在讨论过程中，要让学生尽情表达个人观点，不同看法相互交锋，也就是说学生的讨论要具有开放性，允许不同思想、不同声音的激烈争执，希望在激烈的相互碰撞中产生思想的火花。又例如针对中美近两年的交锋，可以先从政治学原理修昔底德陷阱定律开始讲起，到中美贸易摩擦，疫情期间两国政府的不同表现，再到美国的总统选举，加上南海问题，通过这样的讨论可以使学生从中深受启发，同时激发学生的爱国热情以及学以报国的鸿鹄之志。

新时代背景下《公共关系学》课程思政教学研究

戴晓娟*

韶关学院 政法学院 广东韶关 512005

摘 要： 现如今的学校在培养方面几乎将培养方向全部放在了学习成绩方面，此类问题导致了课程思政教育方面的工作意识比较淡薄，而且现在公共关系学越来越受重视，所以此专业的学生越来越多，为了确保学生在步入社会之后，有更好的发展，相关教师应该加大培养力度，此过程对于学生而言，无论是在学习还是生活方面都有很大的帮助。基于此，本文对新时代背景下《公共关系学》课程思政教学进行了分析，主要从课程思政的概念入手，结合公共学与课程思政之间的关系进行教学设计，针对意见对教师作出调整，确保此项工作可以满足实际需求的同时，完善教学力度，实现各方面需求，以此推进二者之间的融合，为学生的未来发展提供帮助。

关键词： 新时代背景；公共关系学；课程思政；教学研究

引 言

我国的传统教学形式与理念对于教育事业是有一定影响的，比如说在高校教学中，学生和教师注重的都是成绩和各方面理念的建设，而非自身综合素质的提高，他们认为培养人才是教育的目标，教育的分工各自为政，对于公共关系学的教师来说，只需要教授学生理论知识即可，而思想政治相关科

---

* 戴晓娟，1964 年生，女，广西灌阳人，韶关学院政法学院副教授。研究方向：公共关系学、公务员制度。

目需要专业教师进行教学，此类教学关系着言行举止问题，所以需要思想政治课程教师对其作出引导。但是当前高校当中此类教学形式和结构均具有碎片化特点，并不利于高校学生综合素质的培养。对于高校学生而言，在学校不仅要学会专业理论，还要自身具备素养，这样在进入社会后才会有更好的发展，因此要结合课程思政内容，完善学生综合发展目标。当前在公共关系学中加强课程思政的融入，也是推动师生共同进步的关键因素，因此此项工作需要得到重视。

一、课程思政的概念

站在课程思政的角度，可以将课程思政理解为隐形思想政治教育课程或者是大思政理念的一种体现，在此过程中借助相应的课程和思想教育从专业的角度将课程舒展开来，同时融入自身理解的内容进行专业课程的教育活动。教师在此过程中是学生内德形成的关键，同时也是对德育内涵的一种挖掘，因此思想政治教育和显性思政教育之间也存在着一定的关联，教师也应该使二者有机融合，让其对学生成长起到一定积极影响[1]。

因此在课程思政的背景下，教师开展此项工作应该深入剖析，并且依照相应的教学体系对此项课程进行建设，同时通过不断实践和经验总结，为课程教学工作奠定良好基础，使学生综合素养有所提升，从而促进学生德智体美劳全面发展。

思政课程教育的主要形态是，把意识形态及政治教育的理论知识、价值及精神追求综合到各个课程，并对学生的意识形态和行动产生微妙的影响。在新时代的理念、政治教育方面，立德树人是根本课题，培养人才的终极目标。在思想、政治教育领域，有必要推进课程思政教育内容。我们需要革新理念教育、职业学校的理念。为此，应将重点放在模式革新、适应新时代新技术的要点上，构建新时代课程思政体系，并制定出与教育课程教学体系相吻合的教学方法，使思政课程完全融入学习中[2]。

---

〔1〕 路丁、牟若群、杨雪芹：《〈中华射艺〉"课程思政"育人教学研究——以"射准"为例》，载《2021 年全国武术教育与健康大会暨民族传统体育进校园研讨会论文摘要汇编（一）》，第 66~67 页。

〔2〕 李子英、赵子建、郝欣航：《课程思政理念下高校武术教学与思政教育融合研究》，载《2021 年全国武术教育与健康大会暨民族传统体育进校园研讨会论文摘要汇编（一）》，第 72~73 页。

二、《公共关系学》课程与课程思政的联系

(一) 目标的联系

公共关系学主要包括管理学和传播学中各类知识，主要目的是实现社会方面的双向沟通，以此建立相应的内容，并且实现良好沟通局势，从而达到信息共享和传递的目的，针对信息传递方式树立良好的形象，在形象建设成功后，为其整体创造良好的环境，因此树立良好形象是必然选择。同时，在此过程中也具备了积极导向的价值观，最终的成果与前期定位之间存在一定关联。因此将公共关系学融入课程思政内容，更能帮助学生树立良好的三观和思维，也可以帮助学生提升自身素质，以思想素质为中心，构建学生发展方向。在培养学生方面，公共关系学和课程思政内容的融合更能让培养目标一致，也加大了培养力度。

(二) 内容的联系

公共关系学中重点教学内容包括了关系传播、有关部门的公关行为、公共关系人员素质等。此类课程内容无论从什么角度进行分析，其中涵盖的课程思政内容均较多，因此课程思政元素在公共关系学科中的涵盖量较多，例如学生对未来信念的坚定，或者积极的态度回报社会，再或者在日常生活中对自身严格规范，让其整体行为符合道德标准。因此此学科无论在教学中还是实际应用中，都与课程思政理念吻合，所以二者的融合更具有促进作用。实际上课程思政与专业课程相结合，更能有效地扩充大学生的思维，让其产生主观能动性，自主了解思政教学内容，并且也让思政教学具有一定趣味性。

(三) 实践的联系

课程思政在实际教学工作中，以课程内容为基础，但是课本的知识缺少一定实践性能，并且单一的理论学习并不能有效推动教学的发展。以往灌输式的教学不易提升学生主动学习的欲望，也不易提高学生主观能动性。但是公共关系学科无论在内容上还是知识点方面都具有多样化的形式，比如说在公共关系学科中学生需要进行实物演练或者角色扮演等，其中还涉及案例分析等一系列新型教学模式，与思政课程传统的教学模式相比，此类课程模式更具有优势，对于学生而言，也更具有吸引力。如果将课程思政内容融入公共关系学中，学生会形成主动学习的取向，因此此类教学模式也有了双管齐

下的作用，所以此项工作需要得到重视。

三、《公共关系学》课程开展课程思政的建议

（一）丰富内容

课程思政在《公共关系学》课程之中，主要将专业知识与思政内容相结合，但是此项工作是一项系统性比较强的工作，因此需要丰富内容，以此完善教学各方面流程，才可确保此项工作可以满足实际需求。尽管公共关系学中思政元素较多，但是在实际教学中此类元素也需与思政课程教学点连接，通过连接建立二者之间的关系。为了更好地进行此类课程教学，相关教师需要尽可能挖掘此类学科的思政要素，让学生在潜移默化的过程中不断受到熏陶，以达到自身培养的目的，如此既可以教授学生了解公共关系学知识又可以进行思政课程教学，最终也让学生对思政教育产生了一定的兴趣。

（二）优化形式

《公共关系学》课程是一项实践性较强的工作，此类课程在教学过程中需要结合实际课题进行教学，单一的教学方式并不能顺利开展此项课程。高校在教学过程中为了提升此类课程的教学质量，需要在教学模式上作出改变，让其教学从整体上进行改善，满足优化目的的同时重视知识的传授，同时在课程教学时，教师还应该重视实践课程。对于公共关系学而言，实践内容是学生理论学习检验的重要环节，通过实践才能让学生更好地掌握理论知识，同时通过实践也能让学生自身感受思想政治知识，更好地提升专业知识吸收能力，还可提高学生道德感和责任心。

（三）引入案例

在《公共关系学》课程中，真实案例的解析更能让学生掌握知识点中的重点内容，也更能感受知识点，通过知识点内容的完善，在以此为论据也让学生对专业知识产生了学习兴趣，此过程中教师可以结合学生感兴趣的内容或者实际需求进行案例选择，以此提升学生上课的积极性。比如教师在授课过程中选择了公关案例，此类公关案例需要融入爱国内容，尽可能选择爱国宣传片或者与其相关的视频广告，此类内容的加入可以展示爱国主义和情怀，也可展示社会的优秀公关案例。将此类案例融入教学中，学生在分析过程中学习课程思政内容和公关案例的同时，也可帮学生树立良好的

理想信念[1]。

（四）创新机制

课程思政在《公共关系学》课程中是一种创新教学模式的途径，在实际教学过程中对于结构来说也是优化的过程，为了更好地提升学生的学习兴趣和理解能力，教师需要设定相应的考核机制，通过考核机制约束学生，加大学生学习力度。如此学生在专业知识能力方面也得到了深化，所以选择此方式督促学生自主学习更加具有优势，也会让学生养成良好的学习习惯。在考核形式上，教师可以将考核融入学生日常生活中，减少以试卷形式出现的考核项目，在考核过程中加入案例分析和探讨内容，以此锻炼学生实践能力。

（五）构建反馈

教学反馈机制的建立更能帮助学生学习，此过程需要教师合理安排教学过程。针对教学内容，也应该结合实际课题选择适当的方式进行教学，并且还需不断强调思想教学的合理性，以思想教育为引导，降低学生在学习过程中的抵触心理，从专业的角度设定教学内容的同时，还需要在其内部融入课程思政要素，帮助教师调整教学计划，确保计划符合教学改革方向，也便于教学工作的开展。反馈机制的构建可以帮助教师了解学生具体学习情况，还可以让教师结合实际情况改变教学方向，适当优化教学结构，确保相关工作可以顺利实施，因此当前反馈机制的建立更能帮助教学改革工作的落实，所以需要得到教师和校方的重视，并且还需满足相关工作的科学性。

四、课程思政对公共关系学科教师的要求

（一）主动学习

就学习而言，学生需要以积极主动的态度对待学习，被动式的学习并不能让学生积累相应的经验，因此教师在教学过程中需要改变教学模式，构建相应的教学体系，来帮助学生主动学习，以此提升学生的理解能力，同时完善教学工作。此过程更需要教师针对教学结构进行细化分析，适当选择学生可以接受并且具有一定吸引力的教学方法，让学生逐渐养成主动学习的习惯，在未来发展中建设良好的品格，为其后续步入社会发展奠定良好基础。

---

[1] 李子英、赵子建、郝欣航：《课程思政理念下高校武术教学与思政教育融合研究》，载《2021年全国武术教育与健康大会暨民族传统体育进校园研讨会论文摘要汇编（一）》，第72~73页。

（二）丰富教学

传统单一性的教学模式已不能满足教学需求，并且由于应试教育的影响，教师教学方向大体一致，此教学模式严重影响了学生学习的积极性，同时也制约了教师的创新能力。为了规避此类问题，教师应该改变传统教学观念，适当进行创新，并且以新的教学模式进行教学，让学生在不同的环境下进行学习，激发学生探索欲，让学生在不断探索的过程中学习，同时针对当前教学需求，教师还应该丰富教学内容，将课外知识融入课程，二者之间的相互促进能完善教学结构，此过程也是学生丰富自身经验的过程[1]。

（三）深入教育

深入教育主要指的是教师应该与学生产生关联，深入学生的生活，通过生活观察学生自身需求，结合学生自身需求建立相应的教学方式，并适当增加师生之间的关联，让教师对学生更为了解。教师可以选择建立班级群的方式，加强联系，推进师生之间关系，直接了解学生思想，适当选择宿舍访谈，或者通过学校专栏和微博等，了解学生当前较为关注的内容，确保与学生交流方式的多样化，以此完善此项工作。减少说教形式的教育，积极沟通，让学生更加信任教师，此过程中教师也应该加强自身创新能力，通过自身教学的创新，完善公共关系学与课程思政之间的融合[2]。

五、结论

综上所述，课程思政与公共关系学专业相结合具有重要意义，同时二者之间的融合还可以促进学生自身学习素养的提升，确保学生可以多方面发展，以此满足社会需求。这也符合当前我国教学改革工作方向，因此此项工作需要得到教师的重视，确保课程思政与公共关系学之间达到平衡状态，让其共同促进学生发展。实际上公共关系学与课程思政融合是教育改革工作的重点内容，同时也对教师的能力作出了考验，为了更好地实施此项教学工作，相关教师需要不断分析当前教学形势，推进创新力度，促进二者之间的融合，站在更高维度上进行思政内容的教学。

〔1〕 刘唱等：《课程思政视角下我国普通高校武术专项课教学研究》，载《2021年全国武术教育与健康大会暨民族传统体育进校园研讨会论文摘要汇编（一）》，第75~76页。

〔2〕 李晨、明磊、谭世君：《核心素养下武术教育教学结合课程思政的融合图景及案例研究》，载《2021年全国武术教育与健康大会暨民族传统体育进校园研讨会论文摘要汇编（一）》，第336~337页。

"三全育人"视域下《计算机模拟审判》课程的思政设计

宋贻珍*

韶关学院　政法学院　广东韶关　512005

摘　要："三全育人"教改目标对《计算机模拟审判》课程思政设计提出了新要求。目前《计算机模拟审判》课程思政设计面临以下难题：认识有误区、设计有难点、能力待提高、激励机制和后续改进机制缺乏常规化。攻克难点的路径主要有：一是必须对"思政"融入法学课程有正确的认识；二是必须提高思政融入课程的能力；三是必须完善课程思政设计的激励机制，建立全员、全过程、全方位的评价和改进机制。《计算机模拟审判》课程的思政元素可以考虑从以下几个方面入手：进行程序正义的"法治"理念教育；进行民主集中制的政治教育；加强法律职业人的职业素养与道德修养教育；提升集体协作和沟通能力的素质教育等，这些思政元素皆可自然地融入课程中。

关键词：三全育人；计算机模拟审判；课程思政

　　全员育人、全过程育人、全方位育人的"三全育人"教改目标，对普通高校法学人才培养提出了新的要求。如何一体化构建内容完善、标准健全、运行科学、保障有力、成效显著的高校法学专业思想政治工作体系，使思想政治工作体系贯通法学学科体系、法学教学体系、法学教材体系、法学管理体系，形成全员、全过程、全方位育人格局，是每个法学教育者都必须深入

---

* 宋贻珍，1970年生，女，湖南古丈人，韶关学院政法学院副教授。研究方向：知识产权法学。

思考的问题。这种思考必须落实到法学专业的每一门课程甚至每一个课时，才能真正实现"三全育人"的教改目标。

法学作为应用型学科，对学生法律职业素养培育不能单靠课堂上的法理阐释和案例分析，而是要理论与实践结合，为学生构建实践学习平台，在实践中提升学生对法律理论的认识和应用能力，积累作为法律职业人的实战经验，使学生成长为在法律素养、职业技能、职业道德等各方面经得起社会检验的应用型法律人才。《计算机模拟审判》课程就是为了满足法学专业实践育人的需要而开设的一门法律实训课程。这门课程利用网络，通过学生自己挑选和扮演诉讼中的角色，单独或共同完成一个诉讼过程的形式，帮助学生熟悉诉讼的基本程序，理解诉讼法规定的具体诉讼制度，掌握案件审判的具体操作过程，掌握法官、公诉人、辩护人、诉讼代理人等法律角色的职业特点和工作内容，从而使学生熟悉庭审规则、掌握庭审技巧，能较好地将所学的实体法与程序法融会贯通，培养学生司法实践能力和实战经验。

一、《计算机模拟审判》课程思政设计面临的问题与难点

《计算机模拟审判》课程是一门法学实训课程。目前，如何在法学课程中加入思政元素，还是正在探讨和改革的问题。《计算机模拟审判》课程思政设计也在摸索与探讨之中。容易发生的误区以及存在的问题归纳起来主要有以下几个方面：

（一）认识有误区

一些法学教师认为思政教育内容包括法治教育，因此学习法律就是在学习思想政治，不需要额外思考在课程中加入思政元素的问题。还有一些教师认为加入思政内容会影响课程进度，也会影响学术深度，因此不愿意进行课程思政。

（二）设计有难点

如果法治本身属于思政内容，那对法学课程的思政设计是不是指应该加入除"法治"以外的其他思政内容？是每一节课都要有思政内容，还是在能融入思政的章节加入思政内容即可？

（三）能力待提高

由于认识上的偏差，法律教育者的课程思政设计存在不足，课程思政能

力有待提高。出现思政融入生硬不自然、思政元素挖掘不深等问题。

（四）激励机制和后续改进机制缺乏常规化

思政融入课程的激励机制不够完善。目前高校主要通过立项或者教学竞赛方式对课程思政进行激励，并把课程思政融入教学设计作为一项必须完成的工作要求。这些方式在形式上使得每个教师都完成了自己负责的课程思政的教学设计方案，并有一定程度上的激励作用。但是这些激励机制缺乏常规化，而且没有针对后续改进形成制度性规定。因此是否在课堂中能真正实现这种融入，还是个问题。

二、攻克问题与难点的路径

如何克服以上不足和问题，在《计算机模拟审判》课程中完美融入思政元素，完成"三全育人"的目标呢？

（一）必须对"思政"融入法学课程有正确的认识

2020年，教育部印发的《高等学校课程思政建设指导纲要》对课程思政的范围有明确的界定："课程思政建设内容要紧紧围绕坚定学生理想信念，以爱党、爱国、爱社会主义、爱人民、爱集体为主线，围绕政治认同、家国情怀、文化素养、宪法法治意识、道德修养等重点优化课程思政内容供给，系统进行中国特色社会主义和中国梦教育、社会主义核心价值观教育、法治教育、劳动教育、心理健康教育、中华优秀传统文化教育。"根据该指导纲要的界定，思政的范围非常广泛，"法治教育"也属于课程思政的内容。但是能不能就此认为法学教育的课程就不需要融入思政了呢？答案显然是否定的。

首先，"法治"不同于"法制"，法学教育的具体学科偏重静态的"法制"教育，相对缺乏对动态的"法治"研究。因此不能简单地认为法学教育已经包括思政内容而不需要再增加了。其次，即使课程本身就是思政的一个内容，也应该在适当的章节融入其他思政元素。因为课程思政指的是将思政元素全方位全过程融入，思政的内容相互联系，不能单纯强调某一方面。例如法学专业必须强调政治认同，法律人必须有家国情怀，更必须有法律职业素养和职业道德，这些都可以在课程具体章节中融入进去。最后，思政元素的融入并不会耽误课程进度、影响学术深度。思政元素的融入讲究"润物细无声"，只需要在讲到相关问题时附带提点一两句，起到"点睛"作用即可，并不需要长篇大论。思政元素的引入也并不影响教师讲学术观点时进行横向和纵向比较,所以并不会影响学术深度。

(二)提高思政融入课程的能力

提高教师的课程思政能力,就学院层面而言,必须以教学目标为导向,落实立德树人根本任务,重视制度建设,为课程思政提供制度保障。就教师而言,必须改进教学思路方法,深入挖掘课程中的思政元素,创新课程思政教学新模式;结合教学实践,改进课程思政教学计划。还应该对同类课程思政的典型案例进行研究,充分学习和借鉴同行成功经验和有益做法,以提升自己的课程思政建设能力和水平。还应该积极参加课程思政建设的相关研讨会,及时了解同行关于课程思政的最新观点和先进做法,学习优秀课程思政实践项目的优点,不断提升专业课教师关于课程思政实践的认知和能力。[1]

(三)完善课程思政设计的激励机制,建立全员、全过程、全方位的评价
       和改进机制

由于《计算机模拟审判》课程是实训课程,目前并不能参与一般的讲课型教学大赛。现有对本门课程的课程思政激励机制主要是课题立项申报,激励力度和范围都有所不足。建议在学校层面举行课程思政的教案评比,对优秀教案进行奖励。另外,学校可以针对实训课程举行教学竞赛,或鼓励教师带领学生参加社会上的有关竞赛。针对实训课程应该修改传统的考核评价方案,并建立相应的改进机制。如在评价主体方面,可以考虑引入法律实务界专家,构建"学生评教—督导评议—学校评价—实务专家反馈"的全员评价体系;在评价方式上,注重对实训过程评价,合理规定理论课程/思政评价的占比,并将学生的法治精神、法律职业精神和诚信品质纳入过程考核、实践考核及期末考核的评价体系中,体现评价的全过程和多元性。在期末考核中增加思政内容,进一步提升学生的思政素养和诚信人格。[2]

三、《计算机模拟审判》课程思政的具体设计案例

提高思政融入课程能力的关键是提高挖掘课程思政元素的能力,挖掘思政元素必须与具体课程内容结合,切忌生搬硬套。《计算机模拟审判》课程的

〔1〕 邱伟光:《课程思政的价值意蕴与生成路径》,载《思想理论教育》2017年第7期。
〔2〕 刘晓东:《"三全育人"视域下高校思想政治教育探究》,载《学校党建与思想教育》2023年第14期。

思政元素可以考虑从以下几个方面入手：

（一）进行程序正义的"法治"理念教育

《计算机模拟审判》课程是一门程序法实践课程。而程序法的主要功能在于及时、恰当地为实现权利和行使职权提供必要的规则、方式和秩序，因此，坚持程序正义理念是学好本门课程的第一要义。程序正义也被称为"看得见的正义"，是指诉讼过程和法律程序上的公平、公正、透明、合法。2021年11月11日，中共中央《关于党的百年奋斗重大成就和历史经验的决议》指出，要努力让人民群众在每一项法律制度、每一个执法决定、每一宗司法案件中都感受到公平正义。如何做到这一点？那就是立法程序、执法程序以及司法程序都要公开、公平、合法，只有立法、执法、司法的程序做到了公开、公正、合法，立法、执法和司法结果的公正性才更能让人民群众感受，更具有公信力，从而不但能打开人民群众的"法结"，更能打开人民群众的"心结"。坚持"程序正义"的法治理念，就是坚持"阳光司法"。

（二）进行民主集中制的政治教育

在分组方式上体现学生意愿，允许学生自由组合，形成模拟审判小组。对最后组不成小组的同学再进行指定和分配。在案例的选择上，允许各个小组从案例库中自由选择一个案例进行实训，实在选不出案例的，由教师进行指定。这体现了民主集中制的思想。

（三）加强法律职业人的职业素养与道德修养教育

在实训过程中，学生亲自扮演法官、律师、检察官、证人等角色进行诉讼活动。他们的一言一行都必须符合角色的标准，他们的法律文书水平、司法口才水平以及职业素养和道德修养都能得到充分的训练和展现。所以实训过程就是法律职业素养和道德修养的培训过程。在实训过程中，教师可以在这些方面加以提醒和监督，并对不符合职业素养或违反职业道德的行为加以分析和批评，以成绩测评为手段，督促学生改正不良的行为和习惯。

（四）提升集体协作和沟通能力的素质教育

计算机模拟审判就是多人一组，每个人扮演案件中不同的角色，以文字或语音方式开庭，共同完成一个案件的审理和判决程序。要得到完美的庭审笔录，就需要在审判模拟过程中小组的成员之间充分沟通与协作。不仅体现在程序方面的协作，更体现在对案件的实体争议或犯罪事实如何针对证据进行深入分析，在相互辩论或者为被告人进行辩护的过程中如何实现双方对抗。

如果有人不认真，不负责，敷衍了事，或者有人中途退出，都会使庭审的过程有缺陷而导致不成功。因此，《计算机模拟审判》课程对提升集体协作能力和多人沟通能力是有明显提升作用的。教师在这方面要有意识地加以引导和指导，并以成绩测评为手段，加以监督和督促，使学生通过本课程的训练，真正认识协作和沟通的重要性，并切实得到一定程度的提升。

（五）根据每一个具体案件，有针对性地实时融入思政元素

在《计算机模拟审判》实训课程中，每一组学生可以根据自己意愿选择不同的案例进行模拟，教师在对小组的实时指导中，可以针对不同案件实时引入不同的思政元素。例如故意杀人刑事案，可以引入尊重生命的教育；"乙肝歧视"行政案，可以引入对乙肝等病毒携带者正当权利如何重视和保护的话题；"作品抄袭"民事案，可以引入大学生论文写作应尊重他人著作权的话题；等等。

以计算机民事模拟审判为例，具体设计方案如下：

教学模块	教学内容	课程思政元素及融入方式	学时数
审判软件的操作与模拟准备	教师演习与讲解软件的操作程序，解答操作问题，学生选择案例并进行分组。	课程思政元素：民主集中制。 融入方式：在分组方式上体现学生意愿，允许学生自由组合，形成模拟审判小组。对最后组不成小组的同学再进行指定和分配。在案例的选择上，允许各个小组从案例库中自由选择一个案例进行实训，实在选不出案例的，由教师进行指定。践行了民主集中制的思想。	2
第一次审判模拟	小组内部协商对角色进行分配。对选定的案件进行讨论。总结争议焦点。了解法官、原告代理律师、被告代理律师的角色定位、工作内容，掌握法官司法裁判的基本技巧和判决书的写作要求，律师的起诉状、答辩状和代理词等法律文书的写作要求。	课程思政元素：程序正义理念、诚实信用品德的培养。 融入方式：在模拟实践中明确诉讼立法和司法的价值，促使学生树立并坚持程序正义的理念；对学生进行职业意识、职业伦理的教育，告知学生选定角色后不能反悔，要遵守诚实信用原则把自己的任务完成。	2

续表

教学模块	教学内容	课程思政元素及融入方式	学时数
第二次审判模拟	程序的熟练与完善程度，原、被告律师在相互辩论时是否有针对性和对抗性。	课程思政元素：团队协作精神和沟通能力的素质教育；法律职业素质和道德修养的培养。融入方式：实训过程中对配合不够的地方进行指导，对沟通不到位引发的问题进行指点，提出适当的建议。对故意懈怠和偷懒行为进行批评，对不文明用语和其他有失职业道德的行为及语言进行及时批评与修正。	2
第三次审判模拟	能否在2个课时内完整演练一个案件的审判全过程，得出完整的法庭笔录，以及格式规范、内容充实正确的起诉书、答辩状、判决书等法律文书。	课程思政元素：法治精神的培养；团队协作精神和沟通能力的素质教育；法律职业素质和道德的培养；诚实信用品德的培养。融入方式：在模拟实践中坚持灌输程序正义和阳光司法的重要性，对学生进行职业意识、职业伦理的教育，加强培养学生信仰法治、守护公正的意识和诚实信用品格的培养。通过对模拟过程和庭审笔录、法律文书的实时评价，促进根植上述思政元素。	2

四、结语

为落实立德树人、三全育人根本任务，实现思政融入《计算机模拟审判》课程，本学院投入了一定资金，更新了计算机模拟审判软件，为学生构建了一个较好的课程思政教育的载体平台；教师们以多形式、多层次、多方位全面贯彻以人为本的教育理念，努力挖掘模拟审判实训教育与思政教育的结合点，不断探索和改进《计算机模拟审判》思政教育的新路径。对课程思政教学资源的挖掘、整理与应用等有了一定的构想与探索，但是《计算机模拟审判》课程的课程思政建设还处于起步阶段，对于将课程思政教学资源分门别类归入本课程具体内容的相关研究与实践仍很薄弱，课程思政建设总体上仍然存在着许多不足和空白。在未来课程思政建设实践中，我们仍需重视课程思政教学资源的挖掘与应用，并充分结合专业课程的内容与特点等，加强研究加大探索，努力实现课程思政教学资源与法学专业教学的有机融合与统一，并通过不懈研究和探索进一步丰富完善课程思政教学资源的相关理论与实践。

课程思政对中华优秀传统文化的耦合传承研究*

黄一映**

韶关学院　政法学院　广东韶关　512005

摘　要： 为加强课程思政对中华优秀传统文化的有效衔接，就传统文化在课程思政中的传承提出若干建构要素，包括："仁爱"道德品质的培养；"以义导利"价值导向的确立；"孝悌"传统美德的发扬；"内圣外王"理想人格的塑造；"天人合一"理想观念的树立，探讨形成中国特色的课程思政传统价值观教育理念。

关键词： 中华优秀传统文化；课程思政；耦合；传承

课程思政教育要贯彻落实党的教育方针，旨在处理好"培养什么样的人、如何培养人以及为谁培养人这个根本问题"[1]。当前，我国对课程思政教育模式的关注和研究处于探索阶段，尚未形成系统的课程思政教育理念。中华民族是一个古老的民族，有着悠久的历史，创造了灿烂的文化，取得了辉煌的成就，为整个人类文明的发展作出了重大贡献，尤其是在人文、伦理、价值观方面更是突出。中华优秀传统文化是中华民族的文化根脉，其蕴含的思想观念、人文精神、道德规范，不仅是我们中国人思想和精神的内核，对解

---

* 广东省2020年高等教育教学改革项目"'课程思政'导向的高校《军事理论课》教学创新与实施路径研究"；韶关学院校级课程思政建设项目"课程思政融入《政治经济学》教学的探索与实践"。

** 黄一映，1979年生，女，广东韶关人，韶关学院政法学院副教授，博士。主要从事课程思政与地方治理研究。

〔1〕杨安琪：《习近平在全国高校思想政治工作会议上强调　把思想政治工作贯穿教育教学全过程　开创我国高等教育事业发展新局面》，载https://news.12371.cn/2016/12/08/ARTI1481194922295483.shtml，最后访问日期：2023年8月17日。

决人类问题也有重要价值。课程思政教学"要把优秀传统文化的精神标识提炼出来、展示出来，把优秀传统文化中具有当代价值、世界意义的文化精髓提炼出来、展示出来"[1]。

为加强中华优秀传统文化对课程思政的探索研究，本文就传统文化在课程思政中的耦合传承提出若干建构要素，探讨形成中国特色的课程思政价值观教育理念，以指导课程思政教育工作的开展。本文认为，值得课程思政借鉴的中华优秀传统文化主要有以下几个方面：

一、"仁爱"道德品质的培养

"仁"是中华传统儒家伦理道德学说的一个核心范畴，是儒家思想的一个重要组成部分。孔子把"仁"的思想提升为具有人本主义与德性主义思想内涵的伦理原则和理想，并以此为核心建立了自己的伦理学体系。"仁"的意义不仅仅是"爱人"，它有着更为深刻广泛的内涵。首先，它是社会道德的依据，人们在现实社会生活中的一切道德行为都要以"仁"为根本，都要依从于"仁"。孔子认为"志于道，据于德，依于仁，游于艺"。这里的"道"是指人在社会生活中待人接物应当遵循的规则、规范等，而"德"是指个人的品德和精神操守。然而，不管是"道"还是"德"都要以"仁"为根本和依据。其次，它是个人安身立命的根本。在中华优秀传统价值观念看来，一个人在任何情况下都不能没有"仁"的思想和观念。"君子无终食之间违仁，造次必于是，颠沛必于是。"即使失去自己的生命也不能去害"仁"，正所谓"志士仁人，无求生以害仁，有杀身以成仁"。

孟子继承了孔子的这一思想，进一步阐释和发展了孔子的"仁"之思想。孟子说"仁也者，人也"，又说"亲亲，仁也；敬长，义也"。在孟子看来，只有具备仁德的人，才有贵于天地的人生价值，才是真正意义上的人。所以，孟子把"仁"看作"人伦"的基础，认为"察于人伦，由仁义行"。不仅如此，"仁义"既是一个人修身、齐家、治国、平天下的保证，又是一个国家得以太平和繁荣昌盛的根本。他指出"天子不仁，不保四海；诸侯不仁，不保社稷；卿大夫不仁，不保宗庙；士庶人不仁，不保四体"。在随后长期的中国

---

〔1〕《习近平：举旗帜聚民心育新人兴文化展形象　更好完成新形势下宣传思想工作使命任务》，载 https://www.12371.cn/2018/08/22/ARTI1534941552922268.shtml，最后访问日期：2023 年 8 月 17 日。

传统社会里，不少思想家都继承和发展了孔孟关于"仁"的思想。

由此可见，"仁"在中华传统文化的教育思想中，是一个核心的范畴和理念。正是从"仁义"出发，孔孟提出了孝悌、忠信、智勇、中庸、礼义、温、良、恭、俭、让、宽、敏、惠、刚、毅等成为反映人的品德状况的伦理范畴；后世提出了仁、义、礼、智、信，提出了恻隐之心、羞恶之心、辞让之心和是非之心以及良知、良能等人所必须具备的品德和规范。这样儒家就为后世课程思政教育建立了一种人格理想和人生价值观。

二、"以义导利"价值导向的确立

在中国伦理学史上，所谓"义"主要是指道德义务，"利"指功利或利益，主要是个人的私利。一个人在处理义利关系上，如果能够把履行道德义务放在第一位，把个人利益放在第二位，那他就是一个君子。孔子曰"见利思义，见危授命，久要不忘平生之言，亦可以为成人矣"。虽然强调"见利思义""义以为上"，但是儒家并不否认人对自身物质利益的合理追求，认为"富与贵，是人之所欲也；不以其道得之，不处也。贫与贱，是人之所恶也；不以其道得之，不去也"。这就是说，一个人追求自身的利益，求富贵，去贫贱，都必须符合道义。如果一个人不顾仁义道德而拼命去追逐个人富贵利禄，那么这个人就不是君子，是小人。今天我们常用"君子喻于义，小人喻于利"就是这个哲理传承。这一思想被孟子发展为"去利怀义"的人生道德价值观。当"义"和"利"二者不可兼得时，孟子主张要舍生取义。而荀子则提出了"以义制利"的义利观。荀子认为，人的利欲是无止境的，而社会的财富却是有限的，因此，应当对人的利欲进行限制，只有做到以义制欲才能有效调节人的利欲的无限性与社会财富的有限性之间的矛盾。所以，到了汉朝，儒家的这种义利观被董仲舒发挥为"正其义不谋其利，明其道不计其功"。在处理公与私的关系时，儒家强调个人的私利要服从社会的整体利益，认为"义，利天下之利"。传承至今，认为"义"是"公利"，"利"是"私利"，因此应当发扬社会、集体的"公利"而抑制个人的"私利"。"义利之争"在中国传统文化中贯穿了几千年，尽管不同的时代、不同的思想家对"义利"的关系有不同的观点，但基本的思想却是前世所确立的"见利思义""见得思义""义以为上""以义导利"。传统文化中这种义利观可以说是中国古代哲学的价值论，也是中华民族主导的价值导向。正是这种"义以为上"的义利观哺育了伟大的中华民族，浇灌了灿烂的华夏文明，铸就了辉煌的东方文化。

中国古代教育观念中确立的义利观，成为我国传统社会长期占主导地位的统治思想。这种思想和精神一直是人们所崇尚与追求的修身、齐家、治国之本，在整个社会生活中形成了深沉而博大的民族精神。在此思想精神的指导下，中国历史上涌现出了一代代为国为民英勇奋斗直至流血牺牲的民族英雄，即使在老百姓的日常生活中，也形成了崇尚道德、弘扬仁义、以民族大业为重的淳朴厚道之民风。我们今天对青少年一代进行价值观教育，就应当继承这一优秀的文化传统。

三、"孝悌"传统美德的发扬

"孝悌"的观念在中国传统文化思想中占据着非常重要的地位。在传统文化看来，一个人是否具备"孝悌"的观念是衡量其道德水平高低的一种重要标准，也是一个人"仁爱"思想的根本。所谓"孝悌"，就是对父母尽孝，对兄长敬爱，对君主尽忠。它是做人的根本，美德的前提。所以，孔子形成了孝悌、仁义思想。孟子继承了孔子的思想，把"孝悌"看作五伦关系中最重要的。他认为"内则父子，外则君臣，人之大伦也"。在父子、君臣二伦中，做晚辈的如果做不到孝敬父母，做臣子的做不到忠顺君主，那就谈不上做人了。如果人人能以"仁义"和"孝悌"为行动的根本，那么，社会就会人伦有序，国家就会繁荣富强。"为人臣者怀仁义以事其君，为人子者怀仁义以事其父，为人弟者怀仁义以事其兄，是君臣父子兄弟去利怀仁以相接也，然而不王者，未之有也。"在以后的几千年中国传统社会中，"孝悌"的观念成为中国人处理人伦关系的一个重要规范。近代国学大师梁启超更是把"孝"看作一个人"人格重要之件"。

由此可见，在中国传统文化中，强调对父母尽孝，强调敬爱父母、赡养父母是人的一种天经地义、理所当然的责任。一个人的生命价值就是以是否尽忠孝为判断标准的。正是由于这种"孝悌"思想和观念的传承，在中国历史上，每当国家和民族遭受危难之际，就会有忠孝之士毫不犹豫挺身而出，为国献身，舍生取义，英勇成仁。正是此种对父母、对集体、对国家、对民族的"孝"与"忠"的思想观念，才使得中华民族形成了强大的向心力和凝聚力，才使得中华民族在绵绵历史发展的长河之中，不断走向进步，走向文明，走向辉煌。

四、"内圣外王"理想人格的塑造

"内圣外王"是中华传统文化对人生理想的一种最高追求。它体现了诸子百家关于道德与政治的耦合统一。儒家认为圣人是最适合做君王的，所以认为只有道德高尚的人才能成为统治者，因为大德者必得其位，天下至大，非圣人莫能王。因此指出"贤者在位，能者在职"。一个人想要成为君王，首先必须达到"内圣"，那就要通过"修身养性"。因为只有"修好己"才能"治好人"。这就是说，"内圣"是达到"外王"的条件，所以"内圣"先于"外王"。但是一个人要想成为"外王"，仅有"内圣"是不够的，也就是说，仅仅具备仁、义、礼、信、诚等道德品质还不行，他还必须有相应的能力和知识，否则，有道德而没有知识、能力，还是无法达到"外王"。所以，既做到"内圣"又做到"外王"，这才是传统最高的理想人格。

优秀传统文化倡导的"内圣外王"理想人格在我国长期的社会发展中起到了积极的作用。一方面，"内圣外王"的理想人格体现了中国人自强不息的入世精神。此种乐观自信、不断追求上进的文化精神对于激发国人的工作热情，鼓舞国人的生活勇气，坚定国人的人生理想等都起到了巨大的促进作用。另一方面，"内圣外王"的理想人格体现了满足自我与满足社会需要的统一。尤其是对青少年而言，儒家教育认为个人在满足自身需要的同时，也能够满足他人的需要，这就需要通过"内圣外王"来实现，所以主张人要"己欲立而立人，己欲达而达人"。立己、达己是起点，而立人、达人是终点。这样就把人的社会价值与人的自我价值高度统一起来了。在今天，学习和继承我国传统文化中的"内圣外王"理想人格，对于克服现代社会使人异化而出现的消极悲观情绪，对于克服现代人的人际关系冷漠和利己自私心的膨胀，对于重建现代人的人文价值关怀和理想，对于提高现代人的道德意识和社会责任感等，都具有重大的意义。因此，我们在对青少年一代进行价值观教育时，就要吸收和继承这一光辉的思想。

五、"天人合一"理想观念的树立

"天人合一"是中国传统文化中涉及本体论、认识论、人性论、历史观、伦理学等领域的一个重要观念。中国"天人合一"思想的基本目标是，在天人关系的宏大背景上，探讨人类道德与宇宙万物之间的关系。其基本特征是：先把天道德化，赋予它道德属性。然后从天道直接引入人道，引出道德规范，要求人们绝对地、无条件地履行一定的道德义务，从而达到"天人合一"的境界，实现人的最高价值和永恒价值。在中国哲学家看来，宇宙乃是普遍生命盛行的境界，天为大生，万物资始，地为广生，万物咸亨，合此天地生生之大德，遂成宇宙，其中生机盎然充满，旁通统贯，毫无窒碍，我们立足宇宙之中，与天地广大和谐，与人人同情感应，与物物均调浃合，所以无一处不能顺此普遍生命，而与之全体通流。

在中国，"天人合一"的思想源远流长，早在殷、周时期，人们就相信天人之间有内在的联系，认为天人在道德上是相通的。统治者只有一心一意修德、奉德，才能永享天佑、永葆国祚。所以，《尚书》说"皇天无亲，唯德是辅"。到了春秋战国时期，基本上形成了比较系统的"天人合一"理论和思想。孔子认为，天人是相通的，天能决定人事。如果圣人君子用天所赋予的有理性的心去思考，那么，他就能够由尽心、知性而知天，最后达到自由境界，通晓天命，"从心所欲不逾矩"。孟子主张面对外来的威胁利诱毫不动心，就能够养成至大至刚、顶天立地的浩然正气，"所过者化，所存者神，上下与天地同流"，与天地合德，与万物同体。道家也主张"天人合一"，但道家认为天人是有差别的，因此，只有排除人为，任其自然，才能实现"天人合一"。人与天、道是有着密切联系的，"道大，天大，地大，人亦大。域中有四大，而人居其一焉。人法地，地法天，天法道，道法自然"。因此，人顺应于天，便是人的幸福之源。这就要求人要排除人为，任其自然，以期达到物我一体的自由境界。所以，庄子说"天地与我并生，而万物与我为一"。由此可见，道家主张人应该消除人为，任其自然，以达到与天同一，并认为这是人的精神修养的最高境界。在此以后的中国思想家大都强调"天人合一"的思想。

中国传统文化中的"天人合一"思想集中表达了中国人的道德理想，即成为圣人君子或者至人真人，与天同一，与宇宙万物同一，充分地践履体现了天地演化所生的崇高价值，充分实现了人的自由。同时，中国的"天人合一"思想，主张在现世事务中，通过人的活动来完善和发展人格，以实现"内圣外王"的道德理想，成为国家或宇宙的公民，进而达到"天人合一"的自由境。所有这些思想和主张，对于我们今天的价值观教育都有着重要的指导和借鉴意义，特别是"天人合一"思想对于我们今天重建人与自然环境之间的协调关系，保护生态平衡，制止环境污染等更具有重大的现实意义。

综上所述，中华传统文化中的精华思想和辉煌成就，皆是我们今天构建课程思政价值观教育模式所应当吸收的元素。中华传统文化从根本上说，也体现为一种伦理型文化，非常强调人的伦理、道德、精神、文化等的获得与提升，强调人的文化生命、社会生命、伦理生命的建构与完善。我们今天进行课程思政价值观教育的理论和实践研究，就必须借鉴中华民族历史上所取得的文化精华与当代的耦合传承。在我们进行社会主义现代化的建设中，对青少年一代进行课程思政价值观教育就应当吸收我国历史上所创造的优秀文化传统和民族精神精髓。只有这样，才能使中华民族所创造的文明和文化成果不断发扬光大，从而使中华民族的教育事业不断走向繁荣昌盛。

论阿德勒的"社会兴趣"理论对社会工作教育的若干启示[*]

陈 彬[**]

韶关学院 政法学院 广东韶关 512005

摘 要: "社会兴趣"理论是阿德勒所创建的个体心理学体系的重要部分,主要包括三方面具体内涵:一是"社会兴趣"的定义:一种全面体现在知情意行上的对他人关心、合作与奉献并从中找到自身归属感和人生价值的倾向性;二是"社会兴趣"的重要性:将社会兴趣作为评价人类价值的唯一且普适的标准;三是"社会兴趣"的培养途径:自我接纳、他者信赖与他者奉献。阿德勒的"社会兴趣"理论不仅仅能用于心理治疗领域,而且还可指导大众生活交往与高校专业教育。他的"社会兴趣"理论对于高校社会工作教育有如下几点启示:一是"社会兴趣"理论可以融入社会工作专业的价值观教育;二是"社会兴趣"理论可以补充社会工作的专业理论教育;三是"社会兴趣"理论可以助力社会工作专业学生的自我教育。

关键词: 阿德勒;个体心理学;社会兴趣;社会工作教育

一、问题的提出

众所周知,社会工作专业自成立伊始便深受心理学专业的影响,无论是

* 韶关学院第二十三批(2022年度)校级教育教学改革项目"新文科背景下阿德勒'个体心理学'思想在社会工作教育中的应用研究"(项目资金编号:431-990013260162)。

** 陈彬,1975年生,男,湖南沅江人,韶关学院政法学院副教授,社会学博士。研究方向:社会学理论研究、民间组织研究与社会工作本土化研究。

其介入理论、助人方法，还是所秉持的一些价值观原则均直接或间接地受惠于心理学。当代中国的社会工作事业在党和政府的高度重视与大力推动下已经取得了长足进步，社会工作事业在当代中国发展路径呈现出"教育先行"的特点[1]。自 1988 年北京大学等三个高校恢复重开社会工作专业至今 30 余年间，中国高校的社会工作教育一直引领着社会工作的实践发展，在推动社会工作的专业化与职业化方面厥功至伟。但有学者尖锐地指出，教育先行并不必然意味着教育引领，相反，它可能带来社会工作教育的"降维"，社会工作被塑造成一门片面强调实践，并与其固有的价值理念分离的学科。社会工作教育"降维"的具体表现为：从社会关注降维到方法与技术关注，从价值反思降维到技术化伦理，从批判思考降维到理论套用。教育降维培养了一批掌握一定专业方法和技术，却缺乏专业价值观和使命感的社工[2]。有鉴于此，奥地利著名心理学家阿尔弗雷德·阿德勒（Alfred Adler, 1870 年—1937 年）所创的特色心理学思想值得社会工作教育者重视，尤其是其"社会兴趣"理论更有可能为改善社会工作教育提供有益的启发。阿德勒的"社会兴趣"理论包括哪些具体内涵？"社会兴趣"理论能为社会工作教育提供哪些方面的启示？这将是本文所着力探讨的研究问题。

二、"社会兴趣"理论的具体内涵

阿德勒是个体心理学派创始人、人本主义心理学先驱和现代自我心理学之父，与弗洛伊德、荣格并称为"20 世纪精神分析学派三巨擘"。他一生著述丰硕，《自卑与超越》一书在中国最为有名，其书名几乎可以与"阿德勒"三个字画上等号。其他的几本重要著作目前都有了中译本，包括《理解人性》《生活的科学》《儿童教育心理学》《心理与生活》（该书其实是《生活的科学》与《人类面临的挑战》两本书的合集）。阿德勒在其著述中创造了若干重要理论概念，包括自卑感、自卑情结、追求优越、优越情结、人生目的、人生意义、三大人生课题、人生风格、创造性自我、社会兴趣等，穷毕生功力构建了一个被称为"个体心理学"（individual sychology）的庞大理论体系。无疑，"社会兴趣"理论是其理论体系的重要组成部分，以至于有学者直接以

---

〔1〕 赵芳：《社会工作专业化的内涵、实质及其路径选择》，载《社会科学》2015 年第 8 期。
〔2〕 郑广怀：《教育引领还是教育降维：社会工作教育先行的反思》，载《学海》2020 年第 1 期。

"社会兴趣"理论来指称阿德勒的心理学理论体系[1]。阿德勒之所以提出"社会兴趣"这个概念,学术界常见的一种说法是,阿德勒在第一次世界大战期间作为一名服役军医目睹了战争给人类带来的巨大痛苦和灾难,他认为这是人类缺乏信任与合作的结果。尽管他赞扬尼采对个人意志的推崇,但经过这次大战之后,阿德勒更加确信人们需要的不是个人主义,而是社会兴趣[2]。可见,"社会兴趣"的提出本身就已蕴含了一种深刻的现实反思与人文关怀。下面本文从"社会兴趣"的定义、"社会兴趣"的重要性与"社会兴趣"的培养途径三方面来论述"社会兴趣"理论的具体内涵。

(一)"社会兴趣"的定义

"社会兴趣"理论是阿德勒后期思想的重要发展,也是其个体心理学体系的重要标识。阿德勒最早是在德文原著里面创造了德文"Gemeinschaftsgefühl"一词,该术语后来被译成英文的时候出现了"Social Interest/Feeling/Sense""Communal Sense"等多种译法。该术语再被转译为中文时也有多种译法,如"社会兴趣""共同体感觉""社会意识""社会情感""社会感"等[3]。为了避免混乱与方便表述,本文统一采用"社会兴趣"这一译名。其实,阿德勒生前并未给"社会兴趣"下一个明确定义,他对"社会兴趣"的最形象描述恐怕就是这一句:"观人所望,聆人所听,体人所察。"阿德勒从人类哲学的视角,以一种不太严格的方式论证了"社会兴趣"是有利于人类生存的一种必要特质,"正因人皆自卑而脆弱,才会过着群居的社会生活。也因此,社会兴趣与社会合作便成为人的救赎"[4]。阿德勒在不同的著述中发表过很多有关"社会兴趣"的表述,如"先天性社会情感会保持终身,在特定情况下会得到调整、加强,其范围会逐渐扩大,它所指向的对象会逐渐延展到自己的家庭成员以外,包括家族、国家,乃至全人类,甚至还可以跨越人类的界限,向其他动物、植物和无生命的对象延伸,最后向整个世界表达自己的爱

---

[1] 周晓虹:《现代社会心理学史》,中国人民大学出版社1993年版,第180页。

[2] 吴杰、郭本禹:《社会兴趣:概念、测量以及相关研究》,载《心理科学进展》2015年第5期。

[3] 要指出的一点是,阿德勒有时候会采用其他概念——如"合作(能力/精神)"——来指称"社会兴趣"。在笔者看来,阿德勒的名著《自卑与超越》一书中,最核心的概念不是"自卑""超越""人生态度""人生意义",而是"合作(能力/精神)"。这里的"合作(能力/精神)"其实就是"社会兴趣",两者几乎同义,只是用词不同而已。这符合阿德勒一贯的写作风格,即特别喜欢"制造"新概念但又做不到定义清晰与前后统一。

[4] [奥]阿德勒:《儿童教育心理学》,欧阳瑾译,天津人民出版社2018年版,第203页。

和感受"[1]"活着就是要关注他人，要融入社会，要为整个人类的幸福贡献自己的绵薄之力"[2]"生命的真正意义就是为他人作贡献，跟他人进行合作"。[3]阿德勒之后的很多学者接着对"社会兴趣"开展了很多理论探讨与实证研究，他们大多赞同，"社会兴趣"是整合认知、情感和行为三方面因素的有机统一体，"社会兴趣"是指对待他人和他事的积极态度和看法，以及对他人的认同感和对群体的归属感，并表现出与他人谋求合作以寻求自我发展的行为倾向[4]。另外有研究认为，社会兴趣具有多样的表现形式：一是在平时甚至在困难时与别人合作以及帮助别人的心理准备状态；二是对待他人时采取多予少取的行动倾向；三是对他人的思想、情感以及经验的一种设身处地的理解能力[5]。日本的阿德勒研究权威岸见一郎先生将"社会兴趣"（"共同体感觉"）定义为："把他人看作伙伴并能够从中感到'自己有位置的状态'。"[6]综上，我们可以将"社会兴趣"定义为：一种全面体现在知情意行上的对他人关心、合作与奉献并从中找到自身归属感和人生价值的倾向性。

（二）"社会兴趣"的重要性

阿德勒把"社会兴趣"抬到一个很高的地位，认为"社会情感（社会兴趣）可以作为评价人类价值的唯一且普适的标准"[7]。因为在阿德勒以摆脱自卑为核心的心理发展动力观中，人们在普遍的克服自卑和追求优越过程中最终实现社会适应良好（自我实现或价值人生）抑或走向社会适应不良（自卑情结或优越情结），乃取决于社会兴趣的高低。"社会兴趣"就此充当了一种心理控制机制，"但并不是每一个人都有自卑情结与优越情绪，因为有些人

---

[1] [奥] 阿尔弗雷德·阿德勒：《理解人性》，李欢欢译，中国人民大学出版社 2017 年版，第 31 页。

[2] [奥] 阿尔弗雷德·阿德勒：《阿德勒心理学讲义》，吴书榆译，广东人民出版社 2016 年版，第 5 页。

[3] [奥] 阿尔弗雷德·阿德勒：《阿德勒心理学讲义》，吴书榆译，广东人民出版社 2016 年版，第 7 页。

[4] 吴杰、郭本禹：《社会兴趣：概念、测量以及相关研究》，载《心理科学进展》2015 年第 5 期。

[5] 周晓虹：《现代社会心理学史》，中国人民大学出版社 1993 年版，第 184 页。

[6] [日] 岸见一郎、古贺史健：《被讨厌的勇气》，渠海霞译，机械工业出版社 2021 年版，第 112 页。

[7] [奥] 阿尔弗雷德·阿德勒：《理解人性》，李欢欢译，中国人民大学出版社 2017 年版，第 111 页。

会用一种心理机制来控制自卑感与优越感,转而导入有益于社会的管道;而这种机制的泉源正是社会兴趣、勇气与社会意识"〔1〕。正常人与问题人也因此分野,后者问题的根源就在于缺乏社会兴趣。"犯罪与问题儿童、神经官能症患者、精神病人、自杀者、酗酒者以及性变态的失败根源都是一样的,都是因为没有找到正确的方法来解决人生问题。他们犯了同样的错误:他们既不关注社会也不关心他人。"〔2〕"努力争取并不是他们和普通人的区别,真正的区别在于努力的方向不同。如果我们认识到,他们之所以会走向犯罪的道路是由他们不懂得社会的需要,也不关心他人造成的,那么他们的罪犯行为不难理解。"〔3〕因此,阿德勒将所有心理失调和行为不适等问题都归于社会兴趣的缺失。"缺乏社会兴趣,是导致个人在社交及工作上适应不良的原因,也会致使一个人无法和异性良性互动。完全以自我为中心的人并没有做足准备,无法经营亲密关系。"〔4〕有学者如此评论道:"阿德勒为全人类提供了一个如何建立和维持社会层面上的健康生活方式的清晰认识。他认为,最健康并且唯一明智的生活目标及其附带的生活风格是社会合作。他强调社会兴趣的基本重要性,并强调当不能发展社会兴趣时,会发生多么严重的问题。"〔5〕帮助这些人提升他们的社会兴趣,重新定位其目标和信念,最终达成心理健康和人生幸福,便成了阿德勒学派所有心理教育与心理疗法的目标。

(三)"社会兴趣"的培养途径

阿德勒有一个看法,"社会兴趣"并非先天具备(inborn),而是一种内在潜能(innate potentiality),意思是必须在后天加以刻意培养才能将这种内在潜能激发并发展成"社会兴趣"。阿德勒还认为,激活并培育"社会兴趣"的最佳时期是孩童阶段,首先要通过家庭教育,父母要以关系和睦为孩子做示范,多带领孩子参与社会活动,即不要宠溺也不能忽视任何一个孩子。然后是学校教育,学校不要过分强调竞争而要教会孩子相互合作,教师要尊重孩子兴趣并发展他们的社会情感。倘若错过了孩童阶段,"社会兴趣"在成年

〔1〕 [奥]阿尔弗雷德·阿德勒:《理解人性》,李欢欢译,中国人民大学出版社2017年版,第8页。

〔2〕 [奥]阿德勒:《儿童教育心理学》,欧阳瑾译,天津人民出版社2018年版,第154页。

〔3〕 [奥]阿德勒:《儿童教育心理学》,欧阳瑾译,天津人民出版社2018年版,第155页。

〔4〕 [奥]阿德勒:《儿童教育心理学》,欧阳瑾译,天津人民出版社2018年版,第155页。

〔5〕 [美]乔恩·卡尔森、理查德·E.沃茨、迈克尔·马尼亚奇:《阿德勒的治疗:理论与实践》,郭本禹、吕英军译,重庆大学出版社2012年版,第14页。

时期仍然可以经由理解与掌握阿德勒心理学被激活并培育出来。"社会兴趣"的培育不仅仅适用于正常人群，对问题人群（越轨者）则更显重要与必要，因为社会兴趣的缺失会导致某些个体形成不良心理特质如焦虑、敌意、神经质、非理性思维、抑郁等，甚至还会导致各种问题行为如物质滥用、性暴力、虐待行为、犯罪行为等。因此，矫正与治疗问题人群的重要途径便是培养与提升他们的"社会兴趣"。阿德勒曾旗帜鲜明地宣称，个体心理学家的主要任务"就是要让这样的人（指罪犯和神经官能症患者）像那些社会适应良好的人一样，培养出必要的社会兴趣"[1]。

岸见一郎总结道，"社会兴趣"的培养需要从以下三点做起：①自我接纳：自我接纳是指假如做不到就诚实地接受这个"做不到的自己"，然后尽量朝着能够做到的方向去努力，不对自己撒谎。接受不能更换的事物，接受现实的"这个我"，然后，关于那些可以改变的事情，拿出改变的"勇气"。这就是自我接纳。我们并不缺乏能力，只是缺乏"勇气"，一切都是"勇气"的问题。②他者信赖：在相信他人的时候不附加任何条件，你只需要焦虑"我该怎么做"。如果不敢去信赖别人，那最终就会与任何人都建立不了深厚的关系。③他者贡献：对作为伙伴的他人给予影响、作出贡献，这就是他者贡献。他者贡献并不是舍弃"我"而为他人效劳，反而是为了能够体会到"我"的价值而采取的一种手段。劳动并不是赚取金钱的手段，我们通过劳动来实现他者贡献、参与共同体、体会"我对他人有用"，进而获得自己的存在价值[2]。总之，通过一定的方式激发并培养"社会兴趣"无论是对于正常人还是越轨者，都是一种十分有益的教育举措，于社会和谐与世界和平都有极为重大的意义。

三、"社会兴趣"理论对于社会工作教育的几点启示

如前文所述，阿德勒创建了包括"社会兴趣"在内的诸多原创性学术概念，体现出他有着一流的心理学思想；同时充满着人性关怀和理想主义色彩的心理学思想也表明他是一个有仁心、有大爱的心理学家。更加难得的是，阿德勒本人也是一位伟大的实干家，他亲身参与了大量的助人实践活动。他

---

〔1〕［奥］阿尔弗雷德·阿德勒：《阿德勒心理学讲义》，吴书榆译，广东人民出版社2016年版。
〔2〕［日］岸见一郎、古贺史健：《被讨厌的勇气》，渠海霞译，机械工业出版社2021年版。

在晚年投入了很大精力去开展思想推广和教育实践，创办儿童指导中心和个体心理学实验学校并取得了良好的社会效果，便是明证。由此可知，阿德勒的"社会兴趣"理论不仅仅能用于心理治疗领域，而且还可指导大众生活交往与高校专业教育。他的"社会兴趣"理论对于高校社会工作教育有如下几点启示：

（一）"社会兴趣"理论可以融入社会工作专业的价值观教育

社会工作职业就是科学的助人实践活动，不仅需要社工具备丰厚的理论知识与扎实的方法技巧，而且也需要社工秉持奉献精神、怀抱爱心真情、肩挑社会责任，踏踏实实地为弱势群体服务，为他们提供帮困扶弱、情绪疏导、心理抚慰、精神关爱、行为矫治、社会康复、权益维护、危机干预、关系调适、矛盾化解、能力建设、资源链接、社会融入等方面的服务，帮助个人、家庭恢复和发展社会功能。社工实务说得简单点，其实质就是做人做事的工作，故一定需要价值观的引导。社会工作专业教育特别重视对学生开展价值观的教育与培养。国内学者张乐天从人本主义心理学角度出发探讨社会工作价值理念，认为社会工作有三个价值前提：①社会工作者把做好社会工作看成自己人生价值的实现；②社会工作者应当以平等的态度对待每一个工作对象；③社会工作者承认每一个工作对象都有潜在的发挥自己的优势、实现自己价值的能力[1]。国内另一位学者王思斌则提出社会工作的专业价值观包括：敬业、接纳、自决、个别化和尊敬人[2]。可知，社会工作专业的价值观教育重点在于引导学生将关注点由自身向外转移，多与外部世界和社会大众建立关联，将他人利益摆在优先位置。而阿德勒的"社会兴趣"理论与此十分契合。首先，前文所述"社会兴趣"的定义中，"关心、合作与奉献"均指向他人、关联到外部社会，而自身"归属感和人生价值"的获得，即自我利益的满足也是以利益他人、服务社会为前提的。可以看出，"社会兴趣"的定义内涵所包含的基本价值取向与社会工作的专业价值观在总体上是趋向一致的。其次，社会工作专业学生通过学习"社会兴趣"理论，理解、认同并实践之，可以激发与提高自身的"社会兴趣"水平，内生出与他人、与社会紧密关联的清晰意识，产生通过积极从事社会工作实务来实现个人优越和社

---

〔1〕 张乐天主编：《社会工作概论》（第3版），华东理工大学出版社2007年版，第79~81页。

〔2〕 王思斌主编：《社会工作概论》（第3版），高等教育出版社2014年版，第52~53页。

会和谐的职业动力。同时也能自觉地意识到，从事社会工作职业其实就是克服自卑与追求优越的过程，生命的意义彰显于其中。如是观之，阿德勒的"社会兴趣"理论能确保社会工作专业学生的认知与行为保持在社会工作专业的价值观轨道内，完全可以将其巧妙地融入社会工作专业的价值观教育之中。

（二）"社会兴趣"理论可以补充社会工作的专业理论教育

采用社会工作方法介入弱势群体时，常常要依据各种专业理论，如积极心理学、优势视角理论、增能理论、理性情绪疗法等。阿德勒的"社会兴趣"理论在很多方面其实与社会工作专业的很多常用理论是相通的。由于阿德勒把"社会兴趣"视为一种衡量人类价值的标准并作为实现人生成功的心理机制，在此点上与积极心理学强调健康心态和积极认知促成幸福人生的观点比较一致。"社会兴趣"是每个人皆具的一种内在潜能，无论是正常人还是问题人都可以经由后天的教育引导提升其"社会兴趣"水平，使得正常人更加幸福与成功、问题人摆脱心理困扰并增进社会适应。这与优势视角理论关注人的内在力量和优势资源的视角如出一辙。"社会兴趣"水平的提升能够增进人们与他人的合作能力，增强人们对自我生命的掌控感，这里面又暗含了增能理论的主张。

同时，"社会兴趣"培养中所强调的自我接纳、他者信赖与他者奉献三个途径本身就意味着在处理人际关系过程中要将以"私人逻辑"为基础这种不合理观念转变成以"社会兴趣"为基础这种合理观念，实际上与理性情绪疗法所强调认知转化才能促成情绪与行为转化的理论核心有异曲同工之妙。可知，我们完全可以将"社会兴趣"理论有机融入已有社会工作专业理论之中，充实社会工作专业的理论教育。同时，"社会兴趣"理论还可以被当作一个能指导社会工作实务的独立理论来向社会工作专业学生传授。"社会兴趣"理论其实相当于提供了一个看待心理困扰与问题行为的新视角，从对来访者开展"社会兴趣"水平的测量预估，到如何提升其"社会兴趣"水平的介入计划，再到以提升其"社会兴趣"水平为主要目的的实务实施，助人活动过程都能以"社会兴趣"理论为全程指导。总之，"社会兴趣"理论对当前的社会工作的专业理论教育可以起到重要的补充作用。

（三）"社会兴趣"理论可以助力社会工作专业学生的自我教育

社会工作常被说成一种"生命影响生命"的职业，此说给社会工作职业赋予了一种高尚品格并抹上了一层神圣色彩，但无疑也意味着对社会工作者提出了更高的要求，他们自身必然要具有强大的生命力，才能有足够的能量去影响别人。当前社会工作职业环境普遍存在的"心理枯竭""职业倦怠"与"转岗离职"等现状，这让加强社会工作者的内在生命建设显得尤为重要而迫切。社会工作专业核心理念"助人自助"的"自助"不仅意指来访者最终能够获得独立解决问题的能力，还意味着助人者须加强自我赋能、心理建设才能更好地帮助别人。阿德勒的"社会兴趣"理论正好可以成为社会工作专业学生开展自我教育、实现生命成长的重要资源。

"社会兴趣"理论如同阿德勒所创建的整个个体心理学理论体系，都可以视为对他自身人生经历的完美诠释。阿德勒年幼时身体羸弱、曾患重疾，不仅目睹亲弟弟死亡，自己也多次与死神擦肩而过，死亡恐惧不停吞噬着他的幼小心灵；在家中他从小又不得不承受各方面都比他优秀的哥哥带给他的心理压力。所有这些让他深切体会到那种既是身体上又是心理上的自卑感，因此他立志刻苦学医以补偿躯体上与心理上的自卑感。他后来转入精神治疗，创建了个体心理学理论体系，终成一代心理学宗师，成功地实现了对自卑感的超越。难怪有人感慨，阿德勒自身的成长历程就是其"自卑与超越"理论的最佳例证。

阿德勒终身致力于倡导与人直接相关的心理学，即生活的心理学。也正由于他的心理学思想如此贴近人们生活及其著述在普罗大众中的广泛传播，阿德勒开创了西方心理自助运动（self-help psychology）的先河——人们通过阅读他的著作学会了与自卑感共存共荣，以社会兴趣为指引确定有益的人生目标，重新发现生命的意义并获得幸福人生。在高校专业教育中，我们可以推动社会工作专业阅读阿德勒的"社会兴趣"理论及相关著述，引导他们开展自我探索、重新认识自我从而焕发生命光彩，更进一步重塑他们的"人生风格"（style of life）。因为有无"社会兴趣"或拥有多少"社会兴趣"决定了"人生风格"健康与否。阿德勒认为"人生风格"有两种：一种人生风格以个人逻辑为基础，此为不健康的人生风格；另一种人生风格以社会兴趣为基础，此为健康的人生风格。同培养"社会兴趣"的主张一样，阿德勒也主张我们应该建立健康的"人生风格"。社会工作专业学生在这种自我教育中若能经由"社会兴趣"的提升而建立起健康的"人生风格"，则必定拥有强大的内心与厚实的生命，能更好地完成在校专业学习和应对职场工作压力。

四、结语

阿德勒的卓越见识超越了同时代的很多学者，他的思想影响了精神分析学、人本主义心理学、存在主义心理学等多个流派，对儿童教育、心理治疗和社会工作的发展都具有重要的推动作用。本文基于对阿德勒相关著述的仔细梳理，论述了其"社会兴趣"理论的三方面具体内涵：一是"社会兴趣"的定义：一种全面体现在知情意行上的对他人关心、合作与奉献并从中找到自身归属感和人生价值的倾向性；二是"社会兴趣"的重要性：将社会兴趣作为评价人类价值的唯一且普适的标准；三是"社会兴趣"的培养途径：自我接纳、他者信赖与他者奉献。阿德勒的"社会兴趣"理论不仅仅能用于心理治疗领域，而且还可指导大众生活交往与高校专业教育。他的"社会兴趣"理论对于高校社会工作教育有如下几点启示：①"社会兴趣"理论可以融入社会工作专业的价值观教育；②"社会兴趣"理论可以补充社会工作的专业理论教育；③"社会兴趣"理论可以助力社会工作专业学生的自我教育。

当然，本文对于阿德勒"社会兴趣"理论的梳理还有待深入，理解还不是很到位；同时，关于阿德勒"社会兴趣"理论对于社会工作教育的启示的探讨略显粗浅，有待日后进一步的专题探讨并结合实践检验，让阿德勒的思想真正有裨益于社会工作教育。

爱国主义教育融入《知识产权法》案例教学的实践与思考

曾　晰*

韶关学院　政法学院　广东韶关　512005

摘　要：知识产权法律制度与国际科技竞争、国内外市场竞争及民族产业发展均有着紧密联系，在知识产权法教学中通过相关案例嵌入爱国主义元素，可以取得较好的育人效果。在知识产权法教学实践中发现，案例的选取、课堂教学的形式安排、学生讨论发言的积极程度等都是影响爱国主义教育效果的重要因素。本文选取三个典型知识产权案例，对其中的爱国主义元素及育人效果进行分析，以期对未来的教学实践提供参考。

关键词：知识产权法；案例教学；爱国主义；效果分析

一、引言

作为新进的专任教师，笔者承担了《知识产权法》本科课程的教学工作。高等教育不仅仅是单向的知识点传授，而是双向互动地探究知识本身所蕴含的价值和背后的观念。任课教师在课程思政教学中发挥着重要的桥梁纽带作用，应当坚守教育的本质和初心，深入挖掘专业知识体系中的思政育人元素，自觉将思政教育内容融入各自教学中，才能实现专业教学与思政育人的协同效应。

---

* 曾晰，1991 年生，女，四川富顺人，韶关学院政法学院教师，博士。主要从事知识产权法学方面的研究。

相较于其他法学本科课程，《知识产权法》这一课程内容具有自身特点[1]，这些特点使得其与爱国主义教育有着更加直接和紧密的联系。自知识产权制度成为国际通行的制度以来，知识产权法律制度与科技竞争、市场竞争及产业发展就产生了天然的紧密联系，因此，《知识产权法》案例教学中非常适合融入爱国主义元素。

二、爱国主义教育融入《知识产权法》案例教学的实践安排

在 2022—2023 学年度第二学期的《知识产权法》本科课程教学过程中，笔者采取了每一章内容讲解至少结合一个案例的教学方式安排，并且探索在案例教学过程中融入爱国主义教育。要融入爱国主义元素，案例的选取、课堂形式安排设计、学生讨论发言等方面都需要有一定的安排。

（一）案例的选取

从嵌入爱国主义元素的角度出发，案例选取不应局限于纯粹的法律关系纠纷，可以是与本章节的知识产权知识点相关的某段历史沿革介绍、某个理论问题争议、某个社会热点新闻、某项国际争端等。对具体章节的案例选取时，在著作权侵权判定、专利的实质要件、商标权保护等知识点较多且为重点难点的章节，以法律纠纷案例为主，可以更好地巩固本章所学知识点。同时，围绕法律纠纷案例进行一定的展开，分析其国际竞争背景、国内外法律实践区别等，可以融入爱国主义教育元素。在其他知识点较少或相对简单的章节，可以选取与本章节相关的某段历史沿革介绍、某个理论问题争议、某个社会热点、某项国际争端作为案例，可以更加直接、清晰地融入和传递爱国主义教育。

（二）案例教学的课堂安排

1. 课堂内容与时间安排

在一个学期的实践中，尽量在每一章都采取"短视频引入主题+知识点讲解+案情介绍+讨论发言对话"的形式。《知识产权法》本科课程为 48 学时，有 22 章的教学内容，因此，一个章的教学时长是 2 个学时，上述教学形式要控制在 2 个学时（90 分钟）内完成。充分的案情展示和积极的讨论发言，是提升案例教学效果的关键。为达到较好的案例教学效果，"案情介绍+讨论发

---

[1] 余俊：《面向知识产权强国建设的知识产权学科治理现代化》，载《知识产权》2021 年第 12 期。

言对话"的时间大致控制在 25 分钟至 30 分钟。

2. 案情介绍的形式安排

案情引入时，采取多媒体、视频播放等形式，或结合时事热点来引入，引起学生注意。学生对案情信息真正吸收，才会有讨论和表达的欲望。

3. 学生讨论发言的安排

在一个学期的实践中，采取的是不分组、不设发言时长限制的自由举手发言。举手发言的积极程度、发言的优秀程度等与平时成绩挂钩，占平时成绩的 1/3，即 10 分。为了使学生更加积极地讨论发言，可从以下几个方面入手：一是在案例选取时尽量有趣味性、现实性，能够引起学生注意力；二是案情展开时，要展现出纠纷产生的原因和各方立场等信息，使得学生留意到案例中的争议焦点、讨论焦点或者案情爆点，并且提出几个问题，使得学生产生思考和表达的欲望；三是给予一定时间让学生进行讨论，在这段时间内，除了讨论，学生也可以进行举手发言的准备。此时，有一部分学生会在纸上写下准备发言的要点提示，也有一部分学生在脑海中组织好语言并且脱稿发言。

三、知识产权法案例中嵌入爱国主义元素的具体范例

在《知识产权法》本科课程内容中，有许多章节都很适合融入爱国主义元素，都能够找到既贴近本章节知识点，又能够引起学生兴趣和共鸣的案例。知识产权在诸多民事权利制度中具有科技含量高、知识要素多的特点，也是国内外科技竞争的阵地，许多案例都可以激发学生的思考和兴趣。例如，著作权发生在文化创作领域，与文化创新、文化产业息息相关，电影、游戏、玩具等版权都是学生们日常生活中非常感兴趣的主题；专利权产生于技术应用领域，与科技创新、科技产业紧密相连，比如芯片制裁等新闻报道被许多学生知晓；商标权则运作于工商经营领域，知名商标更是被学生们所熟知。此处，选取实践过的三个典型案例，展示在知识产权法案例讲解中融入爱国主义元素的几种方式。

（一）"版权起源之争"案例教学与文化自信提升

首先，通过第一章"绪论"书本知识的讲授和多媒体展示的方式引出案例。版权等知识产权制度最早起源于西方，这些认知在本课程所使用的《知识产权法》教科书中也有体现。但是，需要在教学时阐明"版权最早起源于

西方"这一论点是具有极大争议的，并列出各项历史事实和国内外观点。从历史事实来看，我国唐宋期间事实上已经有了出版特许权。版权的产生紧随印刷术的发明，早已经有许多中国历史学者和知识产权学者据此认为中国的著作权法最早可以追溯至唐代，完善于宋代[1]。版权起源于中国的观点也得到了一些西方学者的赞同，鉴于西方知识产权法的发展历程，西方学者指出印刷术引发的文本的廉价传播需要著作权提供的正式法律保护[2]，而造纸术、印刷术等又是由古中国起源的[3]，事实上比西方早了700多年。

其次，辅以多媒体展示自1982年以来我国知识产权立法取得的伟大成就。新中国的知识产权法律制度和知识产权法律科学是改革开放的产物[4]，我国的现代知识产权制度虽然晚于西方，但在短短40年内，我国已基本构建了以《商标法》[5]《专利法》《著作权法》《反不正当竞争法》《反垄断法》等基本法律为主导，以《计算机软件保护条例》《植物新品种保护条例》《集成电路布图设计保护条例》《信息网络传播权保护条例》等行政法规为主体，以司法解释和政府规章为补充的较为完整的知识产权制度体系。

本案例从古中国造纸术、印刷术及出版业发展史入手，探讨教科书中的版权起源之争议，让学生明白中国几千年文明底蕴的深厚，明白为什么近现代中华民族之崛起被称为"复兴"；同时，辅以中国现代知识产权制度建设的成就，增强学生的爱国情怀和民族自豪感，提升文化自信和制度自信。

（二）"对华芯片封锁"案例教学与危机感、责任感提升

首先，对第十六章"集成电路布图设计权"的知识点进行讲解，再对芯片产业发展的拓展了解，进而引出美国对华芯片封锁的案情介绍。对外制裁作为维护霸权地位、谋取霸权利益的主要政策工具，是美国维持的惯用伎俩[6]。在过去的几年中，美国已经采取了一系列措施对中国进行打击。一方面，美

---

〔1〕 邹身城：《保护版权始于何时何国》，载《法学研究》1984年第2期。

〔2〕 North D. C., Robert Paul Thomas, J. Lee Shneidman, "The Rise of the Western World: A New Economic History", *History: Reviews of New Books*, 1973.

〔3〕 Libecap G D, "Property rights in economic history: Implications for research", *Explorations in Economic History*, 2006, 23（3）: 227−252.

〔4〕 刘春田：《新中国知识产权法学学科的开拓者》，载《法学家》2010年第4期。

〔5〕 为表述方便，本书中涉及我国法律文件直接使用简称，省去"中华人民共和国"字样，全书统一，后不赘述。

〔6〕 张勇、路娟：《美国芯片霸权的内在逻辑与演进机制》，载《宏观经济管理》2023年第1期。

国将中国的一些先进半导体公司列入"实体清单",使其无法从美国获取先进半导体技术和设备,也无法从使用美国技术的代工厂商购买芯片产品。华为作为最具代表性的案例,由于美国的制裁,被迫断供先进芯片,导致其在全球手机市场份额大幅下降。另一方面,美国签署了《芯片法案》,限制了台积电等代工厂商在中国建厂,并禁止给中国芯片公司代工,以拉拢全球半导体企业与中国断绝关系。最近的一步是美国与日本、韩国和荷兰等国家联合构建了针对中国的半导体禁售网络,禁止向中国出口最先进的半导体技术和设备。

其次,分析美国制裁带来的后果、我国应对措施和国产芯片产业发展前景。事实上,中国已经在芯片领域投入了大量资源,并且与英伟达等企业的差距在缩小。美国通过禁止向中国售卖芯片的方式与中国"脱钩",不仅会导致美国科技企业承受巨大损失,而且还会给中国提供一个自主培养本土企业和与美国企业竞争的机会,给了国产芯片在国内市场自由生长发展的机会。暂时的落后不代表中华民族低于西方民族,只要有时间精力投入,自主芯片技术也能进步甚至超过西方;只要有市场机遇,国产芯片产业也能不断成长。在我国具备足够韧性的情况下,美国的芯片制裁反而给了国产芯片喘息空间和成长机会。

最后,通过多媒体和专利数据展示我国自主创新的发展历程。我国 2019 年通过世界知识产权组织《专利合作条约》(PCT)途径提交了 5.899 万件专利申请,首次超过美国(5.784 万件)跃升至第一位,以此将国家实施的知识产权强国战略、创新驱动发展战略等引入并介绍[1]。

通过本案例教学,一方面,使学生深刻认识到中华民族并不是不善于创新,反而是深厚文化积淀形成了优良品格,即使在落后的情况下,依然能够坚韧不拔、卧薪尝胆,追赶并反超。另一方面,使学生深刻认识中华民族伟大复兴绝不是轻轻松松、敲锣打鼓就能实现的,要付出长期的、艰苦的、实打实的努力,从而增强学生的危机感、竞争意识和民族责任感。

(三)"那些你以为是国产的外资商标"案例教学与爱国奋斗精神提升

首先,在第十七章"商标权概述"中讲解商标的构成元素知识点,然后通过多媒体播放视频"25 个你以为是国货,其实是外资的品牌"。视频展示

---

〔1〕 马一德:《创新驱动发展与知识产权战略实施》,载《中国法学》2013 年第 4 期。

中华牙膏、好丽友、乐事、佳洁士、银鹭、徐福记、红牛、上好佳等品牌的商标图样，并且写明该品牌的归属公司来自哪个国家。令人意外的是，25个商标品牌大多归属美国，其次是瑞士、英国、泰国、菲律宾等。

然后，选取其中几个品牌，围绕商标归属变更、国产品牌被外资收购等案例进行讲解。以银鹭为例，创始人是福建人陈清水，在2005年成为雀巢即饮咖啡在中国的受委托加工方。2011年4月，雀巢与银鹭签署了60%股权收购协议。同年11月，雀巢中国发布公告表示，雀巢与银鹭形成合作关系，双方计划投入25亿元资本金。2017年，雀巢集团设法收购了合资公司手中20%的股份，2018年6月，又将剩余的20%股份收购。至此，雀巢完成了对银鹭品牌的全资收购，银鹭成为雀巢全资子公司。在雀巢的助力下，银鹭一度发展迅速。根据官方数据，2013年，银鹭销售额达到111亿元。但两年后，银鹭业绩出现下滑，到2019年已跌至7亿瑞士法郎。银鹭旗下的花生牛奶和八宝粥均成为拖累业绩的业务。这导致雀巢萌生出售银鹭的想法。失去控制权11年后的2022年，银鹭创始人家族终于拿回了"银鹭"的控制权。但是，中国的水饮江湖早已发生变化，罐装粥类产品已经老化，可替代的产品非常丰富，银鹭品牌的衰落趋势目前很难逆转。

通过商标品牌归属展示和国产品牌被外资收购的案例讲解，使得学生意识到食品、日化等轻工业领域的知名品牌背后的资本来源情况，意识到经济全球化、改革开放在带来机遇的同时也带来了挑战和风险[1]，意识到市场竞争的残酷性，从而培养学生的爱国奋斗精神。

四、爱国主义教育融入《知识产权法》案例教学的效果分析

(一) 课堂效果分析

从2021级01班和02班的课堂效果来看，学生对爱国主义元素的吸收和反应是非常积极正面的。譬如，"对华芯片封锁"一案的学生讨论发言环节，气氛最为热烈，发言积极性最高。其中02班一名学生主动举手进行了脱稿发言，表达了对民族芯片产业的支持和自主创新的信心，并且获得了其他同学自发的掌声。又如，在"那些你认为是国产的外资商标"一案进行视频展示

---

〔1〕 汪雪婷：《企业跨国并购风险及防范研究——以雀巢银鹭并购案为例》，载《管理观察》2020年第20期。

时，两个班的同学注意力非常集中，不时发出小声惊呼，惊讶于日常熟悉的看似国产的商标事实上竟是外资品牌。

（二）学生反馈分析

在最后一堂课的随堂作业中，学生按照要求撰写并反馈了非常有效的信息，包括对本学期课程教学、案例讲解、讨论发言等的感受、意见和建议等。学生作为课堂的参与者，也是多样化的，不同类型的学生有着不同的感受和反馈。有一部分学生听课认真，考试成绩较高，但课堂表现较为内敛，主动发言意愿不强烈，较难调动。有一部分学生反馈有感兴趣的案例时也想发言，但自身胆小或组织语言较慢，等做好心理建设或组织好语言后，想说的内容已经被先发言的同学们讲到了，导致课堂积极性降低。大部分学生认为课堂自主发言形式很好，轻松无束缚，对爱国主义元素接受度高。

五、结语

通过上一学期的教学实践发现，案例的选取、课堂形式安排设计、学生讨论发言的积极程度等都是影响爱国主义教育效果的重要因素。在几个代表性的案例教学中，由于案例选取得当，且学生爱国情怀基础较好，再辅以多媒体方式和自由发言的形式，学生注意力集中，讨论和发言较为积极，对其中的爱国主义元素接受程度高，吸收效果好。

在今后的《知识产权法》课程思政教学实践中，还可从以下几个方面进行探索：一是根据《知识产权法》每一章节的知识点和特点，选取不同的课程思政案例，融入创新精神、家国情怀、责任意识、法律意识等元素；二是紧跟国家大政方针和时事热点，不断搜索和更新可用的案例，保持案例内容的趣味性和教育意义；三是探索更多的兼顾不同类型学生的课堂案例教学手段，提升《知识产权法》课程思政育人效果。

《管理定量分析》课程思政教学改革探索*

成 量**

韶关学院　政法学院　广东韶关　512005

摘　要： 在阐述课程思政融入《管理定量分析》教学必要性的基础上，分析了《管理定量分析》课程思政教学的现状，重构了《管理定量分析》课程教学目标，提出了《管理定量分析》课程思政教学改革路径，即提升教师思政教学意识和能力、挖掘课程思政元素和丰富思政教学方法。

关键词： 管理定量分析；课程思政；思政元素

近些年来，大学生思想政治教育工作逐渐受到重视，思政教育与思政课程的建设也开始蓬勃发展。随着时代的进步，思政教育已从单纯的思政课程演变为了课程思政，即在日常授课和传授知识的过程中，注重培养学生的道德品质和人文素养，以社会主义核心价值观为基础，引导学生树立正确的价值观，培养良好的思维素养和科学观念[1]。《管理定量分析》是公共管理类本科专业的一门核心课程，在课程培养体系中具有重要的专业基础作用。该课程的基本宗旨是使学生学会使用系统论的观点分析问题、解决问题，借助定量分析获得的信息为科学决策提供依据。在《管理定量分析》的教学过程

　＊　广东省 2023 年度高等教育教学改革项目"新文科背景下管理定量分析课程混合教学改革与实践"；韶关学院第二十四批教育教学改革研究项目"新文科背景下《管理定量分析》混合式教学改革与实践"。

　＊＊　成量，1987 年生，女，湖南湘潭人，韶关学院政法学院讲师，博士。研究方向：资源与环境经济学。

　〔1〕　刘淑慧：《"互联网＋课程思政"模式建构的理论研究》，载《中国高等教育》2017 年第 Z3 期。

中加强课程思政建设，一方面有助于实现思想政治理论教育与专业教育的有机结合，使思想政治教育不再枯燥无味，充分发挥课堂教学的育人主渠道作用，从而提高高校思想政治教育的实效性[1]；另一方面，对教学内容中的思政元素进行提炼和讲授，也有助于加深学生对管理定量分析方法和思想的理解，从而提升《管理定量分析》课程自身的建设水平，最终将对提高高校人才培养质量起到积极作用。

一、课程思政融入《管理定量分析》教学的必要性

目前，在高等教育领域一定程度上存在教书和育人脱节的问题。市场经济背景下，功利主义的盛行，导致现代大学生具有较强的自我意识，常常将自我置于中心。现代社会生活变得纷繁复杂，信息爆炸时代，社会思潮呈现多元化的特征。这些对大学生的学习和生活产生了深远影响，使他们的思想趋于多元化。大学生在"信息海洋"中容易出现价值的迷失和错乱，如对自己所学专业没有认同感，对国家大事漠不关心，对重大问题缺乏判断力等。因此对学生的思想道德方面的教育，就显得迫不及待。

韶关学院公共管理类专业包括行政管理和公共事业管理，其中行政管理专业为广东省一流本科专业、广东省特色专业、广东省综合改革试点专业，公共事业管理专业为广东省大学生实践教育基地建设专业。这两个专业为广东省乃至全国的中外企业、非营利组织、政府机构及其他相关机构培养了大量实用型的管理人才。《管理定量分析》是行政管理和公共事业管理专业的核心课程，在新文科建设背景下，通过《管理定量分析》课程建设培养公共管理类专业学生的决策管理思维和量化决策能力极为重要。该课程的授课对象是大学三年级学生，他们正处于世界观、人生观、价值观形成的关键阶段，同时又即将面临就业问题。他们对走向社会充满迷茫，迫切需要正确引导。此外，管理部门也是容易发生行业失范、违法违规、触碰道德底线的重点部门，管理人员的综合素质对建设文明和谐的社会环境具有重要意义[2]。因此，从人才培养的角度出发，有必要将思政教育融入《管理定量分析》课程的教学中。

---

[1] 胡新丽：《基于 DCE 框架的国家一流专业建设探索与实践——以中南民族大学行政管理专业为例》，载《黑龙江教育（理论与实践）》2023 年第 3 期。

[2] 杨静慧、周定财：《行政管理专业课程思政教学改革的价值、要求与路径》，载《五邑大学学报（社会科学版）》2022 年第 3 期。

通过这种方式，追溯教育的本源，实现教书育人的目标，使学生在掌握专业知识的同时，提高实践动手能力，树立正确的世界观、人生观和价值观[1]。

二、《管理定量分析》课程思政教学的现实困境

课程思政是高校课程改革中的一次新尝试，它融合了"大思政"教学理念、学科德育理念以及"隐形思想政治教育"的概念。该理念注重在课堂教学中传道授业，通过教书育人的方式来引领学生的价值观念。课程思政强调以知识为媒介，以达到一种潜移默化的教书育人效果。当前，《管理定量分析》课程在教学过程中也融入了思政教育，但其融入情况距离培养期望还有较大的差距。不足之处具体体现在以下三个方面。

（一）教师思政教育意识和能力不足

首先，部分授课教师缺乏对思政教育融入专业课教学的系统性和科学性认识，往往将专业课教学和思政教育割裂开来，只注重专业知识的讲授，忽视了更重要的人文关怀和教育触动。这种教学理念上的片面和狭隘，使得学生难以真正领悟思政教育的深层意义和重要性。其次，授课教师没有充分认识到专业课思政教学是系统的，在专业课进行思政教育时生搬硬套，将导致学生不仅没有深刻领悟专业知识中的价值引导和素质导向，反而会产生一定的反感情绪。另外，大部分授课教师在思政教育能力上存在不足。教师们在教育学、心理学等方面接受了培训，但在思政教育理念、方法和技巧方面接受的培训相对较少。由于缺乏专业指导和培训机会，教师在思政教育方法和技巧方面缺乏全面的了解和应用，这样的局面影响了教师思政教育水平的提高，也制约了学生全面发展[2]。

（二）思政内容挖掘不够

课程思政内容挖掘不够是《管理定量分析》课程思政教学中存在的另一个问题。尽管当前行政管理和公共事业管理专业人才培养方案已经明确设置了思政教育目标，《管理定量分析》课程标准也增加了思政教学目标，但是没有根据融入思政元素的课程标准制定更为具体和细致的教学实施方案。这主要有两方面的原因：一方面，在目前管理定量分析的相关教材中，很少提及

---

〔1〕 刘莹：《公共管理类课程思政与教学改革实践探索》，载《产业与科技论坛》2021 年第 22 期。

〔2〕 陈默等：《数据科学基础课程思政教学与实践路径探索》，载《高教学刊》2023 年第 23 期。

"德育""思政"等词汇，思政教学资源的匮乏给教师开展思政教学带来了难题。授课教师受自己知识面的限制，可能只是表面地讲解马克思主义基本理论知识、道德教育、政治理论教育等思政教育内容，而无法深入挖掘其中蕴含的理念信念、科学精神等思政元素。另一方面，《管理定量分析》是一门方法论课程，其课程内容更偏向教授精准的数据、熟练的操作技能、严谨理性的工作态度等，这些内容一般来说缺乏明确的价值立场判断，与思想政治教育内容偏离[1]。而且，思政元素不同于其他教学内容的直接表达和明显特征，它们可能隐藏在方法背后，需要教师花大量时间和精力有针对性地开展内容的挖掘和探究。但是，教师往往对专业知识关注较多，对党的理论创新新成果、经济社会发展新成就、行业实践新经验等关注不足，缺乏挖掘本门课程思政元素的能力，而且也缺乏将思政内容与专业知识有机融合的能力。

（三）思政教学方法单一

根据现行课程标准，《管理定量分析》课程共 32 学时，理论和实践各 16 学时。在有限的学时条件下，为了保证教学任务完成度和课堂教学效率，教师主要将讲授作为理论课教学方法，不太注重教学方法的适应性调整和综合运用。单一的教学方法无法使学生保持长时间注意力集中，容易使学生失去学习动力，对课堂教学效果产生严重影响。另外，传统的教学模式往往缺乏创新教育的元素，学生学习的方式和内容相对固定，缺乏多样化和灵活性，无法激发学生的创新和创造力。

三、《管理定量分析》课程教学目标

课程思政建设的基础在课程。思政教育最根本的前提是提高学生的学习能力，在培育其专业基础知识和专业兴趣的基础上，增强学生的知识运用能力、创新能力和思维道德修养。以知识传授、能力培养和价值引领为课程教学的总体要求，《管理定量分析》的教学目标体系也从这三个维度进行构建：在知识维度上，增强学生对基本概念、基本理论和基本方法的认识，引导学生准确理解不同定量分析方法的适用范围；在能力维度上，引导学生综合运用各类定量分析方法分析和解决各类管理问题，制定有效的决策，增强知识

---

[1] 石福刚：《〈管理学〉课程融入思政元素的路径研究》，载《兰州文理学院学报（社会科学版）》2023 年第 4 期。

迁移的创新能力；在价值维度上，通过阐明管理科学在国民经济发展和社会进步中的核心地位，激发学生的专业认同感、责任感和自豪感，引导学生运用马克思主义哲学原理，辩证地看待问题。

四、《管理定量分析》课程思政教学实现路径

结合课程特点，本文提出《管理定量分析》课程思政建设路径，将课程内容和思政元素有效融入，通过提升教师思政教学意识能力、挖掘课程思政元素和改革思政教学方法，实现课程思政育人目标。

（一）提升教师思政教学意识和能力

首先，授课教师应提高思政教学意识。教师承担着教书育人、立德树人的使命，这样的职业特质决定了教师这一职业绝非仅是谋生手段，还有着特殊的使命意义。相关教师需要提高立德树人的自觉意识，并将该意识作为最根本的教学出发点，将立德树人融入课堂教学环节中，避免学生受个人主义思潮的影响，引导学生树立正确的人生观、价值观。其次，通过思政能力培训、课程建设、教学技能训练、专业研讨会、教改论文和教改项目等多种途径提升教师思政教学能力[1]。具体来说，通过参加思政能力培训、教学技能培训，使教师深入了解课程思政内涵，提升教师思政实践水平；通过课程建设、专业研讨会等，促进教师对课程思政进行深入交流和讨论，激发教师思政灵感；通过撰写论文或教改项目，促使专业教师对课程思政进行更深入的思考，优化思政教学过程，提高思政教学质量和效率。

（二）挖掘课程思政元素

课程思政建设是对课程内容体系和教学环节进行深入分析与优化设计，寻找和培育学生知识、素质、能力的增长点，将学生综合素质培养和价值观念形成渗透到课程教学过程的各个环节，使专业课教学由知识传授转向知识、能力和价值观引领的"三位一体"，做到课程育人。根据课程教学中的知识点，寻找专业知识学习中的思政元素，探索思政与知识点的有机融合，实现"知识传授"与"价值引领"的统一[2]。如根据各个知识点的特点和课程的

---

〔1〕 王海迪：《基于学习科学的"公共管理定量分析"课程教学设计》，载《财经高教研究》2021 年第 1 期。

〔2〕 高伟：《"管理定量分析"课程教学改革探索——以公共事业管理专业为例》，载《兰州教育学院学报》2018 年第 3 期。

目标要求，基于课程技能培养的要求从科学精神、职业规范、公平公正、制度自信等几个方面挖掘思政元素。思政元素与知识点融合举例见下表。

知识点	思政元素
管理定量分析方法发展历史	科学精神：在讲授发展历史与趋势时，鼓励学生对管理行业的新问题、新需求、新理论和新方法，大胆求索，勇于创新。
问卷数据收集	职业规范：通过问卷调查收集数据信息时，强调对数据保密的重要性和必要性。
概率抽样	公平公正：在讲解概率抽样时，强调概率抽样中每个个体被选中的机会是相等的，引导学生关注社会公平、人权和社会公正等问题，培养学生的人文关怀和社会责任感。
区间估计	制度自信：通过引入新冠疫情隔离日期确定案例，介绍区间估计在实际工作中的应用，拓展介绍我国在疫情防控中所体现的中国力量、中国速度和中国精神，引领学生坚定制度自信。

（三）丰富教学思政方法

德融教学，需要有机无痕地融入。通过改革传统的教学模式为线上线下混合教学模式开展德融教学。借助超星学习通平台构建《管理定量分析》网络课程，以课件、视频、图片等为载体开展思政教学，用思政故事将枯燥的理论知识情境化，结合视频或动画将思政教育形象化、自然化，将思政元素"润物细无声"地融入专业教学中，拓宽学生的视野，提高教学效果，创新思政教学。采用"案例导学模式"，通过思政案例导学、专业内容讲解、师生交流总结、巩固提升等环节发挥学生的学习主动性。采用"任务驱动模式"，通过提出科学问题、情景模拟、互助探究、价值观解析和知识点总结归纳、巩固反馈等环节深挖《管理定量分析》课程中的思政意义，完成专业知识和思政内容的合并和内化，提升学生的学习能力，启发学生思考并提出多元化的解决方法，帮助学生形成发散思维、提高解决问题的能力。

五、结束语

传统的《管理定量分析》本科教学在知识的传授方面足以胜任，但在唤起学生的学习兴趣、科研热情与爱国情怀方面仍需改进。为了改变这一现象，本文提出将思政教育与《管理定量分析》本科教学结合在一起，既完成包含数据收集、数据预处理、抽样分布、区间估计、假设检验、回归分析、时间序列分析等定量分析知识的教学，也完成思政内容的教学，以激发学生的学习兴趣、主观能动性和民族自豪感，使学生深思自己肩负的时代使命，加强学生继续深造的想法，推动社会发展。

"OBE"理念下《公共事业管理案例分析》课程思政建设模式与实践[*]

黄 璞[**]

韶关学院 政法学院 广东韶关 512005

摘 要：本文旨在探讨"OBE"理念下《公共事业管理案例分析》课程对思政建设模式与实践的影响。通过文献综述和案例分析，本研究发现，将"OBE"理念应用于《公共事业管理案例分析》课程可以有效提升学生的思政教育效果。具体来说，基于"OBE"理念的课程设计着重培养学生的问题解决能力、创新思维和团队合作精神，同时注重将理论知识与实践操作相结合，提高学生的综合素质和职业能力。在实施过程中，教师应充分发挥指导员和引导者的作用，通过案例分析、小组讨论和实践项目等方式激发学生的学习兴趣和参与度。此外，学校和社会各界应积极支持"OBE"理念下《公共事业管理案例分析》课程的开展，提供必要的资源和平台，促进学生的全面发展和成长。未来研究还可探讨如何进一步完善"OBE"理念在思政建设中的应用，以及如何评估课程效果。

关键词："OBE"理念；公共事业管理；案例分析；思政建设；课程设计

高等教育的目标已经超越了传授知识与技能的范畴，更加注重培养学生

---

* 2023 年教育部产学合作协同育人项目"基于'OBE'理念与智慧课堂建设的地方高校行政管理专业课程改革研究"（230721352807307）；韶关学院 2023 年课程思政建设项目"思政元素融入专业导论课教学研究"。

** 黄璞，1985 年生，男，湖南洞口人，韶关学院政法学院助理研究员，博士。主要从事基层治理理论与实务方面的研究。

的综合素质和思想品德。当前大学生思想品德教育面临新挑战，大学的思想品德教育实效性亟待加强[1]。作为一门重要的专业课程，《公共事业管理案例分析》在培养学生的思政素养方面具有重要意义。然而，传统的课堂模式往往侧重理论知识的灌输，缺乏对学生实践能力和创新思维的培养。因此，借鉴"OBE"（Outcome-Based Education，成果导向教育）理念，将其应用于《公共事业管理案例分析》课程中，成了一种现实挑战和研究焦点。

本文旨在探讨"OBE"理念下《公共事业管理案例分析》课程对思政建设模式与实践的影响。首先，通过文献综述，厘清了"OBE"理念的基本原则和特点，并明确了《公共事业管理案例分析》课程的教学目标和关键要素。随后，通过案例分析，探讨了如何在课程设计中融入"OBE"理念，从而激发学生的思辨能力、创新能力和实践能力。同时，也深入研究了教师在课堂中的角色与作用，以及学校和社会对此模式的支持和促进。最后，对未来研究的方向提出展望。

一、"OBE"理念下公共事业管理案例分析

（一）"OBE"理念概述

"OBE"理念是一种以学生为中心的教育理念，强调以预期成果为导向进行教学和评估[2]。它关注学生的学习结果，重视学生所能够实现的具体技能、知识和素质，而不仅仅是完成学习过程。以下是"OBE"理念的概述：

1. 以学生为中心

"OBE"理念将学生的需求和兴趣置于教学的核心[3]。它关注学生的个体差异，尊重学生的独立思考和学习风格，并根据学生的实际情况和发展需求进行个性化指导。

---

〔1〕 霍国元、冯建力：《提高大学思想品德教育实效性探讨》，载《高等教育研究》2007年第5期。

〔2〕 兰雄雕：《"新工科"背景下融合OBE理念的"化工热力学"工程观念培养》，载《大众科技》2022年第11期。

〔3〕 岑燕波：《基于学习成果导向（OBE）的教学模式在思政专业课中的应用——以〈政治学概论〉为例》，载《科技风》2020年第17期。

2. 预期成果导向

"OBE"理念强调明确的预期成果或目标[1]。教师需要明确规定学生应该达到的具体技能、知识和能力，并通过教学活动和评估来确保学生真正掌握了这些成果。

3. 综合评估

"OBE"理念注重全面的评估方法[2]。除了传统的考试和测验，它还强调通过项目、作品、实践活动等方式评价学生是否达到了预期成果。综合评估可以更加全面地了解学生的能力和素质发展情况。

4. 学科整合与跨学科学习

"OBE"理念鼓励学科间的整合与交叉学习[3]。它促使学生在学习过程中不仅仅关注本专业知识，还涉及其他学科领域，培养学生的综合素质和跨学科思维能力。

5. 实践导向和应用能力培养

"OBE"理念强调将学习与实际应用相结合[4]。它注重培养学生的实践操作能力和解决问题的能力，使学生能够将所学知识应用于实际工作和生活中。

通过采用"OBE"理念，教育可以更加注重学生的发展和个性特点，确保学生达到预期的学习成果。它能够培养学生的批判思维、创新能力和实践能力，使学生更好地适应社会和职业的需求。

（二）公共事业管理案例选取与分析

在公共事业管理案例选取与分析中，可以考虑以下几个步骤：

1. 选择案例

选择具有代表性和实践意义的公共事业管理案例。可以从不同领域的公共事业管理问题中选择，例如教育、医疗、环境保护、城市规划等。确保案例能够引起学生的兴趣，并具备一定的复杂性和挑战性，以便展示多种管理原则和策略。

---

〔1〕 潘莹等：《基于 OBE 理念的课程目标达成度综合评价模型构建与应用》，载《高教论坛》2023 年第 3 期。

〔2〕 李培振等：《基于 OBE 理念的课程考试及其评价研究》，载《教育教学论坛》2019 年第 13 期。

〔3〕 田君、钟守炎、孙振忠：《基于卓越工程师培养目标和"学习产出"（OBE）教学模式的机械设计课程群的建设与改革》，载《教育教学论坛》2015 年第 31 期。

〔4〕 朱静、周恩德：《OBE 教育理念下教师课程意识及实践研究》，载《现代商贸工业》2020 年第 2 期。

2. 收集资料

收集与案例相关的各种资料和信息。包括政策文件、数据统计、新闻报道、研究报告等。确保资料来源可靠，并能提供全面的了解案例背景和问题的信息。

3. 分析案例

对案例进行深入分析，探索其中的问题、挑战和解决方案。可以使用公共管理理论、模型和工具来分析案例，例如 SWOT 分析、利益相关者分析、决策树等。通过分析案例，展示公共事业管理的核心概念和实践技巧。

4. 讨论和交流

组织学生进行案例讨论和交流。可以采用小组讨论、角色扮演、模拟演练等方式，鼓励学生共享各自的观点和分析结果。通过互动交流，促进不同思维的碰撞和深入思考，培养学生的批判性思维和团队合作能力。

5. 提取教训和启示

总结案例中的经验教训和启示，并与学生一起进行反思和讨论。探讨公共事业管理中的成功因素和失败原因，以及如何在实践中应对类似问题。帮助学生从案例中汲取经验，加深对公共事业管理理论和实践的理解。

通过案例选取与分析，学生可以了解真实世界中公共事业管理所面临的挑战和解决方案。同时，他们也能够锻炼分析问题、解决问题和团队合作的能力，为将来从事公共事业管理工作打下坚实基础。

（三）"OBE"理念在公共事业管理中的应用

"OBE"理念在公共事业管理案例教学中可以起到重要的作用。以下是一些"OBE"理念在公共事业管理案例教学中的具体应用：

1. 确定学习目标

使用"OBE"理念时，首先需要明确公共事业管理案例教学的学习目标。这些目标应该明确、可衡量和与实际工作需求相符。例如，学生可能需要熟悉公共事业管理的理论框架、能够分析问题并提出解决方案、具备团队合作和沟通技巧等。

2. 设计评估标准

"OBE"理念强调对学习结果的评估。在公共事业管理案例教学中，可以制定明确的评估标准，用于衡量学生是否达到了预期的学习目标。评估可以包括个人报告、小组讨论、角色扮演、项目展示等多种形式，以便全面评估学生的能力和知识水平。

3. 教学活动与学习策略

根据"OBE"理念，教学活动应该与学习目标相匹配，并且能够帮助学生达到这些目标。在公共事业管理案例教学中，可以采用各种教学和学习策略，例如案例分析、小组合作、实地考察、角色扮演等，以促进学生的实际操作和批判性思维能力。

4. 反馈和改进

"OBE"理念鼓励及时的反馈和改进。在公共事业管理案例教学中，教师可以提供及时的反馈，帮助学生了解自己的学习进展，并指导他们改进不足之处。此外，教师还可以通过评估结果和学生反馈，优化教学方法和内容，提高教学质量。

5. 培养终身学习能力

"OBE"理念强调培养学生的终身学习能力。在公共事业管理案例教学中，教师可以通过引导学生进行自主学习、自我评估和自我反思，促使他们形成持续学习和自我发展的意识和能力。这对于公共事业管理领域的职业发展至关重要。

综上所述，"OBE"理念可以在公共事业管理案例教学中应用，帮助学生达到明确的学习目标，通过评估和反馈促进学生的学习和发展，并培养其终身学习能力。这样的应用有助于提高教学质量，培养具备实践能力和问题解决能力的公共事业管理人才。

二、思政建设模式与实践

（一）思政建设的重要性和意义

思政建设是指以马克思主义为指导，通过教育和引导，培养学生正确的政治理论、意识形态和价值观念[1]，以及良好的道德品质和社会责任感的过程。思政建设具有以下重要性和意义：

1. 培养合格公民和现代人

思政建设旨在培养学生成为具备正确政治观、道德伦理和价值观念的

---

[1] 陈轲：《新时代下民办高职院校开展学生职业道德教育路径探析》，载《知识窗（教师版）》2023年第3期。

公民〔1〕。这些素质对于维护国家利益、参与社会事务、促进社会公平正义以及实现个人全面发展至关重要。

2. 加强国家安全和社会稳定

思政建设有助于加强国家安全意识和民族认同，提升学生的爱国主义情怀和责任意识〔2〕。同时，思政教育能够增强社会公民的法治观念和法律意识，维护社会稳定和法治秩序。

3. 传承和弘扬优秀文化传统

思政建设注重传承和弘扬中华优秀传统文化，培养学生对中华文明的自豪感和认同感〔3〕。这有助于增强学生的文化自信心，推动中华文化在当代社会的传播和发展。

4. 培养创新精神和实践能力

思政建设旨在培养学生的独立思考、创新意识和实践能力〔4〕。通过思政教育，学生可以了解现实社会问题，思考解决方案，并积极参与社会实践，为社会发展和进步作出贡献。

5. 塑造良好的道德品质和社会责任感

思政建设强调培养学生的道德品质和社会责任感，使其具备正确的道德判断能力和行为规范〔5〕。这有助于构建和谐的人际关系、促进社会公德伦理的形成，并推动社会进步和文明发展。

总之，思政建设对于培养具有政治素质、道德品质和社会责任感的公民具有重要意义。它不仅关系个人的成长与发展，也会对国家和社会的繁荣稳定产生深远影响。

〔1〕 张劲松、郑丽贤：《思想政治教育"四因论"视域下的"大思政课"育人功能》，载《湖北师范大学学报（哲学社会科学版）》2023年第4期。

〔2〕 刘梅：《新时代高校思政课程文化自信教育的现实审视及路径探析》，载《理论观察》2023年第4期。

〔3〕 叶灵珍：《弘扬中华传统文化构建大学生思政教育新模式》，载《佳木斯职业学院学报》2021年第1期。

〔4〕 蒋云赞：《思政建设在"社会保险"课程中的思考和实践》，载《中国大学教学》2021年第7期。

〔5〕 唐先滨：《大思政理念下高校行政管理学课程思政建设的路径研究》，载《大陆桥视野》2021年第7期。

（二） 当代大学思政建设模式探讨

1. 德育与智育的有机融合

当代大学生思政建设模式的德育与智育的有机融合是非常重要的[1]，它强调了道德教育和智力教育的统一目标和相互促进关系。以下是一些推进德育与智育有机融合的方式：

（1） 整合课程设置。在课程设置上，将德育内容融入智育课程中，使学生在学习专业知识的同时也接受道德伦理、社会责任等方面的教育。例如，在专业课程中加入道德伦理的讨论和案例分析，引导学生正确应对职业道德和社会伦理问题。

（2） 跨学科交叉教学。通过跨学科的交叉教学，将道德教育与学科教育结合起来，促进学科知识和道德价值观的互动与融合。例如，在科技领域的课程中探讨科技的伦理和社会影响，或者在人文学科中引入科学素养的培养。

（3） 实践教学与社会实践。通过实践教学和社会实践，将道德教育与实际问题解决相结合。学生可以通过参与社会实践项目、实习和志愿者活动，亲身体验社会问题并运用所学知识解决实际困境。这有助于培养学生的社会责任感、公民意识和道德判断力。

（4） 师生互动和榜样引领。教师作为学生的榜样和引路人，在日常教学中会起到重要作用。教师应注重自身道德素养的提升，并通过言传身教、互动讨论等方式，引导学生正确的价值观念和道德行为。同时，充分倾听学生的声音和关注学生的成长，建立良好的师生关系。

（5） 学校文化建设。学校应注重建设积极向上的学校文化，弘扬良好的价值观念和道德规范。通过开展丰富多彩的德育活动、组织主题讲座和讨论等形式，引导学生培养正确的道德观念和行为习惯。

综上所述，德育与智育的有机融合是当代大学生思政建设的重要方向之一。通过整合课程设置、跨学科交叉教学、实践教学与社会实践、师生互动和榜样引领，以及学校文化建设，可以有效促进学生全面发展，使他们既具备专业知识和技能，又具备良好的道德品质和社会责任感。

---

〔1〕 彭晓薇：《寓德育于智育：大学思想政治教育的有效途径》，载《青海师范大学学报（哲学社会科学版）》2010 年第 6 期。

2. 学科知识与思想道德修养的结合

学科知识与思想道德修养的结合对于大学生的全面素质培养至关重要[1]。以下是一些促进学科知识与思想道德修养结合的方式：

（1）引导学科应用。将学科知识与思想道德修养相结合，引导学生将专业知识应用到实际问题中，并从道德、伦理的角度进行分析和评价。例如，在科技类学科中讨论科技发展带来的道德伦理问题，激发学生思考科技与人类社会的关系。

（2）培养学科素养。在学科教育过程中，注重培养学生的学科素养，包括批判性思维能力、创新能力、合作精神等。这些素养的培养需要建立在正确的价值观基础上，即培养学生具备道德意识和社会责任感的同时，能够运用学科知识为社会作出积极贡献。

（3）案例分析与讨论。通过案例分析和讨论，将学科知识与道德观念相结合，让学生从实际问题出发，探讨其中的伦理和道德考量。在案例中引导学生思考学科知识与人类价值观之间的关系，培养他们的道德判断力和问题解决能力。

（4）师生互动与榜样作用。教师在学生的学科教育中担任重要角色。教师应该注重自身的道德修养和学科素养，通过言传身教，成为学生的榜样和引路人。同时，教师与学生的互动也是促进学科知识与思想道德修养结合的重要途径，通过师生之间的讨论和交流，加深学生对学科知识与道德的理解和认识。

（5）跨学科综合教育。大学可以开设跨学科的综合教育课程，将不同学科的知识和思想道德修养相结合。通过跨学科的学习，学生可以更全面地认识和理解世界，培养他们的综合素养和综合解决问题的能力。

综上所述，学科知识与思想道德修养的结合是大学生全面发展的重要方面。通过引导学科应用、培养学科素养、案例分析与讨论、师生互动与榜样作用，以及跨学科综合教育，不仅可以促使学生在学科学习中获得专业知识和技能，同时也能培养其良好的思想道德素养。

---

[1] 陈伟：《高校提高大学生思想道德修养的途径》，载《新课改教育理论探究论文集》（18），第2页。

（三）实践案例分析

1. 学校思政课程设置与教学模式

学校的思想政治理论课程设置和教学模式是培养学生综合素质和思想道德修养的重要途径。以下是关于思政课程设置和教学模式的一些建议：

（1）课程设置。

第一，系统性与全面性。思政课程应该具有系统性和全面性，包括马克思主义基本原理、中国特色社会主义理论体系、中国近现代史和世界历史等方面的内容，以满足学生全面了解和理解社会发展和人类文明进程的需求。

第二，实用性与导向性。思政课程应该注重实践性和导向性，将理论知识与实际问题相结合，帮助学生理解和解决现实社会中的热点、难点问题，培养他们的创新思维和问题解决能力。

第三，多样性与开放性。思政课程应该多样化，包括经典文献阅读、案例分析、讨论研究、社会实践等形式，使学生通过多种途径和方法来获得知识和培养能力。

（2）教学模式。

第一，启发式教学。思政课程的教学模式应该注重启发式教学，通过提问、讨论、辩论等方式激发学生的思考和参与，培养他们的批判性思维和创新能力。

第二，互动式教学。教师应该与学生进行积极的互动，鼓励学生提问和分享自己的观点，促进师生之间的对话和交流，加强学生的主体性和参与感。

第三，实践导向教学。思政课程应该注重实践导向，通过案例分析、社会实践、实际问题解决等形式，将理论联系实际，帮助学生将所学知识与实际生活相结合，提升他们的实践能力和拓宽视野。

（3）个性化教学。

第一，尊重学生差异。思政课程应尊重学生的个体差异，根据学生的特点和需求，灵活调整教学内容和教学方式，给予个性化的教育引导。

第二，鼓励自主学习。教师应该鼓励学生主动学习，提供适当的学习资源和引导，培养学生的自主学习能力和终身学习意识。

科学合理的思政课程设置和教学模式，可以有效提高学生的思想道德素养，培养他们的社会责任感和创新能力，从而更好地为国家和社会作出贡献。

2. 学生思政教育活动组织与实施

学生思政教育活动的组织与实施是高校思政工作中的重要一环，下面是学生思政教育活动组织与实施的步骤：

（1）确定活动主题和目标。根据学校的思政教育要求和学生的需求，确定活动的主题和目标。例如，可以选择社会公益、创新创业、文化传承等主题，并明确活动的目标，如提高学生的社会责任感、培养创新精神等。

（2）活动策划。① 制定活动计划。根据活动主题和目标，制定详细的活动计划，包括时间安排、场地预定、活动内容等。②确定活动形式。根据学生群体的特点和兴趣，确定适合的活动形式，如演讲比赛、主题讲座、社会调研、志愿者服务等。③筹备活动资源。组织人员，确保活动所需的师资力量、场地设施、宣传材料等。

（3）活动宣传。①设计宣传方案。制定宣传方案，包括宣传内容、宣传媒体和宣传途径等。②制作宣传物料。制作宣传海报、宣传册等宣传物料，宣传活动的主题、目标和参与方式。③宣传推广。通过校园横幅、班级宣讲、社交媒体等渠道进行宣传推广，吸引学生积极参与。

（4）活动实施。①组织活动准备。按照计划组织活动的前期准备工作，包括场地布置、讲师邀请、资料准备等。②进行活动执行。有组织地进行活动，确保活动的顺利进行，引导学生参与活动，并提供必要的支持和指导。③活动评估与调整。在活动中及时进行评估，对活动进行调整和改进，确保活动达到预期效果。

（5）活动总结与反思。①组织活动总结会议。活动结束后，组织相关人员召开总结会议，分享活动经验和收获。②撰写活动总结报告。将活动的过程、成果、问题和建议等撰写成活动总结报告，为今后类似活动提供参考。③组织活动交流分享。鼓励学生撰写活动心得体会和经验分享，交流、展示和分享活动成果。

以上是学生思政教育活动组织与实施的一般步骤，具体操作可根据不同的学校、群体和活动需求进行调整和完善。此类活动可以促进学生的综合素质发展，增强他们的社会责任感和公民意识，培养他们的创新创业精神和团队合作能力。

三、结果与讨论

（一）"OBE"理念下公共事业管理案例分析的效果与问题

在公共事业管理案例分析中，"OBE"理念的应用可以帮助学生更好地理解和掌握公共事业管理的理论和实践，提高其分析和解决问题的能力。

1. 效果

一是增强学生能力，通过"OBE"理念下的公共事业管理案例分析，学生能够更好地掌握和理解公共事业管理的理论和实践，提高其分析和解决问题的能力。二是提高学生参与度，案例分析能够激发学生的学习兴趣和参与度，使他们更加主动地参与到学习中来。三是增强学习效果，通过案例分析，学生能够更加深入地理解公共事业管理的相关知识和理论，增强学习效果。

2. 问题

一是案例选择不当，如果选择的案例不具有代表性和典型性，或者难度过高或过低，都会影响学生的学习效果。二是学生参与度不均，在案例分析中，有些学生可能不愿意参与讨论，这导致参与度不均。三是教师指导不足，教师需要在案例分析中给予学生充分的指导和帮助，如果指导不足，可能会影响学生的学习效果。为了更好地发挥"OBE"理念下公共事业管理案例分析的效果，需要针对上述问题采取相应的解决措施，例如选择合适的案例、鼓励学生参与、加强教师指导等。

（二）思政建设模式与实践的成果与挑战

1. 成果

一是提高学生的思想政治素质，通过思政建设模式与实践，学生的思想政治素质得到了提高，更加具有社会责任感和公民意识。二是增强教师思政教育能力，在实践过程中，教师的思政教育能力也得到了增强，有利于引导学生树立正确的世界观、人生观和价值观。三是促进校园文化建设，思政建设模式与实践的开展，也有助于促进校园文化建设，营造良好的育人环境。

2. 挑战

一是教育内容和方法需要不断更新，随着时代的发展和社会的变化，思政教育的内容和方法也需要不断更新，以适应新的形势和需求[1]；二是教育资源需要不断优化，思政建设需要有一定的教育资源保障[2]，如师资力量、课程设置、教材编写等，这些都需要不断优化和完善；三是教育效果需要不

---

〔1〕 贾风珍：《新时代教育评价改革背景下教师课程思政教学能力提升策略》，载《湖北开放职业学院学报》2023 年第 10 期。

〔2〕 王杨：《高校思政教育质量保障体系的有效构建分析》，载《亚太教育》2019 年第 11 期。

断提高，思政教育的效果不仅仅取决于教育内容和方法，还受到许多其他因素的影响[1]，如社会环境、家庭教育等，因此需要不断提高教育效果，充分发挥其作用。为了应对这些挑战，可以采取以下措施：加强理论研究，不断探索适合时代发展的思政教育模式；加强实践探索，不断总结经验，提高教育质量；加强教育资源的投入和保障，提高教育效果。

（三）对进一步发展的建议与展望

针对"OBE"理念下《公共事业管理案例分析》课程思政建设模式与实践的进一步发展，以下是一些建议和展望：

（1）深化课程内容改革。在现有课程基础上，可以进一步深化课程内容改革，增加更加具有时代性和针对性的案例，扩大案例分析的覆盖面，增强课程的吸引力。

（2）加强师资队伍建设。为了更好地推进课程思政建设，需要加强师资队伍建设，提高教师的思政教育水平和能力，加强对学生的引导和帮助。

（3）推广课程成果。通过推广课程成果，可以增强课程的知名度，进一步扩大课程的影响力。同时，也可以通过课程成果的推广，促进校际的交流与合作。

（4）注重实践教学。在课程建设中，需要注重实践教学，通过实践环节提高学生的思政素质和实践能力，增强课程的实效性。

（5）不断探索新的教育模式。随着时代的发展和社会的变化，需要不断探索新的教育模式，以适应新的形势和需求，增强课程的时代性和针对性。

总之，通过深化课程内容改革、加强师资队伍建设、推广课程成果、注重实践教学和不断探索新的教育模式等措施，可以进一步推进"OBE"理念下《公共事业管理案例分析》课程思政建设模式与实践的发展，提高课程的质量和水平。

四、结论

（一）主要研究结果总结

通过对《公共事业管理案例分析》课程思政建设模式与实践的研究，笔

---

[1] 罗先奎：《影响高校思政课教学实效性的因素与对策》，载《芜湖职业技术学院学报》2016年第4期。

者得出以下结论：《公共事业管理案例分析》课程具有丰富的思政教育价值，可以通过挖掘其中的思政元素，引导学生树立正确的价值观、道德观和责任感。课程思政教育需要确立明确的目标和内容，结合实际情况，采取合适的实施方法和评估方式，才能取得良好的教育效果。在课程思政建设中，需要注重教学内容的更新、教育资源的保障和教学质量的提高，不断探索新的教育模式，以适应时代发展和社会变化的需求。总的来说，通过研究和分析，笔者总结出了《公共事业管理案例分析》课程思政建设模式与实践的研究结果，为今后的课程建设和教育实践提供了有益的参考。

（二）研究的局限性与不足

在"OBE"理念下，《公共事业管理案例分析》课程思政建设模式与实践的研究虽然取得了一些成果，但也存在一些局限性和不足之处，主要表现在以下几个方面：

（1）研究范围有限。本研究主要集中在《公共事业管理案例分析》课程思政建设模式与实践方面，对于其他专业或课程的思政教育模式和实践研究较少，存在一定的局限性。

（2）研究方法单一。本研究主要采用文献资料分析和已有数据统计的方法，缺乏深入的课堂观察和访谈等研究方法，可能导致研究结果不够深入和全面。

（3）研究对象较少。本研究主要基于已有的课程实践和学生反馈数据进行研究，研究对象数量相对较少，可能不能代表更广泛的学生群体，研究结果的普适性有待进一步验证。

（4）研究成果需要进一步推广和应用。本研究虽然取得了一些成果，但还需要进一步推广和应用到更广泛的教育实践中，验证其可行性和效果。

为了弥补这些局限性和不足，未来的研究可以进一步扩大研究范围，采用多种研究方法，增加研究对象数量，并将已有的研究成果进一步推广和应用到更广泛的教育实践中，以推动思政教育的持续发展和改进。

（三）研究启示

通过"OBE"理念下《公共事业管理案例分析》课程思政建设模式与实践的研究，我们可以得到以下启示：

（1）注重学生全面发展。课程思政建设强调学生的全面发展，不仅仅是专业知识的掌握，更注重学生的思政素质和道德修养。这就要求教师在课程设计中要融入更多的思政元素，关注学生的个性发展和价值观塑造，引导学生树立正确的人生观和价值观。

（2）注重课程的时代性和针对性。《公共事业管理案例分析》课程中的案例都是来源于现实社会公共事业的管理实践，具有很强的时代性和针对性。这就要求教师在课程设计中要紧跟时代发展，选取具有代表性的案例，让学生更好地了解社会公共事业的发展和管理实践，增强学生的社会责任感和使命感。

（3）注重课程评价的多元化。课程思政建设的效果评价应该多元化，不仅包括学生的考试成绩，还应该包括学生的课堂表现、小组讨论、案例分析等方面。同时，评价主体也应该多元化，包括教师、同学、自我评价等。这样才能更全面、更客观地评价课程思政建设的效果。

（4）注重教育资源的整合和保障。课程思政建设需要整合多种教育资源，包括教师队伍、教材建设、实践教学等方面。同时，还需要保障教育资源的投入，提高教育质量。

综上所述，"OBE"理念下《公共事业管理案例分析》课程思政建设模式与实践的研究启示我们要注重学生的全面发展，注重课程的时代性和针对性，注重课程评价的多元化，注重教育资源的整合，这样才能更好地推动思政教育的持续发展和改进。

中国式现代化视域下法学本科教学的反思与重构[*]

刘 卓^{**}

韶关学院　政法学院　广东韶关　512005

摘　要： 中国式现代化理论深刻地影响着法学本科教学。法学本科教学的中国式现代化发展向度包括以党委政法委对法学本科教学的组织协调为政治保障、以法学本科教学基本规律为根本遵循、从法学本科教学领域实际情况出发等内容。法学教学存在法学专业课教学脱离学生和社会迫切需要、法律职业伦理和职业操守教学效果堪忧、法学专业实习流于形式且与法律职业者岗前实习重复和法学专业毕业论文质量堪忧等问题。为此，法学教学需要调整教学导向、内容、深度和课时，将案例教学作为法律职业伦理和职业操守教育的主要形式，统筹协调实习，建立法律职业全流程见习制度，将毕业论文指导课程设置为专业必修课，提高毕业论文合格门槛。

关键词： 中国式现代化；法学；案例；全流程见习；毕业论文

法学本科教学的现代化是中国式现代化的有机组成部分。它在法学教育体系中占据着举足轻重的地位，承担着培养最大多数法律人才的重任。然而，当前法学教学在教学内容、教学效果、教学形式等方面却广遭诟病。这让法考辅导培训班、公考辅导培训班、研究生招生考试培训班等各类辅导机构如雨后春笋一般遍地开花，被莘莘学子所追捧。但是，法学专业本科就业率已

---

　* 韶关学院引进（培养）人才科研经费项目"我国检察权建构的法理意蕴及制度约束"（编号：431/9900064601）。

　** 刘卓，1985年生，男，河南南阳人，韶关学院政法学院讲师，法学博士。主要从事刑事法及刑事司法研究。

经连续多年被挂红牌。法学学子的升学、就业等问题与法学教学密不可分。面对这些问题，人们不禁要问：我们的大学法学教学还有多大价值？这些现象反过来说明我国法学教学已不能充分满足法学本科生的需要。这些问题严重困扰着法学教学的高质量发展。

现有的研究既有从教育政策上思考法学教学问题的，也有从专业素养要求上审视现行法学教学现象和制度的。然而，面对法学教学出现的现实困境，实现法学教学的现代化，实现其高质量发展，还需要其他理论的关照，以寻找新的解决方案与实现路径[1]。中国式现代化是强国建设、民族复兴的康庄大道。中国式现代化理论为我国法学教学的发展和完善提出了新的原则、要求、路径和方法。基于此，本文拟在探究中国式现代化理论与法学本科教学关系的基础上，以法学本科教学的中国式现代化向度为引领，分析我国法学本科教学面临的挑战，并提出化解之道。

一、"中国式现代化" 与法学本科教学的高质量发展

作为全球现代化的重要组成部分，"中国式现代化" 不仅具有各国现代化的共性，遵循现代化运行的一般规律，而且还要符合中国实际，具有基于国情的中国特色[2]。我国所要实现的现代化，是人口规模巨大、全体人民共同富裕、物质文明和精神文明相协调、人与自然和谐共生、走和平发展道路的现代化。这一理论是马克思主义中国化的又一理论创新成果。它除了坚持党的领导和中国特色社会主义、实现高质量发展等本质要求，还强调和平发展道路选择、人口规模巨大和共同富裕诉求等五项基本国情。破解我国法学本科教学难题，实现其高质量发展同样离不开中国式现代化理论的指导。

法学本科教学的现代化是中国式现代化的重要组成部分。中国式现代化的全面实现离不开法学教学的现代化。两者相互嵌构而又深度融合。以中国式现代化理论的分析视角观察我国法学本科教学，可以发现，寻求破解法学本科教学的诸多难题都可以从中国式现代化理论中获得不少指引和启迪。

"中国式现代化" 的本质要求具有重大理论价值，对我国法学教学高质量发展具有重大指导意义。就该理论对我国法学教育体系的指导意义而言，我

---

〔1〕 习近平：《中国式现代化是强国建设、民族复兴的康庄大道》，载《求是》2023 年第 16 期。
〔2〕 习近平：《中国式现代化是强国建设、民族复兴的康庄大道》，载《求是》2023 年第 16 期。

们可以提炼出"党的领导""一般规律""中国国情""高质量发展"和"人民至上"五个关键词。这是中国式现代化理论指导意义最直接的体现。

在法学本科教育领域，前述五个关键词又可以演绎为"党委政法委对法学本科教育的组织协调""法学本科教学一般规律""法学本科教学实际情况""法学本科教学高质量发展"和"以学生为中心"。其中，"党委政法委对法学本科教育的组织协调"解决的是法学本科教育的领导者问题，"法学本科教学一般规律""法学本科教学实际情况"解决的是如何实现对法学本科教学的领导和"法学本科教学高质量发展"的路径问题。在教学过程中，学生和教师是主体，而教师的工作则是使学生的成长与成才。因而，"人民至上"必然要求学生至上，必然要求以学生为中心。"以学生为中心"是"人民至上"在法学本科教学中的直接体现，解决的是法学本科教学的政治立场问题。这五个关键词为我国法学本科教学的高质量发展提供了新的视角。

二、法学本科教学的中国式现代化发展向度

借助前述五个关键词观察我国法学教学的发展，我们可以从中国式现代化理论中得到不少启迪。中国式现代化理论为法学教学的发展提供了政治保障、首要任务、根本遵循、工作落脚点与服务导向等路径指引。完善我国法学本科教学体系必须坚持五个向度。

（一）以"党委政法委对法学本科教育的组织协调"为政治保障

法学本科教育事业的发展离不开党委政法委的领导。党的领导是中国特色社会主义的根本特征和根本保障。我国各项事业的发展都离不开党的领导。自然，法学本科教育事业的发展也须臾不能离开党的领导。就法学本科教育而言，党对法学本科教育和法学研究领导的最新成果就是中共中央办公厅、国务院办公厅于 2023 年 2 月印发的《关于加强新时代法学教育和法学理论研究的意见》（本文以下简称《意见》）。这份文件集中体现了党对法学教育事业的领导，体现了全党的集体意志。《意见》就加强法学教育和法学理论研究的总体要求、政治方向、法学院校体系改革、法学教育体系完善、法学理论研究体系创新、组织领导等内容作出了规定。同时，它还明确规定要"坚持和加强党的全面领导，确保法学教育和法学理论研究始终沿着正确政治方向前进"。围绕坚持党的领导，还提出了围绕中心、服务大局、立德树人、德法兼修、遵循法学学科发展规律和人才成长规律等具体方向和路径。坚持和加

强党的全面领导成为法学本科教育的工作原则。

党委政法委的领导是法学本科教育发展的根本保障。其一，党指明了法学本科教育的总体要求。《意见》明确规定了法学本科教育的指导思想、工作原则和主要目标。《意见》提出了我国法学教育到 2025 年和 2035 年的奋斗目标。《意见》提出，到 2025 年，法学教育的目标是法学院校区域布局与学科专业布局更加均衡，法学教育管理指导体制更加完善，人才培养质量稳步提升，重点领域人才短板加快补齐；到 2035 年，要建成一批中国特色、世界一流法学院校，造就一批具有国际影响力的专家学者，持续培养大批德才兼备的高素质法治人才，构建起具有鲜明中国特色的法学学科体系、学术体系、话语体系，形成内容科学、结构合理、系统完备、协同高效的法学教育体系。其二，党指明了法学本科教育需要坚持的政治方向，并强调要加强组织领导。《意见》指出，法学本科教育要坚持以习近平法治思想为根本遵循，坚持和加强党的全面领导，加强思想政治建设，并就加强法学本科教育的组织领导进行了安排部署，将法学本科教育纳入中央全面依法治国委的统筹规划范围。其三，党提出了改革法学院校体系的要求。《意见》提出，要优化法学院校发展布局和完善法学院校管理指导体制，尤其要加强中央依法治国办对法学教育工作的宏观指导。其四，《意见》提出要加快完善法学教育体系。它从优化法学学科体系、健全法学教学体系、完善法学教材体系和加强法学教师队伍建设几个方面提出了对发展法学本科教育的要求。这些都体现出党对于发展和完善法学本科教育的保障作用。

（二）以"法学本科教学高质量发展"为首要任务

高质量发展是我国现阶段发展的新要求，同样也是我国法学本科教育的新要求。高质量发展对法学本科教育也提出了新要求。这些新要求包括优化法学学科体系、健全法学教学体系和完善法学教材体系。只有实现法学本科教育的高质量发展，实现法学本科教育的提质、增效和资源优化配置，实现教育教学能力的持续增长，才能实现法学本科人才培养质量的提高。这种转向需要在"强""多""新"三个方面实现突破。法学本科教育高质量发展要实现"从大到'强'""从有到'优'""从多到'新'"的三维转向[1]。

---

〔1〕 拓俊杰、赵渊：《中国式现代化视域下民族地区治理现代化研究》，载《青海民族大学学报（社会科学版）》2023 年第 1 期，第 2 页。

引人关注的是，《意见》提出了"健全法律职业伦理和职业操守教育机制""一体推进法学专业理论教学课程和实践教学课程建设""适应'互联网+教育'新形态新要求"等新要求。

（三）以法学本科课程基本规律为根本遵循

作为教育学的分支，法学本科教育同样是一门科学。它有着自身运行的基本规律。完善法学本科教育体系必须遵循基本规律。这些规律包括教学相长、学生主体与教师主导、注重结合法治实践等。完善法学教学体系必须遵循基本教学规律，而不能违逆。

（四）以社会对法学本科教学实际需要为工作落脚点

从法学本科教育的实际情况出发，是唯物辩证法"从实际出发观点"的基本要求。只有从法学本科教育的实际情况出发，才能进一步完善我国法学本科教育体系。我国法学本科教育与发达国家不同，有着迥异于西方的国情、文化和历史传统。这些特征是我们完善法学本科教育体系所必须关注的重要因素。如若千篇一律、不顾实际情况一味与发达国家求同，只会损害我国法学本科教育事业。只有根植于我国法学本科教育国情，充分考虑实际情况，才能实现"中国式"法学本科教育的现代化。

（五）以"以学生为中心"为服务导向

人民至上在法学本科教育领域的体现就是学生至上，就是以学生为中心，一切为了学生，一切服务于学生的成长和成才。在法学本科教育活动中，存在教师、学生、行政人员、工人等多个主体。然而，法学教育事业的目的却是培养学生，将之培养为崇尚法治、捍卫公正、恪守良知的法学、法律工作者。因而，教师、行政人员和工人存在的价值也是为了培养学生服务。这就使得学生的成长和成才成了教师、行政人员、工人的最终目的。为了实现这一目标，我们就需要坚持"学生至上"，一切以学生为中心，从学生的实际需要和实际能力出发，不断提升法学教育教学活动的品质。

有学者提出，法学本科教育应当是精英教育，而不能是职业培训班，更不能把法学本科教学等同于"应试培训"，因而，不必把法考等知识过多地纳入教学内容。笔者赞同法学本科教育应当是精英教育的观点，也认同大学本科教学不能等同于"应试培训"的看法，但笔者却并不能够苟同不应过多地将法考等知识纳入专业课教学。相反，笔者以为，法学本科教育应当更多地吸收法考等应试培训的内容，而不能迫使学生们耗费巨资和更多精力重复学习法考等所需要的知识。社会精英亦不能脱离就业而成就。就业在法学本科生成长为社会精英的环节中发挥着关键作用。坚持以学生为中心要求我们必须使得教学服务于法学专业学生的就业，而不能置身事外地追求所谓的精英教育。

三、法学本科教育体系的中国式现代化发展反思

当前，我国法学专业课教学仍然存在诸多问题。这些问题主要体现在教学的内容、效果、实习与毕业论文质量上。在教学内容上，法学专业课教学脱离学生和社会迫切需要；在教学效果上，法律职业伦理和职业操守教学效果堪忧；在专业实习上，法学专业实习流于形式且与法律职业者岗前实习重复；在学生毕业论文上，法学专业论文质量堪忧。

（一）法学专业课教学脱离学生和社会迫切需要

如今，法学本科学生最关心的莫过于专业对口就业或升学。据笔者调研，多数大三、大四的本科生是在备考法考、硕士研究生招生考试或法律类公务员考试、事业单位工作人员考试，只有极少数学生考虑毕业后从事法学类以外的职业或是创业。不同于理工科，法学本科毕业生鲜有希冀参加招聘会进入企业以迅速解决就业问题。法学本科毕业生就业率连年屡创新低就是明证，而导致其就业率低迷的主要原因则是法学专业学生未能通过法考、公务员考试与研究生招生考试。质言之，法学专业毕业生的就业主要是通过全国硕士研究生招生考试，法律职业资格考试和公务员、事业单位人员招录考试解决的。如果法学专业毕业生不能通过这些大型考试，自然，他们就难以解决就业或升学问题。

然而，令人惊讶的是，尽管有学者认为硕士研究生考试的录取率和法考通过率已经成了高校本科教学最主要的考核指标[1]，但高校法学专业课教学往往不能成效显著地帮助学生们通过这些考试。他们往往需要另行支付高昂的学费，报读硕士研究生入学考试辅导机构、法考培训机构、公务员或事业单位工作人员考试培训才能顺利通关。这些机构的火爆程度也反向说明大学

---

〔1〕 余寅同：《应用型法学本科教育体系建设研究》，载《安阳师范学院学报》2020 年第 4 期。

法学专业课教学内容与学生实际需要的偏差。[1]

大学教学要为学生成长与成才服务。质言之，既然法学本科生的就业或升学是通过法考、硕士研究生招生考试或法律类公务员、事业单位工作人员考试来解决的，那么，不能充分满足学生升学或就业需要的法学教学内容又是否合适呢？答案是不言而喻的。如果法学教学的内容不能充分满足学生需要，不能有效服务于多数学生需要参加的法考、硕士研究生招生考试或法律类公务员、事业单位工作人员考试，那么，被学生所轻视甚至抛弃的教学内容注定要丧失生机与活力。

（二）法律职业伦理和职业操守教学效果堪忧

不少高校开设了法律职业伦理和职业操守课程。这门课程以培养学生的法治意识、法律职业伦理和职业操守、传授基本的法律职业伦理和职业操守知识为目标。然而，不少教师对该课程的教学却仍然沿袭其他课程重概念和知识而轻实务的模式，没有较多地引入案例。这样的教学模式既不能够吸引学生，也不能够深层次净化学生的心灵，反而让一些学生产生课程"有点虚"的感觉。近年来，随着反腐败斗争的深入进行，政法领域的腐败势头得到有效遏制，一些法律职业者的腐败事例亦浮出水面。使用这些案例教学有利于提升教学的感染力和生动性，给学生们打好防腐抗变的预防针，有利于触及学生的灵魂，使得他们不敢腐、不能腐、不想腐。

（三）法学专业实习流于形式且与法律职业者岗前实习重复

实习是我国高校法学专业本科毕业生毕业的必经阶段。事实上，在法学专业学生走上法律职业岗位之前，还存在法官、检察官和律师的岗前培训和为期一年的实习。在笔者看来，法科学生的法律职业实习和法律职业者的岗前培训和为期一年的实习是存在重复的。这种重复无助于法学本科生的培养和就业，只会拖延通过法考等考试后走上法官、检察官、律师等岗位的法律职业者的执业期限，而无助于就业。

集中实习和分散实习是学生实习的主要形式。多数学生在毕业前都会到检察机关、审判机关和律所实习，担任1个月至3个月不等的检察官助理、法官助理和律师助理，从事整理文档、撰写文书、打印等法律事务。由于学

---

[1] 刘坤轮：《高校知识产权人才培养的问题反思与模式重构》，载《中国法学教育研究》2021年第2期。

生能力的限制，这些单位多数不愿意将撰写起诉意见书、判决书、代理词、辩护词等工作交给实习生。因此，这些实习对于学生法律实务能力的提升颇为有限。以整理文档为例，整理卷宗固然是一项法律职业必不可少的工作，然而，倘若实习生的大多数精力都投放于此，又能学来多少实务知识，提升多少能力？

（四）法学专业毕业论文质量堪忧

2023年3月，教育部高教处对本科毕业论文进行了核查，发现存在的主要问题是：阅读和参考的文献太少，参考文献久远，格式错误，没有在正文中标示引用情况；毕业论文（设计）内容质量太差，思路不清晰，内容空泛；写作格式不规范，缺乏严谨和认真的态度；语言文字规范性问题，文中阐述问题时的文字、标点符号、断句、语法、转折、起承转合等语言文字问题；提交的论文是修改模式下的版本；论文（设计）的工作量不足，不能体现人才培养的实现；论文题目与正文内容不符、研究主体不清、逻辑结构混乱、分析环节薄弱等问题；论文结构不完整，如关键的实证部分内容缺失，导致论证不充分，结论不可信；论文选题与本专业培养目标和毕业要求的契合度不明显；语言表达口语化，逻辑不清，不符合论文的基本规范和要求；论文缺乏创新性。这些问题在法学本科毕业生中广泛存在。

四、法学本科教学的中国式现代化重构

我国法学本科教学存在的前述问题严重制约着法学本科教学的发展。只有化解上述问题，才能进一步推动法学本科教学的高质量发展。解决前述问题，需要以中国式现代化理论为指导，调整教学导向、内容、深度和课时，将案例教学作为法律职业伦理和职业操守教育主要形式，统筹协调实习，建立法律职业全流程见习制度，将毕业论文指导课程设置为专业必修课，提高毕业论文合格门槛。

（一）调整教学导向、内容、深度和课时

坚持学生至上和从法学教学领域实际情况出发的中国式现代化发展向度都要求我们调整法学专业教学的导向、内容并提升教学的难度。我们需要确立"面向法考、面向研究生招生考试、面向法律类公职人员考试、面向法律实践"（以下简称"四个面向"）的教学导向，增加有利于学生通过这些考试的内容，提升教学深度与难度，以满足学生通过这些考试的需要。

首先，要确立"四个面向"的教学导向。就业是最大的民生。法学本科毕业生的就业不仅关乎法学本科生自身价值的实现，而且有利于我国法治国家、法治政府、法治社会的建设。如果大量学生不能实现法学专业对口就业，法学专业大学教育的目标就不能充分实现，其价值也会大打折扣。除了就业，法学教学还需要满足法学专业毕业生未来法律工作的需要。作为一门实践性的学科，法学从不缺乏源于生产与生活实践的、生动的案例。从民事到刑事，从行政到商事，各类法学案例频繁出现在新闻之中。这都为我们的法学专业教学提供了切入法治实践的入口。法学专业教学的终极目的也是服务于法治实践。同时，讨论新闻中的法律实践案例也有利于提升学生学习的积极性和主动性。因此，法学专业教学还应当注重实践导向。

其次，要相应地调整教学内容，提升教学深度与难度，增加法学核心专业课程的课时。其一，在前文所提出的"四个面向"导向后，我们还需要相应地调整教学内容，不能将教学内容和法学知识的深度、难度局限于教材。要大幅增加对法考、考研的真题讲解，提升教学的深度和难度，使得学生能够从容应对法考和法学研招考试，满足未来法治实践的需要。笔者接触了不少法官与检察官，然而，令笔者颇感困惑的是，一些多年前就已经通过司法考试且从事公诉和审判业务的检察官、法官在面对一些稍显疑难的法律案例题目（纯粹的法律知识）时并未有比第一次学习法学知识的法学本科生更高的准确率。他们仍然需要进一步深入学习法律知识。法学教学肩负着培养未来法律职业者的重任，因此，法学教学内容还需要进一步提升难度，尤其要加强对于疑难复杂案例的讲解。其二，要大幅增加法学核心专业课的课时，以解决学生课时不足的问题，使得法学专业课程的课时远超于政治、英语等大学通识课程，以满足丰富法学专业课内容和提升知识难度的需要。

（二）将案例教学作为法律职业伦理和职业操守教育的主要形式

以"法学本科教育高质量发展"为首要任务和以"法学本科教学一般规律"为根本遵循的发展向度要求我们尊重法律职业伦理和职业操守课程的基本特点，提高教学质量。

法律职业伦理和操守课程有着自身的规律。案例教学是一种重要的教学形式。就法律职业伦理和操守课程而言，最好的教学效果不是学生的高分答卷，而是学生未来职业行为的守法与守规。在笔者看来，作为一门探讨职业道德和伦理的课程，它的教学重心不应在于传播一些法律伦理和职业操守的知识，而在于培养学生的法治意识、法律职业伦理和职业操守，并使得这些最终体现在工作以后的行为上。有别于知识灌输，案例教学有利于深入学生内心，有利于培育法律职业良知，有助于提升学生对于法律职业伦理和职业操守的认同感、敬畏感。

因此，我们应当高度重视使用案例进行教学，将案例教学设置为法律职业伦理和职业操守教学的主要形式。

（三）统筹协调实习，建立法律职业全流程见习制度

以党对法学本科教育的领导为政治保障的发展向度还要求我们充分发挥党委政法委对于法学本科生实习制度的领导作用，统一协调法科生法律职业见习。这就需要各级党委政法委充分发挥协调作用，统筹安排法学本科毕业生的毕业实习和法官、检察官、律师的岗前实习，将法科学生毕业实习时长并入法官、检察官、律师的岗前实习。同时，还应建立法律职业全流程见习制度。法学专业毕业生的实习不能仅仅是整理档案等部分法律职业工作，还应当体验整个的执业流程。显然，这需要法官、检察官或者律师更多的时间和精力投入。为此，党委、政府还应当对指导学生实习的法官、检察官或者律师予以工作补偿，适当发放见习补助。这都需要党委政法委充分发挥协调作用，建立法学毕业生全流程见习制度。

（四）将毕业论文指导课程设置为专业必修课，提高毕业论文合格门槛

以"法学本科教育高质量发展"为首要任务的发展向度还要求我们采取多种措施提高法学本科生毕业论文的质量，从而提高法学本科的整体教学质量。为了解决法学本科毕业生毕业论文质量不高的问题，我们需要从以下几个方面做起：其一，应将毕业论文指导课程设置为一门专业必修课。以往，囿于教师论文指导能力的差异，而学生们第一次写作论文又往往缺乏经验，毕业论文质量也呈现出良莠不齐的现象。只有将该门课程设置为专业必修课，才能为学生们奠定法学研究的基础，才能够提高多数学生的论文写作能力。其二，应提高法学本科学生毕业论文合格门槛。我国高校法学本科学生鲜有因毕业论文不合格而导致不能毕业的现象。与此同时，也鲜有学生在本科阶段过多关注毕业论文的写作。较低的毕业压力带来的是本科学生对毕业论文的普遍轻视和堪忧的毕业论文质量。显然，这不利于法学本科教育的高质量发展。

五、结语

    法学本科教学的现代化有利于全面提升本科法律人才的应试能力、实务操作能力和创新能力，有利于法学本科生的升学、就业，有利于全面提升法学本科生的法治素养，必将对我国法学本科人才培养产生深远影响。中国式现代化理论深刻地影响着法学本科教学。法学本科教学的中国式现代化发展向度包括以党委政法委对法学本科教育的组织协调为政治保障、以法学本科教育教学基本规律为根本遵循、从法学本科教育领域实际情况出发等内容。法学教学需要调整教学导向、内容、深度和课时，将案例教学作为法律职业伦理和职业操守教育的主要形式，统筹协调实习，建立法律职业全流程见习制度，将毕业论文指导课程设置为专业必修课，提高毕业论文合格门槛。本文虽结合"中国式现代化"理论对我国法学本科教学进行了讨论，但囿于笔者能力所限，在"中国式现代化"理论对教学影响的深度、广度等方面恐有不足。这就需要学界的进一步探讨。

论《民法》课程支撑社会主义核心价值观
铸魂育人的着力点

王　蒙[*]

韶关学院　政法学院　广东韶关　512005

摘　要： 围绕当下法学课程教育所面临的种种疲敝之症，以《民法》课程为切口，就如何将社会主义核心价值观融入《民法》课程中，实现"铸魂育人"这一主线，文章阐述了民法本身承载的人本主义价值理念与社会主义核心价值观之间具有高度的一致性，民法教学所追求的培育"民法人"的品格的目标与社会主义核心价值观之间可谓同声相应。将社会主义核心价值理念有效融入民法课程体系的建设之中，来达成"铸魂育人"的目标，应以与育人理念问题共答、与人才培养同向共情、与学生发展同频共振为基本遵循；以"摸清底数、吃透学情""创新形式，提质增效""家校协同、同向发力"为实践导向。希冀借此达至进一步提升本课程对"立德树人"这一目标支撑度和达成度的功效。

关键词： 民法课程；核心价值观；民法人；精神品格；立德树人

一、社会主义核心价值观与《民法》课程目标的耦合性

（一）社会主义核心价值观与《民法》课程的目标具有高度的一致性

从社会层面来看，社会主义核心价值观强调自由、平等、公正、法治的价值取向，与民法所彰显的独特的私法价值理念及承载的育人目标高度契合。

---

* 王蒙，1989年生，男，湖北监利人，韶关学院政法学院教师，博士在读。主要从事民法学、比较私法方面的研究。

我国《民法典》规范体系中，也蕴含着民主法治、公平正义、诚信友爱、充满活力、安定有序、人与自然和谐相处的指导思想。尤其是在其总则编关于其调整对象的表述上，改变了过去民法通则中的做法，将人身关系置于财产关系之前，旨在强调要以人为本，并要求始终坚持将关心人、尊重人、为人的发展提供空间和保障作为自身的使命。因此，其尤为重视与强调个人权利与平等，以期在法律允许的范围内为个人的自由发展提供最大的空间。

所谓民法精神，概括来说就是通过民法的表现形式，即民法规范体系所传递和承载的道德精神。就此来看，民法精神即道德的精神。民法精神的形态包括了人性自然精神、人格平等精神、利益均衡精神、权利保护精神、社会自治精神、公序良俗精神、公平正义精神。这七项精神共同服务于规范化的社会秩序的塑造。譬如"诚实信用原则是社会的道德要求，也是民法的自律性的原则，没有诚实信用，就没有民法精神的自觉遵循与行为实践"。[1]

作为《民法》课程规范体系的主要载体的《民法典》，其生发于社会的"内生制度"，被称作为一部"最有益于人们社会生活的各种解决办法的经验记录"的法典，[2]其与人们的社会生活尤为贴近。同社会主义核心价值观一样，民法精神也强调人的自由与平等。因此，才会有民法精神的培育有助于弘扬社会主义核心价值观的说法。社会主义核心价值观与《民法》课程教学目标高度契合。对民法精神加以贯彻落实，[3]也必然会有力推动社会主义核心价值观在社会中得到广泛实践。

而社会主义核心价值观，亦以民法的人文主义精神为基本理念，强调个体在社会生活中的核心地位，并以个体的生活幸福为终极目标。可以说，社会主义核心价值观是以民法精神为基础发展起来的。[4]因此，《民法》课程目标与社会主义核心价值观的追求具有内在一致性。社会主义核心价值观融入《民法》课程中，也是《民法》课程思政建设的重要体现。由于社会主义核心价值观的不同维度以及其在《民法》课程中的不同体现，将社会主义核

〔1〕 王利民：《民法的精神构造：民法哲学的思考》，法律出版社 2010 年版，第 385 页。

〔2〕 陶青德：《从"民法精神"切入：打开〈民法典〉的恰当方式》，载《甘肃理论学刊》2020年第 4 期。

〔3〕 刘耀东、樊志军：《民法的人文精神与构建和谐社会》，载《云南大学学报（法学版）》2012年第 1 期。

〔4〕 徐微：《民法精神与社会主义法治精神的关系证成》，载《社会科学辑刊》2018 年第 3 期。

心价值观融入《民法》课程思政建设之中，无疑也是践行国家"全员、全过程、全方位"三全育人的总体精神要求的题中应有之义。[1]在《民法》课程中融入社会主义核心价值观，从教学目标、教学方法、教学过程、课程考核全方位的设计和实施加以嵌入，以此来着力提升课程的实效，也将有助于更好地实现本课程的育人功能。

（二）社会主义核心价值观与《民法》课程目标的达成同题共答

在《民法》课程的教学进程中，宣示民法规范体系所蕴含的人文精神，努力通过对学生民法理念的养成，来助推整个社会中诚信、友爱、宽容等美德的彰显，与社会主义核心价值观弘扬平等、诚信、公平等美德的追求可谓一脉相承，同题共答。

从质性的角度来看，社会主义核心价值观就是要倡导人与人、人与社会、人与自然和谐的有机统一。[2]要实现社会和谐，就必须处理好人与人的关系。作为肯定和保护人之基本生存状态所需要的权利的民法，[3]其规范中所蕴含的民法精神，不仅仅反映和体现了民法的根本价值取向和立法宗旨，也是决定社会能否实现和谐、正义的重要前提。

尤其是我国民法学者谭启平教授在其著述《"民法人"的探索》中提出的"民法人"的理念，更加印证了民法课程在"铸魂育人"目标的追求上与社会主义核心价值观可谓是同声相应。谭教授依据市场经济发展的客观需要及建立和谐社会的内在要求，将民法人应当具备的素质或品质总结提炼为"讲诚实和守信用、具有平等价值观和公平观念、懂得尊重他人权利和具有社会公德意识、具有义务观和责任感、掌握和精通民法知识"五项内容。[4]其中诚实信用、平等、公平、尊重权利、公序良俗等素质或品质，也是社会主义核心价值观的重要组成部分。[5]二者皆寻求处理好个人与社会、利益与正

〔1〕 罗英、程苏文：《习近平法治思想指导下的法学课程思政改革研究》，载《法学教育研究》2022 年第 4 期。

〔2〕 罗文英：《社会主义核心价值观融入"思想道德修养与法律基础"课教学的思考》，载《思想理论教育导刊》2015 年第 6 期。

〔3〕 刘凯湘：《权利的期盼》，法律出版社 2003 年版，第 24~25 页。

〔4〕 谭启平：《诚信·公平·权利——"民法人"教学新理念的构建》，载《西南政法大学学报》2005 年第 2 期。

〔5〕 母金玲：《做一个有担当有作为的"民法人"——记第二届"重庆市十大法治人物"谭启平》，载《当代党员》2020 年第 17 期。

义、效率与公平、权利与义务的相互关系,[1]强调诚信友爱、人人平等友好、融洽相处、尊重劳动、尊重知识、尊重人才、尊重创造,从而使社会活力迸发,使社会更加公平、幸福,实现人与人之间以及人与社会间的和谐。

（三）社会主义核心价值观融入《民法》课程的成效度仍显不足

作为"社会生活的百科全书"的《民法典》,其既是保护每个个体权益的法典,也是全体社会成员都应共同遵循的规范,更是指导人们日常社会交往的行动准则。《民法典》作为社会主义精神文明建设的一项重要成果,与我们每一个人的日常生活息息相关,无论是衣食住行还是生老病死,都需要《民法典》为我们保驾护航。[2]其将指引我们如何对待他人、对待社会、对待国家以及如何对待自然。不仅有助于我们在社会实践中实现追求公平的道德愿望,也可以矫正人际关系和民事交往活动中的不平等、缓和社会矛盾、维护社会秩序的稳定,寻求人的自然与人之外的整个自然的协调发展,[3]以期在更全面、更充分和更合理的范围内,为社会的运转提供制度规范与行为秩序。将社会主义核心价值观作为民法教学价值层面的根本遵循,以此来教授《民法》课程,引导学生学习《民法》课程,使得民法的精神能在学生当中"入心入脑、学深悟透",助推学生"熟、全、新、准"地把握民法规范,形成良好的民法价值和法感情,弘扬平等精神,使其更加科学地处理好人与自然、人与社会、人与人之间的关系。

然而,时下从课程育人的手段与效果来看,《民法》课程在教学方法的科学性拓展上还存在诸多不足之处。法学教育又多始于本科阶段,处于这个阶段的法学生的人生观、世界观、价值观处在逐步稳定的阶段。[4]在《民法》课程中有效地嵌入社会主义核心价值观,帮助学生树立"民法人"的品格,以此来培根铸魂,需要教师认真钻研,将自身从各类人文社会科学中提炼概括总结出的规律性发现用于教授课程,使得社会主义核心价值观的融入能够

---

〔1〕 孙鹏:《如何成为理性而有温度的民法人》,载《湖湘法学评论》2021年第2期。

〔2〕 宁清同:《民法教学与民法精神的培养》,载《海南大学学报（人文社会科学版）》2011年第4期。

〔3〕 王利民、李生俊:《论民法精神的社会主义法治文化属性》,载《郑州大学学报（哲学社会科学版）》2021年第3期。

〔4〕 王周户、杨思怡:《以习近平法治思想引领新时代法学教育》,载《法学教育研究》2022年第4期。

发挥出"润物细无声"的功效，进而帮助学生形塑起优良的"法感情"，以更好地探求民法典在相应疑难问题上的潜在价值立场，更加精准把握具体规范所蕴含的价值立场以及整部民法典的价值取向，妥善平衡各方之间的利益关系，在确保价值兼容的前提下完成逻辑衔接，充分体现民法典逻辑与价值的双重体系协调。[1]

部分教师缺乏"铸魂育人"的意愿，更遑论担负起将在人文社会科学中总结出的规律发现、应用于重塑社会价值观的重任。原因有多个方面。一方面是教师持续学习与改进自身知识结构的动力不足，且对于将社会主义核心价值观融入课程的教育理念认同度不高，参与意识淡薄。另一方面，一些教师在教学过程中消极怠工，应付了事，更谈不上积极进行教学反思，认真研究法学教育规律，追踪法学教育发展方向。教师重技术传授，轻视价值引领，使得课程讲授过程中规范技术与价值层面的联结与融通不够。

二、社会主义核心价值观融入《民法》课程的基本遵循

（一）要与育人理念问题共答

新时代中国法学教育的使命，就是要为社会输送具备伦理思辨能力与人文素养的中坚人才。[2]要回答好法学教育，或者更确切地说课程期待能够在"培养什么人"上发挥出什么样的作用，怎样确保发挥出这样的作用。这无疑是课程设计的根本出发点以及课程设计改革与提升的指挥棒。

在培养什么人的问题上，《关于加强新时代法学教育和法学理论研究的意见》已经作出了明确的阐述，即"为法治中国建设培养高素质法治人才……培养造就更多具有坚定理想信念、强烈家国情怀、扎实法学根底的法治人才"。而课程体系也是人才培养的核心和关键，是"三全育人"的主要依托，以社会主义核心价值观为指南，来引领课程体系改革，助推培养"德才兼备、德法兼修"的卓越法治人才。将铸造公平公正、诚实守信、平等待人、热情友善、尊重他人、奉献社会的行为标准与价值追求作为铸魂育人的最终导向。

（二）要与人才培养同向共情

法学专业所要培养的是法律人才，法学专业课程的设置自然也是为此服

---

〔1〕 王轶、蔡蔚然：《基于婚内财产分割协议的物权变动》，载《国家检察官学院学报》2023年第2期。

〔2〕 周叶中：《新时代中国法学教育的问题与使命》，载《人民法治》2018年第16期。

务。在《民法》课程中融入社会主义核心价值观自然也需要为此服务。

何为法律人才，对此有学者指出，法律人才，应当具备三个条件：一是要有法律学问；二是要有社会常识；三是要有法律道德。[1]或者说，从法律人的身份来看，需要具备三种能力：一曰法律知识；二曰法律思维；三曰解决争议。[2]何为有法律学问呢？其一，必须认识法律，知道法律究竟是怎么一回事；其二，能够做到运用法律；其三，在认识法律和运用法律之后，还须具备甄别能力，知道何种法律是适应现代社会，且能推动法律的现代化、社会化。也就是能从法律之外，推求法律应然的状态。有法律道德，即在平常的法律职业过程中应当有道德修养，刚正不阿，不能自私自利，唯利是图，应当有一定的社会责任感与担当精神。要有社会常识。在社会实践中，对是非曲直的判断应该置身于社会具体情境之中来加以决断。在具体场景下为确保正义的实现，就不能专顾学理而不顾事实。应当把握好法学的三度性，即在运用法律评价社会事件时，要注意平衡好法律的事实性、空间性和时间性，注意在社会具体情境与社会时代背景之下看法律，既有法内的视角，也有法外的视角。同时，具备尊重与关怀生命、服务精神和公民责任意识。

但是，当下的《民法》课程教育模式，往往过分执拗于理论言说，而忽视政策导向与市场需求，闭门造车，很难达到或者说契合市场对于高端治理类人才的需要。正是因为当下部分地区高校法学教育不大符合社会的需求与期待，其制度的变更也就有了必要性，因此，可以获得社会的认同与支持，否则只是徒增烦扰，平白无故地浪费社会资源。此外，课程的改革成效是否符合学生和社会的高度期待，是能否赢得社会大众的认同和支持的关键要素。为此，在将课程改进的必要性与迫切性初步厘清之后，迫切需要以问题来指引变革的路径，并据此规划行动。尤其是在全面推进"法治国家、法治政府、法治社会"的时代背景下，深入地理解与感悟民法制度中所蕴含的价值理念，使其逐步构筑起"整个社会交往过程中，在满足自身意愿的同时，也应始终注意、考虑对方的偏好与利益"的法感情。

（三）要与学生发展同频共振

习近平总书记就曾指出，要用好课堂教学这个主渠道，思想政治理论课

---

〔1〕 孙晓楼等：《法律教育》，中国政法大学出版社 2004 年版，第 5 页。
〔2〕 王泽鉴：《民法思维：请求权基础理论体系》，北京大学出版社 2009 年版，第 1 页。

要坚持在改进中加强，提升思想政治教育亲和力和针对性，满足学生成长发展需求和期待。[1]以此来看，要更好地满足学生发展需求与期待，实现与发展相向而行，就是要加深对于民法之内在品性的认识，紧紧围绕"德法兼修、善思能辨、创新思维、服务社会"的培育目标，为学生提供自我提升与自我发展的资源和空间。

新时代的法治人才，除应"熟、全、新、准"地了解和掌握法律规范的知识外，也需熟谙法律规范背后所蕴含的理念和法律运行体系。[2]为了实现这一系统工程建设发展，首先要着力促进教师知识结构适时更新与持续提升。大学教师，既给学生传授知识，也通过学生学习知识，在教与学的过程中教师与学生共同成长进步。因此，应敢于创新，努力从打破学科壁垒和学术壁垒的封闭性出发，有效地将相关课程知识点融通起来，增强法学学科人才供给与社会需求的适配性。

因此，《民法》课程教学目标的设置与教学手段的使用，也应主动与学生的发展规划及社会对于法律人才的需求相匹配。如此，方能使培育出来的法学人才与国家及地区经济社会发展的需求相匹配。为实现与学生的发展同频共振，除要高度重视师生的思想品德建设，培养高尚的法律人格与精心传授法律知识和技能外，还可通过科学合理地设置引导问题，在案例分析中赋予学生不同角色，来打造轻松活跃有序的思辨课堂教学模式，使得学生在习得知识的表达与呈现能力的同时，不断提升自我理论功底的厚度以及对原则和规则掌握的精准度。在洞悉社会实践与法律规则原则的进程中，激励其确立起"向上向善"的价值基准。毕竟，《民法》课程的首要目标在于强化对学生民法精神的培育，并让民法精神成为法学类学生行为活动的准则。如此，人与人之间的平等才能真正确立，个人的权利才能得以被尊重与保护，整个社会的公正性才能得到有效保障，团结友爱的良好社会氛围环境才能长久持续。[3]

---

〔1〕 杨安琪：《习近平在全国高校思想政治工作会议上强调　把思想政治工作贯穿教育教学全过程　开创我国高等教育事业发展新局面》，载 https://news. 12371. cn/2016/12/08/ARTI1481194922295483. shtml，最后访问日期：2023 年 8 月 17 日。

〔2〕 冯果：《法学教育创新应走内涵式发展的道路》，载《北京航空航天大学学报（社会科学版）》2018 年第 2 期。

〔3〕 艾岩卿：《关于民法教学的理念与民法精神的培养方法》，载《南方论刊》2015 年第 1 期。

三、社会主义核心价值观融入《民法》课程的具体实践

社会主义核心价值体系的引导教育作用，需要有生动的课堂教学活动来支撑。这就需要我们在课程针对性与吸引力的提升、价值观话语模式的嵌入与融合上下功夫，以此来推动课程教学内容、教学方法、课程评价体系层面不断地改进和完善，增强社会主义核心价值观融入所授课程课堂的教学实效，充分挖掘《民法》课程中蕴含的社会主义核心价值体系元素，使得社会主义核心价值体系的育人功能得以充分释放。[1]

从整个法学专业的核心课程体系来看，较之其他"枯燥无味"的课程内容而言，《民法》课程的内容在生活化、实际化方面具有其他法学课程难以比拟的优势。[2]故而，其难度相对而言要小很多，所以更应注意在"以情动人、形成共鸣、师生互动、同频共振"上发力。只有当课程满足了学生的知识需求、情感需求、精神需求，回答了学生的思想困惑、现实困惑、价值疑惑，使得课程的客观供给和大学生的主观需求匹配起来，才会提升课程的吸引力，增强学生的参与意识。

据此，可着力从以下三个方面入手。

（一）摸清底数，吃透学情

教师教授课程，要想讲清楚、讲明白，除要结合理论，贯通古今中外，还应结合学生们的生活阅历与个性特质等，摸清其所思所想、所忧所盼。为避免课程中的融入"两张皮"现象，做好精细的育人工作，需要全方位"润物细无声"地有机融入，要让学生能够"听得进、信得实、行得稳"，需要从教学方案、教学目标、教学方法、教学过程和教学考评多维度、多环节、全方位地进行融入。

首先要充分了解学生的知识构成、学习能力与心理状况，之后再来组织构架自己的教学策略，设计科学合理的教的方法和学的方法。应精准分析《民法》课程内含的社会主义核心价值观，如此才能方便选择对应的教学

---

〔1〕 窦莞、樊卫宾：《社会主义核心价值观融入教学的路径选择》，载《思想政治课教学》2017年第11期。

〔2〕 韩桥生、张文：《社会主义核心价值观融入法学概论课程的教学探究》，载《大学教育》2021年第6期。

方法。[1]其次，还应根据不同的授课内容，科学精准设定情感教学目标，有机嵌入自由、平等、诚信、友善的理念，使得学生在掌握专业知识的同时，树立正确的价值导向，增强学生的责任感与专业认同感。最后，要结合作为授课对象的学生的需求，分类型、分层次推送信息，结合学生个体的专业规划、性格特征、兴趣特点开展教学，从"千人一面"转向"精准滴灌"，以此来实现增强《民法》课程的针对性、说服力和穿透力的效果。只有让学生感受到被授课教师所了解、所关注，且其现实关切和思想困惑亦能得到授课教师及时有效的回应，学生主动学习的内在动力以及对教师授课内容的信服力才会稳固提升。

（二）创新形式、提质增效

众所周知，教师所使用的教学资源与教学策略，均以服务于教学目标的实现与达成为旨归。目前，高校课程教学在一定程度上普遍存在"学生精神需要与课程供给不匹配"的突出矛盾，而解决问题的关键在于思政课如何增强学生的获得感。这就要求我们必须精准分析和深度挖掘新时代学生精神需求的整体图示，进而对"供需矛盾"问题实现实质性突破，并在此基础上，探索与新时代大学生精神需求精准对接的课程教学的新形式、新方法、新模式。譬如运用大学生喜闻乐见的语言、形式和方法，充分利用互联网技术，将《民法》教材中的内容体系与当前国际国内热点问题、大学生的实际需求充分结合起来，将教材语言转化为教学语言，帮助大学生充分理解和掌握《民法》课程教材内容，努力推动学生将从《民法》课程中所习得的价值理念内化为信念、外化为行动。

尤其是《民法》课程作为专业核心课程，在教学过程中，应着力选出一批跨学科且兼具典型性的疑难命题，来加以深入地探究与研讨，通过跨学科融合式的教学，在研究讨论中获得判断与解决问题的观点与策略。

就《民法》课程的教学设计思路而言，可从教学表达的生活化、教学实践的多元化、教学思维的时代化三个维度着手，巧用多元化的教学模式。特别有鉴于时下面向的学生所呈现出的"即时化""碎片化""感官化"信息接收方式，可考虑将文字化的宏大叙事转为视觉化的微观叙事，努力打造参与式、体验式、沉浸式的教学模式，以此来确保课程的吸引力和感染力，并为课程穿透力奠定更为坚实的基础。同时，还应注意科学合理地开发和利用各

---

[1]　李喜燕：《社会主义核心价值观在"经济法概论"课程教学中的融入》，载《河南司法警官职业学院学报》2023 年第 1 期。

项教育教学资源及各类场景，始终结合社会实际生活情形与未来社会发展需要来不断地丰富教学内容。走出"在单单讲规则和概念上，少有能深入地讲述这些概念与规则为何以及如何有效进行适用的问题"的误区，以更好地为其架构起一套法理念与法感情之网。

域外已经实施建设的 PDCA 质量保障循环体系，即"计划""执行""检查""纠正"（Plan，Do，Check，Action）四步法，也可以作为我们教师检验与改进自己教学工作的指引。以此，来提醒我们教师应注意不断地反思与改进自己的教学，适时地更新与改进课程标准，拓展与创新民法学的教育教学活动，形成灵活多样的课程育人体系。这对于推动学生"民法人"理念与法治观念的养成及"德法兼修"目标的达成大有裨益。

（三）家校协同、同向发力

将社会主义核心价值观融入《民法》课程，践行立德树人使命、推动学生健康成长与发展进步，没有完成时，其是一个不断更新和进行的状态，是一个持续性的发展过程。无论是社会主义核心价值观，还是《民法》课程所期待实现的培养"民法人"的导向，其都表征为一种主观体验和心理感受的形式。这种主观体验与心理感受，无疑是塑造其价值前见的源头，决定着其分析与看待问题的核心立场与理据。为此，应持续地了解规则、感受规则和理解规则，在活生生的生活场景与情境中逐步建立并巩固法观念与法感情。这些都离不开与学生共同生活的家庭成员的一言一行的熏陶与引导，如果与学生共同生活的家庭的成人是遵守规则的，那么学生耳濡目染的就是遵守社会规则的氛围，自然而然，在其成长过程中，就会在无形之中形成一种遵守规则的惯性。以我们平常在生活中常常见到的过马路现象为例，若学生的父母或者其他长辈能够遵守规则，长此以往，这名学生也就会形成这样一种行为习惯。相反，如果学生过马路时不管红绿灯，那么在这名学生的心中规则的分量就会让位于便利主义。

因此，可以说，要在当代法学学生之中厚植"民法人"的品质与风骨，达成"德才兼备、德法兼修"的育人目标，除任课教师的教育与引导外，也需要家庭中共同生活的每一位成员垂范与熏陶，多主体、多层次协同推进，同向发力。特别是学习《民法典》，已是社会的共同期盼和时代的需求，将《民法典》的基本价值理念与核心精神要义融入家庭教育及社会教育之中，推动共学共话《民法典》的精神理念、规则体系与思维模式，并使之与"天理、国情、人法"及"常识、常情、常理"有机衔接起来。

《法学概论》 与课程思政深度融合的
实现路径研究

马汉仔*

韶关学院 政法学院 广东韶关 512005

摘 要：如何将专业教育和课程思政相融合，避免过于生硬、与课程内容脱节是法学类课程思政改革面临的主要问题。本文挖掘了《法学概论》课程的思政元素和德育内涵，从教学内容与组织实施、教学方法与教学手段实施，考核评价体系等方面深入探讨了如何使课程思政与专业课程实现有机融合。

关键词：法学概论；教学改革；教学方法

《法学概论》课程是公共事业管理和行政管理专业等管理类专业的必修课程，作为一门以专业法律教育为特征的通识性必修课程，其关系着当代大学生法治素养的养成和法治观念的确立。习近平总书记在学校思想政治理论课教师座谈会上指出：办好思想政治理论课，最根本的是要全面贯彻党的教育方针，解决好培养什么人、怎样培养人、为谁培养人这个根本问题……努力培养担当民族复兴大任的时代新人，培养德智体美劳全面发展的社会主义建设者和接班人。[1]党的十八届四中全会提出，全面推进依法治国，深入开展法治宣传教育，把法治教育纳入国民教育体系。因此，法治教育及其创新是

---

　* 马汉仔，1967 年生，男，广东曲江人，韶关学院政法学院教师。研究方向：法学理论、经济学。

　〔1〕 石光辉：《习近平：用新时代中国特色社会主义思想铸魂育人　贯彻党的教育方针落实立德树人根本任务》，载 https://www.12371.cn/2019/03/18/ARTI1552914602174896.shtml，最后访问日期：2023 年 8 月 17 日。

加强思想政治理论课建设、培养时代新人的应有之义。作为高校管理类大一新生学科与专业必修课的《法学概论》正是担负了法治教育的重任，也担负了培养时代新人的重任。将思政课与专业课的法治教育有效融合起来，将以社会主义核心价值观为主要内容的思政元素有效融入《法学概论》课中，既培养了学生的法治观念，也达到了学生树立正确的世界观、人生观和价值观的目的。

一、《法学概论》与课程思政深度融合的内涵

在《法学概论》课程的教学过程中，将专业教学与课堂育人功能结合起来，结合课程的具体内容和特点，通过适合的教学方法，将以社会主义核心价值观为主要内容的包括社会主义核心价值观、理想信念教育、中华优秀传统文化教育、劳动教育、中华优秀传统美德、革命传统教育、国防教育等思政元素融入专业课教学过程中，引导学生树立正确的世界观、人生观和价值观，形成正确的法治观，帮助学生更好地思考人生和社会。[1]

二、《法学概论》课程教学缺乏思政元素的原因

（一）专业课授课教师认识缺位，导致课程思政难以推进

首先，专业课授课教师总认为，自己的职责是上好专业课，思想政治教育是思政课程教师和辅导员的职责，将专业课程与课程思政完全割裂开来；其次，专业课教师认为如果授课时实施课程思政会大大压缩本来就已经缩减的专业课的教学时间，影响专业课教学任务的完成和教学质量。

（二）专业课教材中没有统一标准的融合了课程思政的教材

《法学概论》有课程标准，但融合了课程思政的教材少见甚至没有，我们曾经和现在使用的中国政法大学出版社和法律出版社出版的《法学概论》都没有融合课程思政的内容。既然专业课程教材没有相应的内容，授课教师也乐于只把专业课程内容授课任务完成，不再增加额外的课程思政内容了。

（三）专业课教师课程思政能力欠缺，难以胜任课程思政教学

专业课教师受专业背景的影响，平时缺乏充足的政治理论的学习积累和沉淀，不注意收集课程思政元素内容的素材，政治理论知识和素养难以胜任

---

〔1〕 曹静：《浅析〈法学概论〉课程中的课程思政建设》，载《华东纸业》2022 年第 1 期。

课程思政的教学需要。

（四）课程思政教学缺乏相应的考评体系

在机制方面，高校普遍缺乏从"思政课程"向"课程思政"转变的协同育人考核和评价制度，对于思政资源实施立德树人如何评价、如何考核，没有具体的、完整的制度。

三、课程思政元素在《法学概论》课程教学深度融合的必要性

（一）新时代加强法治建设和法学教育的要求

2016 年的《关于进一步把社会主义核心价值观融入法治建设的指导意见》明确要求大力培育和践行社会主义核心价值观，运用法律法规和公共政策向社会传导正确价值取向，把社会主义核心价值观融入法治建设和法律教育中。2023 年的《关于加强新时代法学教育和法学理论研究的意见》明确指出法学教育必须加强思想政治建设，把讲政治作为根本要求，教育引导广大法学教师和理论工作者提高政治敏锐性和政治鉴别力，严守政治纪律和政治规矩，把政治标准和政治要求贯穿法学教育和法学理论研究工作始终。把思想政治工作贯穿法学教育教学全过程，加强理想信念教育和社会主义核心价值观教育，强化爱国主义、集体主义、社会主义教育，深入推进法学专业课程思政建设，将思想政治教育有机融入课程设置、课堂教学、教材建设、师资队伍建设、理论研究等人才培养各环节，教育引导广大师生做社会主义法治的忠实崇尚者、自觉遵守者、坚定捍卫者。将以社会主义核心价值观为主要内容的思政元素融入《法学概论》课程教学的全过程，是《法学概论》课程开展课程思政建设的突破口和关键点。[1]把社会主义核心价值观融入法治建设和法学教育，两者相结合既能促进《法学概论》课程的体系化建设，又能促进社会主义核心价值观的建设。

（二）《法学概论》课程属性决定

《法学概论》是公共事业管理专业和行政管理专业两个专业的专业基础课，主要讲授法学一般理论和我国主要法律制度，所以《法学概论》承担着向学生传授各种法律专业知识的任务。《法学概论》着力于培育学生的法治意

---

〔1〕 韩桥生、张文：《社会主义核心价值观融入法学概论课程的教学探究》，载《大学教育》2021 年第 6 期。

识和法治思维，强化学生的社会责任意识和规则意识，所以《法学概论》承担着将学生培养成具有正确法治思维能力实践者的任务。

四、课程思政元素在《法学概论》课程教学深度融合的实现路径

（一）深度融合要解决的重点问题

1. 避免思政教育过于生硬，引起学生反感

每位教师都要摒弃人文素养教育与课程教学无关的"无用论"，在教书时都要注重发挥课程的育人功能，在授课过程中将素养养成教育潜移默化地融入其中。因此，教师们应注重隐性渗透式教育，不可为了思政而思政。授课方式可以更多样化，采用互动式、讨论式、探究式、案例式等方式，形而上的德育，形而下的专业，使二者相辅相成。

2. 避免思政教育与课程内容脱节

课程思政改革的设计思路应是寓道于教、寓德于教、寓教于乐，把专业课与思政课知识点进行融合。教师应深入挖掘专业课程中蕴含的思政内涵，并以专业知识和技能为载体，从教学设计的多个方面进行引入，最终使德育教育内化于心、外化于行。[1]

（二）改革深度融合的教学方法和手段

1. 教学方法设计和实施

首先，专业课教师开展课程思政建设内容设计、方法使用等教学研究活动，应以学生为本，根据学生专业特点，合理设计教学内容，重点突出课程思政的德育教育的要素。

其次，采用师生互动的启发式教学方法。加强教学双边互动，通过开展讨论式、参与式教学活动，将教学内容形象化、生动化，变灌输为互动，将思想政治价值观要求转化为法学专业教育语言体系。

最后，在教学过程中实施案例教学法。如何找到深度融合的方法关系效果的取得。将以社会主义核心价值观为主要内容的思政元素融入法的制定、实施过程的体制、机制和方法，最常用的方法是案例教学法，此教学方法能从现实的角度让学生将所学的知识点更加具体化与形象化，激发学生主动思

---

[1] 陈丽英：《会计学课程如何融入思政元素——以上海市高校课程思政领航计划（精品改革领航课程）为例》，载《国际商务财会》2020 年第 9 期。

考，层层辨析，使得以社会主义核心价值观为主要内容的思政元素与现实生活在法律的中介下实现有机融合。

实施案例教学法主要有三个途径：一是教师根据《法学概论》课程内容编辑的相关思政元素的案例，基本保证在每一章节中有一两个课程思政元素案例。笔者制作的课程思政案例《全面理解民法的基本原则，培育和弘扬社会主义核心价值观》参加了韶关学院 2021 年思政课程和课程思政优秀案例评选，获得了章节类（非思政课程）一等奖。二是除了文字案例，还根据课程内容需要收集了相关的视频案例，比如：视频案例《相邻之争》，了解物权的相邻权的同时，明确处理邻里关系也要发扬团结互助的优良传统。三是发挥学生的主动性和积极性，由学生分组根据课程内容收集具有思政元素的案例并在课堂上分享，教师点评并打分作为小组成员平时分的一部分。

2. 深度融合的教学手段的改革

首先，实行线上与线下结合的互动交流，除了课程正常的课间及坐班答疑，课程最好建立微信或 QQ 答疑群，随时与学生进行在线互动和沟通讨论，解答学生疑问。争取在激发学生学习兴趣和提高教学效果方面取得实效。其次，结合专业课程知识，采取走出去的办法，比如到市区法院联系典型的案例，现场旁听，2021 级公管班就到武江区法院旁听了《老人私下低价出售房屋给孙子，女儿主张买卖无效获法院支持》一案，学生在了解法学课程中的继承和合同相关知识的同时，知道了我们生活中要处处讲诚信和不得以恶意串通的形式损害他人的合法权益。

（三）教学考核评价体系的改革

建立健全科学全面准确的考试考核评价体系，过程与结果并重，注重过程考核，将学生学习重心转移到平时。结合《法学概论》课程的专业特点以及课程思政改革所体现的课程德育内涵和元素，本课程考核可分成多个阶段，贯穿整个教学过程的始末。成绩结构上，应加大平时成绩的比重。平时成绩主要包括：①课堂提问与案例分析，组织课堂主题讨论，学生通过参与活动、交流体验、分享成果，根据学生的语言表达、资料是否充分、内容是否新颖、观点是否新颖等情况评分；②对小组收集与法学课程相关的思政元素案例评分，在具体的考核评价中加大案例的比重，强化学生学习的积极性，学生提交案例材料和案例分析，根据完成质量情况确定综合评分。期末成绩采用闭卷考试的形式，适当增加对综合能力考察的案例综合题，全面衡量学生的专业基本能力和综合素质，尤其是分析、解决问题的能力。

根据习近平总书记在全国高校思政工作会议、全国教育大会和学校思想政治理论课教师座谈会上的重要讲话精神以及《关于加强新时代法学教育和法学理论研究的意见》，广大高校专业课教师应将专业教育和人文教育因素相融合，深入发掘各类专业课程中蕴含的思想政治教育的有效元素，并融入专业人才培养的全过程。在新时代背景下，我们尝试将以社会主义核心价值观为主要内容的思政元素融入《法学概论》课程教学，需要重构课程教学设计和教学内容，丰富课程教学方法，优化课程评价体系，不断提升融入的效果，既向高校大一学生传授了法学专业知识，也达到了育人的效果。

思政教育融入《劳动与社会保障法》课程的设计与实践*

徐素萍**

韶关学院　政法学院　广东韶关　512005

摘　要：课程思政已成为国家教育方略。思政教育融入《劳动与社会保障法》课程需要以立德树人为目标，以课程知识体系为基础，挖掘和融入专业思政元素和社会主义核心价值观，科学运用典型案例分析、热点问题研讨、模拟劳动仲裁等教学方法，将思政元素与课程内容有机融合，促进知识传授与价值引领的无缝对接，培育学生德法兼修的职业素养。

关键词：课程思政；劳动与社会保障法；思政元素；有机融合；德法兼修

2020 年 5 月 28 日，教育部印发了《高等学校课程思政建设指导纲要》，围绕"培养什么人、怎样培养人、为谁培养人"的根本问题，系统阐释了新时代课程思政建设的目标、要求、内容等，标志着我国进入了全面推进高校课程思政建设的新时代。《劳动与社会保障法》作为法学专业的一门核心课程，在该课程中融入思政教育不仅是贯彻国家教育方略的需要，也是培养学生法治素养和加强学生劳动教育的重要途径和客观要求。

---

　*　韶关学院 2021 年课程思政建设项目"思政教育融入劳动与社会保障法课程教学的探索与实践"（韶学院办［2022］5 号）。

　**　徐素萍，1981 年生，女，江西龙南人，韶关学院政法学院讲师，硕士。主要从事劳动与社会保障法学教育与研究。

一、思政教育融入《劳动与社会保障法》课程的原则

（一）思政元素与课程内容有机融合

课程思政是指在课程教学过程中，通过挖掘和引入思政元素，对学生进行思想道德教育和价值观引导的一种教学方法和手段。其中，"课程"是课程思政教育的基础，为思政教育的实施提供了平台和载体；"思政"则对课程进行指导和引领，影响和引导学生的学习态度、价值观念和行为规范，在课程学习中塑造积极向上的思想品质和道德素养。课程思政是一种精细的浸润式的隐性教育而不是粗放的漫灌式的显性教育。[1]在《劳动与社会保障法》课程教学中推行课程思政教育，不能简单地将思政元素嵌入课程内容，而应当将思政元素与课程内容有机融合，以课程内容体系为基础，提炼和融入该课程所蕴含的科学精神、价值取向和伦理规范，使学生在专业学习中潜移默化地提高政治觉悟、道德修养和法治意识，成为德法兼修的高素质法治人才。

（二）理论与实践相结合

课程思政的目标是"内化于心、外化于行"。[2]课程思政不仅要融入理论教学，还要持续延伸到实践教学环节。习近平总书记强调，法学学科是实践性很强的学科，法学教育应处理好知识教学和实践教学的关系。[3]因此，要养成良好法学素养，首先要打牢法学基础知识，同时要强化法学实践教学。作为法学专业的核心课程，《劳动与社会保障法》课程的教学不仅要向学生传授法律知识，还要从社会实践出发，借实践释法理，培养学生分析和解决实际问题的能力。在《劳动与社会保障法》课程教学中推行思政教育，需要坚持理论与实践相结合的原则，让学生通过实践深刻理解抽象的理论、原则、制度的应用价值，使学生在知行合一中增强对中国特色社会主义法治理论和法治文化的认同感和自豪感。

---

〔1〕 丁义浩：《"课程思政"建设须打破三个误区》，载《光明日报》2020年1月13日。

〔2〕 徐英军、孔小霞：《论法学类专业开展课程思政的总体设计与实施要点》，载《中国大学教学》2022年第7期。

〔3〕 许建文：《习近平总书记重视法治人才培养》，载 https://www.12371.cn/2023/08/14/ARTI 1691996097118387.shtml，最后访问日期：2023年8月17日。

二、思政教育融入《劳动与社会保障法》课程的思政内容设计

在《劳动与社会保障法》课程中推行思政教育，首要工作就是整体设计课程思政内容。要在保证课程专业教学目标和效果不缩减、不弱化的前提下，挖掘专业课程思政元素和融入社会主义核心价值观，结合课程知识点进行思政教学的拓展和延伸。[1]具体设计可见下表。

思政教育融入《劳动与社会保障法》课程内容设计简表

课程章节	思政元素融入点	思政教育设计	教学方法
第一章 劳动法基础理论	1. 劳动的意义； 2. 劳动关系的认定； 3. 劳动法律关系的内容； 4. 劳动法基本原则。	1. 劳模精神、劳动精神、工匠精神； 2. 法治素养； 3. 劳动权益保护、和谐劳动关系认同； 4. 社会主义核心价值观。	多媒体教学、典型案例分析、热点问题研讨。
第二章 就业促进法律制度	1. 就业权、就业促进政策； 2. 反就业歧视规定。	1. 和谐劳动关系、制度自信、社会责任； 2. 社会主义核心价值观。	多媒体教学、典型案例分析、热点问题研讨。
第三章 劳动合同法律制度	1. 劳动合同法的立法宗旨； 2. 劳动合同的订立与履行； 3. 经济补偿金和赔偿金。	1. 劳动权益保护与和谐劳动关系构建； 2. 社会主义核心价值观、职业道德； 3. 劳动权益保护。	多媒体教学、典型案例分析、热点问题研讨。
第四章 集体合同法律制度	集体合同的签订与履行。	劳动权益保护、制度自信。	多媒体教学、典型案例分析。
第五章 劳动基准法律制度	1. 工时制度； 2. 工资制度； 3. 劳动安全保护制度。	1. 劳动权益保护、劳动纪律； 2. 社会主义核心价值观、劳动权益保护； 3. 劳动权益保护。	多媒体教学、典型案例分析、热点问题研讨。

---

[1] 赵凯：《教学改革下思政教育融入专业课程的理路与设计——基于劳动与社会保障法学课程的探讨》，载《法制与经济》2021 年第 3 期。

续表

课程章节	思政元素融入点	思政教育设计	教学方法
第六章 劳动监察与劳动争议处理法律制度	1. 劳动监察； 2. 劳动争议仲裁。	1. 制度自信、和谐劳动关系构建； 2. 社会主义核心价值观、法治素养。	多媒体教学、典型案例分析、模拟劳动仲裁。
第七章 社会保障法律制度	1. 我国社会保障法律制度的历史演进； 2. 社会保险法律制度。	1. 制度自信和文化自信； 2. 劳动权益保护、规则意识、法治素养。	多媒体教学、典型案例分析、热点问题研讨。

（一）社会主义核心价值观的渗透

党的十八大从国家层面、社会层面和公民个人层面提炼出"富强、民主、文明、和谐、自由、平等、公正、法治、爱国、敬业、诚信、友善"的社会主义核心价值观。《劳动与社会保障法》课程中关于劳动法的基本原则和具体规则中有很多内容都与思政教育有关，且契合社会主义核心价值观。如《劳动法》和《劳动合同法》规定，劳动者有平等就业权和自主择业权；劳动者与用人单位享有对等的权利义务；劳动者与用人单位在签订和履行劳动合同时应当遵循诚实信用原则；在处理劳动者和用人单位的劳动争议时应当合法公正……这些内容都与社会主义核心价值观直接相关。在《劳动与社会保障法》课程教学中开展思政教育，应当把培育和践行社会主义核心价值观融入课程教学全过程，将社会主义核心价值观润物细无声地渗透进专业知识讲授中，引导学生把国家、社会、公民的价值要求融为一体，将社会主义核心价值观内化为精神追求、外化为自觉行动。

（二）专业课程思政元素的挖掘

《高等学校课程思政建设指导纲要》指出，"要根据不同学科专业的特色和优势……深度挖掘提炼专业知识体系中所蕴含的思想价值和精神内涵……从课程所涉专业、行业、国家、国际、文化、历史等角度，增加课程的知识性、人文性，提升引领性、时代性和开放性"。《劳动与社会保障法》课程作为法学专业的核心课程，具有丰富的"思政基因"，应在课程专业知识传授的基础上，提炼出本课程的科学精神、价值取向以及伦理规范，引入与学生将来就业相关的思政教育内容，培育学生诚信服务、德法兼修的职业素养。

1. 法治意识和法治素养

法治是现代国家治理的重要方式。培养法治意识对于公民权益保护、法治素养的提升、经济的繁荣发展、社会关系的和谐与稳定具有重要意义。在《劳动与社会保障法》课程教学中，教师应认真研读劳动与社会保障法律规范的基本理论、基本原理，从中凝练出正确的方法、学说与根据，阐释法律规范背后的法理精神和价值理念，在知识传授中实现价值引领，为法治人才的培养立德铸魂。维护劳动者的合法权益，构建和发展和谐稳定的劳动关系，是我国《劳动法》和《劳动合同法》的立法宗旨，也是我国劳动与社会保障法律制度的价值理念。在介绍劳动者与用人单位的权利义务时，不仅要让学生知道劳动者和用人单位有哪些权利和义务，还要让学生明白劳动与社会保障法在保护劳动者合法权益的同时，也兼顾对用人单位的合法利益的保护，从而构建并发展和谐劳动关系。加强劳动权益保护教育，有利于引导学生树立正确的权利意识，感受我国劳动与社会保障法律制度的魅力，帮助其树立文化自信和制度自信。强化和谐劳动关系的教育，一方面可以增强学生的责任意识，使其知道在享有权利的同时要履行劳动义务，遵守劳动纪律和职业道德，引导学生就业后珍惜工作岗位，爱岗敬业，做一名诚信守法的优秀劳动者；另一方面可以引导学生正确看待劳动关系领域存在的不和谐现象，并能理解和正确评价国家和政府在处理影响劳动关系和谐与稳定问题的方式和措施，从而以合法、理性、科学的方式参与到国家和社会事务管理活动中，自觉肩负起社会主义现代化建设的使命。

2. 劳模精神、劳动精神、工匠精神

2020 年 11 月 24 日，习近平总书记在出席全国劳动模范和先进工作者表彰大会上发表重要讲话时强调，要大力弘扬劳模精神、劳动精神、工匠精神，把劳动教育纳入人才培养全过程。[1]"劳动教育的核心是培养劳动价值观、劳动情感态度和劳动伦理品德，掌握经过抽象化、带有总括性的劳动科学知识，而不仅是具体工作或专业知识与能力的培养"。[2]在《劳动与社会保障法》

---

〔1〕 周世雄：《全国劳动模范和先进工作者表彰大会隆重举行》，载 https://www.12371.cn/2020/11/24/ARTI1606216816925494.shtml，最后访问日期：2023 年 8 月 17 日。

〔2〕 刘向兵：《新时代高校劳动教育该如何加强》，载《中国教育报》2019 年 9 月 5 日。

课程教学中开展思政教育，应当弘扬劳动精神、劳模精神和工匠精神，引导学生正确认识劳动的价值和奋斗的意义，学习劳模的先进思想和无私奉献精神，引导学生在将来职业中勇于创新和不断追求卓越。[1]例如，在介绍劳动者的权利义务时，通过案例分析让学生明白，劳动既是劳动者的权利也是义务，要求用人单位提供职业技能培训是劳动者的权利，同时自觉参加职业技能培训，不断提高劳动技能，也是劳动者的义务，引导学生树立正确的劳动价值观，树立终身学习的理念，不断学习，开拓创新，为实现中华民族伟大复兴贡献自己的力量。

三、思政教育融入《劳动与社会保障法》课程的实践

将思政元素巧妙地融入《劳动与社会保障法》课程，潜移默化地开展思政教育，需要科学运用多种教学方法，充分发挥学生的积极性和主动性，将价值塑造、知识传授与能力培养融为一体，实现立德树人，培养德法兼修的高素质法治人才的目标。

（一）典型案例分析

《劳动与社会保障法》课程理论性和实践性较强，非常适合采用典型案例分析法。通过分析典型案例，把抽象的概念和深奥的理论形象化、通俗化，便于学生理解课程内容，同时激发其学习兴趣，调动其学习积极性和主动性，培养其分析问题和解决问题的能力。教师应当选择兼具思政元素和专业知识点的典型案例，融合思政元素与课程内容进行案例教学，既可提升学生运用所学专业知识分析和解决实际问题的能力，又能引导学生树立正确的人生观和价值观。例如，在介绍劳动关系的认定问题时，笔者选用了最高人民法院发布的第 32 批第 179 号指导案例"聂某兰诉北京林氏兄弟文化有限公司确认劳动关系案"。在该案中，双方虽以"合作协议"的名义约定，但是从实际内容及履行上来看其具备劳动合同的构成要件，应当认定劳动合同成立，双方形成了劳动关系。由此可知，合同的名称不重要，重要的是合同的内容及实际履行情况，而后者决定了合同的性质。此外，笔者还结合律师执业中经办的劳动争议案件进行分析，提醒学生注意防范用人单位滥用劳务关系、规避

---

〔1〕 何勤、袁敏：《基于"新时代劳动精神"培育的专业思政探索与实践——以劳动与社会保障专业为例》，载《北京劳动保障职业学院学报》2022 年第 2 期。

依法应当承担的生产经营执业风险责任。通过分析和学习典型案例，学生更加深刻地理解事实劳动关系的认定标准，并能在形形色色的复杂案例中找到问题的关键所在，为其法治意识的提高和法治素养的形成奠定了基础。

（二）热点问题研讨

热点问题是人们普遍关注的社会性问题。高校学生思维活跃，组织学生针对热点问题进行研讨，可以激发其强烈的学习兴趣，是将思政教育融入劳动与社会保障法课程的重要形式。首先，组织学生对热点问题进行研讨，能调动学生学习的积极性和主动性，让其认识到自己在社会中的作用和责任，从而培养其社会责任感和公民意识。其次，学生在准备热点问题研讨的过程中会查阅大量的资料，通过分析、评估和对比不同观点和立场，形成自己独立的观点和见解，这不仅有利于开阔学生视野，深化对相关知识的理解，而且还能培养学生的批判性思维。最后，学生参与热点问题研讨，有利于其语言表达能力和应变能力的提高，以及问题解决能力的提升和创新思维的培养。新冠疫情给劳动关系带来了许多新的问题和挑战，对就业、工资和福利保障、弹性工作安排、安全与健康保护、紧急工作安排和劳动保护等造成了重大影响。通过组织学生对疫情下劳动关系这个热点问题进行研讨，不仅可以引导学生运用所学劳动法知识解决相关问题，而且还可以让学生深刻理解国家在疫情下出台的调整劳动关系的相关规定和措施，从而增强其对社会主义制度优越性的认同感与自豪感。

（三）开展模拟劳动仲裁

实践中，大部分劳动争议是通过劳动仲裁程序解决的，因此学生应当熟悉劳动仲裁的程序和规则。为了让学生更直观地感受劳动仲裁开庭的过程，劳动与社会保障法课程会安排模拟劳动仲裁活动。在教师的指导下，由学生自愿选择扮演仲裁员、书记员、律师、当事人等角色，对教师精选的劳动争议案件进行模拟仲裁训练，并在课堂上展示劳动仲裁开庭的过程，最后由角色扮演人、旁听学生和教师进行点评。通过模拟劳动仲裁，一方面，参与者可以更好地理解相关实体劳动法律知识和纠纷解决机制，熟悉劳动仲裁的程序和规则，增强劳动权益保护的意识和解决劳动纠纷的能力，为将来走上工作岗位从事法律职业做铺垫。另一方面，能够锻炼参与者的法律文书写作能力、口头表达能力和团队协作能力。总之，通过模拟劳动仲裁训练，将实体法与程序法知识融会贯通，既能加深学生对劳动与社会保障法理论知识的理解，也能培养学生综合能力和法律职业素养。

开展模拟劳动仲裁活动，需要特别注意两个事项。其一，教师选择的用于模拟劳动仲裁的案例应当具有典型性和一定的可争辩性，这样才能激发学生参与模拟仲裁活动的兴趣和热情。本学期《劳动与社会保障法》课程模拟劳动仲裁，笔者选用的是最高人民法院发布的第 34 批指导案例第 190 号"王某诉万得信息技术股份公司竞业限制纠纷案"。该案经过了劳动仲裁、一审和二审程序，当事人之间争议较大，劳动争议仲裁机构与法院之间也存在不同观点，具有较强的可争辩性，既能培养参与者的思辨能力，又能激发旁听者的兴趣。其二，模拟仲裁开庭后点评环节不可缺少。先由参与者自评，介绍准备过程的心得；再由旁听者点评，评价参与者的表现并交流自己的听庭体会；最后由教师从仲裁程序、实体法的运用、现场表现等方面进行全面评价。

实践表明，典型案例分析、热点问题研讨、模拟劳动仲裁在《劳动与社会保障法》课程教学中的运用，能够充分调动学生的学习积极性和主动性，并可在与学生的互动中实现知识传授、能力培养和价值塑造的有机融合，成效显著，深受学生欢迎。

四、结语

将思政教育融入《劳动与社会保障法》课程教学需要以"立德树人"为目标，将教学转变为教育，挖掘和凝练课程思政元素，将社会主义核心价值观和专业思政元素融入课程专业知识教学中，探讨思政元素与课程知识体系的内在关联，运用科学的教学方法将知识传授、能力培养与价值塑造融为一体，为国家培养德法兼修的高素质法治人才。

《公共部门人力资源管理》课程育人路径探索

——以习近平总书记的重要论述为视角[*]

贺益民[**]

韶关学院　政法学院　广东韶关　512005

摘　要：课程育人是"三全育人"的重要内容，是对新时代课程思政建设精神要求的贯彻和落实。本文按照扎实推进"三全育人"工作的精神要求，结合《公共部门人力资源管理》课程的特点，从课程育人的内在要求出发，以习近平总书记的有关重要论述为指导，探讨分析了习近平总书记的重要论述对《公共部门人力资源管理》课程育人的指导价值，从价值动力、专业能力、职业操守三方面设计了《公共部门人力资源管理》课程育人的培养目标，从课政结合创新设计教学内容、德技并修改革教学方式方法、知行合一强化内修外练手段、价值引领革新课程评价体系四个维度探讨了《公共部门人力资源管理》课程育人的实践路径。

关键词：公共部门人力资源管理；课程育人；路径；探索

　　《高等学校课程思政建设指导纲要》明确提出，把思想政治教育贯穿人才培养体系，全面推进高校课程思政建设，发挥好每门课程的育人作用。开展课程思政建设，实质上就是要解决好培养什么人、怎样培养人、为谁培养人这个根本问题。习近平总书记对人才与人才工作的有关重要论述对这一问题给出了科学的评价标准，是解决这一问题的指导思想。公共部门人力资源管

---

　*　韶关学院 2021 年课程思政建设项目"公共事业管理专业思政教学探究"成果。

**　贺益民，1968 年生，男，湖南衡阳人，韶关学院政法学院教师，硕士，主要从事管理学研究。

理课程体系围绕人而展开，具有"人"的特征，与培养什么人、怎样培养人、为谁培养人这一问题直接相关。探讨《公共部门人力资源管理》课程思政建设问题，理应以习近平总书记的重要论述为指导，思考课程育人问题。这既有理论价值，也具现实意义。

一、习近平总书记的重要论述对《公共部门人力资源管理》课程育人的指导价值

习近平总书记对人才与人才工作的重要论述思想深刻、内涵丰富、体系科学，是课程思政建设的理论来源，是"课程育人"的理论基石，也是《公共部门人力资源管理》课程育人的理论指引。

（一）为《公共部门人力资源管理》课程育人提供了理论基础

《公共部门人力资源管理》课程兼具"公共"和"人"的特征，研究的是面向党政机关、事业单位、非政府组织等公共领域的人的管理问题，课程的学习者就是未来的公共管理者。这就要求在学习课程中"人"的管理理论时，课程学习者必须把握时代的特征，深刻领会新时代公共组织的特点、任务与要求，深刻理解公共组织中人的特征和组织对人的要求，把自身融入时代、融入课程。管人必先育己，这是对《公共部门人力资源管理》者的要求，也是课程育人的应有之义。而习近平总书记对人才与人才工作的重要论述以其鲜明的时代性系统地提出了人才的选拔、任用、管理等先进理念，无疑给《公共部门人力资源管理》课程育人提供了理论基础。习近平总书记对人才与人才工作的重要论述是对马克思主义人才思想的丰富和发展，是新时代中国特色社会主义建设的实践结晶；是习近平总书记站在时代的前列，在以高瞻远瞩的眼光洞悉时代发展主旋律的基础上，对新时代建设中国特色社会主义的人才价值、人才培养、人才选拔、人才任用、人才管理等的科学论述。习近平总书记关于"人"性的论述与《公共部门人力资源管理》课程的"人"的要求一致，在内在逻辑上为《公共部门人力资源管理》的课程思政建设、课程育人提供了理论来源。

（二）为《公共部门人力资源管理》课程育人提供了科学标准

公共部门的管理者最重要的工作就是帮助公共组织运用其最有价值的资本——人，使人力资本产生生产力，这也是《公共部门人力资源管理》课程的基本职能。在员工招聘、人员配置、薪酬确定、员工培训、绩效考评等人

员管理的整个过程，《公共部门人力资源管理》不仅要做到管理科学，而且要充分发挥人的作用。这就要求培育公共部门人力资源管理者树立正确的"选人、用人、育人和留人"标准。这个标准就是习近平总书记的重要论述中的德才兼备，以德为先，最重要的是政治品德要过硬[1]；培养一代又一代拥护中国共产党领导和我国社会主义制度、立志为中国特色社会主义奋斗终身的有用人才[2]；要坚持公在用人，公在公心，公在事业，公在风气[3]；要从党和国家事业发展需要出发，以更高的站位、更宽的视野发现人才、使用人才、配置人才[4]。习近平总书记重要论述中的这些标准既有科学的理性，也有社会实践性，为《公共部门人力资源管理》课程育人提供了标准和判断准则。

（三）为《公共部门人力资源管理》课程育人提供了价值引领

公共部门人力资源管理的价值在于充分发挥人的价值，在于培育人，发展人、用好人，最大限度地发挥人的主观能动性。从如何决定招聘员工到如何决定薪酬、培训与考评，公共部门人力资源管理要对公共组织中的员工施加重大甚至无限的影响，公共部门人力资源管理者要花大量的时间在对员工的雇佣、配置、支付薪酬、开发以及考评这些"人事"上。这就要求公共部门人力资源管理者系统地学习人力资源管理理论，科学运用人力资源管理技能，力求"人事"效率最大化。效率固然重要，但效果更有价值。效率讲求的是人力资源的利用，效果谋求的是人力资源的正确发挥。相比效率而言，效果更具方向性和价值推力，关乎"人事"的正确与否。这也是《公共部门人力资源管理》课程开展思政建设、实施课程育人的根本目的所在。但如何开展，以什么为导向？对此，习近平总书记指出，要把立德树人融入思想道德教育、文化知识教育、社会实践教育各环节[5]。这就为课程育人指明了方

---

〔1〕《习近平主持中共中央政治局第十次集体学习并讲话》，载 https://www.gov.cn/xinwen/2018-11/26/content_ 5343441.htm，最后访问日期：2023 年 8 月 13 日。

〔2〕习近平：《论党的青年工作》，中央文献出版社 2022 年版，第 170~171 页。

〔3〕《习近平主持中共中央政治局第十次集体学习并讲话》，载 https://www.gov.cn/xinwen/2018-11/26/content_ 5343441.htm，最后访问日期：2023 年 8 月 13 日。

〔4〕《习近平主持中共中央政治局第十次集体学习并讲话》，载 https://www.gov.cn/xinwen/2018-11/26/content_ 5343441.htm，最后访问日期：2023 年 8 月 13 日。

〔5〕白世康：《习近平：坚持中国特色社会主义教育发展道路 培养德智体美劳全面发展的社会主义建设者和接班人》，载 https://www.12371.cn/2018/09/10/ARTI1536580965577973.shtml，最后访问日期：2023 年 8 月 17 日。

向，提供了价值引领。开展《公共部门人力资源管理》课程思政建设，深层次推动课程育人工作，就是要强化立德树人，致力培养德才兼备的人才。唯有如此，才能充分发挥课程思政的实践价值。

二、以习近平总书记的重要论述为指导设计《公共部门人力资源管理》课程育人目标

《公共部门人力资源管理》是公共事业管理与行政管理专业的必修课程，有其独特的课程目标。一方面，要教会学生选人、用人、育人和留人技能，提高学生的管理能力；另一方面，也是更为重要的方面，以习近平总书记的重要论述为指导，帮助学生树立正确的信念与价值观，在其职业生涯中规范职业操守，正确地运用人力资源管理技能，实现价值目标。

（一）价值动力目标

作为公共事业管理和行政管理专业的学生，职业定位在政府机关、事业单位、非营利组织、企业公关部门，主要从事公共服务和行政管理工作。其工作性质带有很强的"公共性"和"服务性"，工作对象面向的是"人民大众"，工作结果涉及广泛的百姓利益，工作特点有较强的"敏感性"和较高的"关注度"。《公共部门人力资源管理》课程因其兼具"公共性"和"人性"特征，课程学习直接影响公共事业管理和行政管理专业学生的未来工作取向与目的。因此，《公共部门人力资源管理》课程目标设计首要的是价值动力目标，要引领学生树立正确的价值观，帮助学生形成正确的价值驱动力。要培养学生正确的理想信念。习近平总书记指出，要培养一代又一代拥护中国共产党领导和我国社会主义制度、立志为中国特色社会主义事业奋斗终身的有用人才[1]。这就要求课程：一要培养学生树立起为党的使命和中国特色社会主义建设奋斗终身的理想信念，形成使命担当的强大价值驱动力；二要培养学生树立起正确的人才价值观。习近平总书记强调，人才是创新的第一资源，人才资源是我国在激烈的国际竞争中的重要力量和显著优势[2]。为此，课程

---

〔1〕 石光辉：《习近平：用新时代中国特色社会主义思想铸魂育人　贯彻党的教育方针落实立德树人根本任务》，载 https://www.12371.cn/2019/03/18/ARTI1552914602174896.shtml，最后访问日期：2023 年 8 月 17 日。

〔2〕 习近平：《深入实施新时代人才强国战略　加快建设世界重要人才中心和创新高地》，载《求是》2021 年第 24 期。

要培养学生正确认识人才的作用和价值，正确认识人才对经济社会发展的巨大价值推动力，真正树立起"知识就是力量，人才就是未来"的人才价值观。

（二）专业能力目标

作为以人力资源为管理对象的课程，专业能力目标是《公共部门人力资源管理》课程人才培养的目标之一，也是《公共部门人力资源管理》课程思政建设的重要目标。专业能力目标关系学生对公共部门人力资源管理技能的掌握要求，关系学生对公共部门人力资源管理基本工具和方法的运用水平。因此，专业能力目标在设计上既要体现出《公共部门人力资源管理》课程人才培养的要求，又要突出重点，把握新时代中国特色社会主义建设的特点，更要领会和遵循习近平总书记的有关重要论述精神。具体来说，专业能力目标包含战略规划能力、选用育留能力和制度创新能力三个目标。在战略规划能力目标上，要培养学生战略思维、全局意识、总体规划能力。习近平总书记指出，千秋基业，人才为本……加快建设世界重要人才中心和创新高地，必须把握战略主动，做好顶层设计和战略谋划[1]。这就要求战略规划能力目标要能聚焦在强国战略、创新驱动发展战略上，培养学生能从强国、复兴、创新的战略出发规划人才战略，谋划人才战略重点，从全局视野考察人才战略需求。在选、用、育、留目标上，要以习近平总书记的重要论述为指导，培养学生科学的选人、用人、育人和留人的专业能力。习近平总书记指出，德才兼备，方堪重任……用人以公，方得贤才[2]。这实质上确立了选、用、育、留能力目标的内容，要求培养学生以此为标准修炼力行。在制度创新能力目标上，要培养学生创新思维、改革创新、制度探索的能力。制度是开展公共部门人力资源管理的外在环境和规范机制，人力资源管理制度要随时代特点和现实基础的变化而变化。习近平总书记指出，坚持深化人才发展体制机制改革……必须破除人才培养、使用、评价、服务、支持、激励等方面的体制机制障碍……加快形成有利于人才成长的培养机制、有利于人尽其才的使用机制、有利于人才各展其能的激励机制、有利于人才脱颖而出的竞争机

〔1〕 习近平：《深入实施新时代人才强国战略　加快建设世界重要人才中心和创新高地》，载《求是》2021 年第 24 期。

〔2〕 石光辉：《习近平：努力造就一支忠诚干净担当的高素质干部队伍》，载 https://www.12371.cn/2019/01/15/ARTI1547562750669417.shtml，最后访问日期：2023 年 8 月 17 日。

制[1]。这为学生制度创新能力培养目标指出了方向，就是要培养学生守正创新、破除障碍、探索科学的公共部门人力资源管理制度的能力。

（三）职业操守目标

立德树人，是课程思政的核心目标。这里的德不仅是外在的标准，更是内在的行为规范，是职业操守。公共部门人力资源管理面向的组织是公共部门，而公共部门是指通过提供公共产品和公共服务为公众服务、为公众谋求公共利益的组织。这就要求公共部门人力资源管理者在管理活动和过程中必须有高尚的职业操守，维护公众利益。进而，要求确立《公共部门人力资源管理》课程的职业操守培养目标。习近平总书记指出，坚持党对人才工作的全面领导……加强对人才工作的政治引领，全方位支持人才、帮助人才，千方百计造就人才、成就人才[2]；公正用人，公在公心，公在事业，公在风气[3]。这不仅是对人才工作的指引，更是人才工作者的工作原则和标准，也为《公共部门人力资源管理》者确立了职业准则，为《公共部门人力资源管理》课程确立了职业操守培养目标。这就要求，《公共部门人力资源管理》课程要培养学生的职业精神和专业规范，要求培养学生在人才工作上坚持党的领导，坚持党的方针、政策，坚持党的人才工作原则的职业使命感；要求培养学生公正廉洁，有对人民和事业负责的职业责任感；要求培养学生有荐才、成就人才之德，有爱才、惜才之心，有重才、用才之举的专业操守；要求培养学生有公道正派、乐于奉献、公平公正、诚信自律的职业精神。

三、习近平人才观下《公共部门人力资源管理》课程育人的实践路径

目标设计为《公共部门人力资源管理》课程育人指明了方向。实现这些目标，达成课程育人的目的，需要以习近平总书记的重要论述为指导，多角度、宽视野探索实践路径，需要对教学内容设计创新、教学方式方法改革、内修外炼手段强化、课程评价体系革新等多方面融合探索。

（一）课政结合，创新设计教学内容

课程思政建设就是要发挥好课程育人的作用，将价值塑造、知识传授与

---

〔1〕《习近平谈治国理政》（第4卷），外文出版社2022年版，第539页。

〔2〕《习近平谈治国理政》（第4卷），外文出版社2022年版，第538页。

〔3〕《习近平主持中共中央政治局第十次集体学习并讲话》，载 https://www.gov.cn/xinwen/2018-11/26/content_5343441.htm，最后访问日期：2023年8月13日。

能力培养合为一体。这实质上要求，教学内容设计要进行创新，要将课程专业理论与思政元素有机结合，实现课政合一。以课程专业理论的教学推动实现课程专业能力培养目标，以思政元素的融入推动达成课程价值动力和职业操守培养目标，从而实现课程育人的目的。因此，在《公共部门人力资源管理》课程教学内容设计上，要将思政教育元素渗透到专业理论中，以习近平总书记的重要论述为指导，在立足教学内容的专业性与思想性、政治性统一的原则下，丰富和完善教学内容，为实现课程培养目标设计好教学内容。例如，在设计公共部门人力资源管理概述这一教学模块时，可以将中华人民共和国成立以来人才在社会主义建设中发挥的重要作用、我国干部人事制度的发展历程、人才的界定标准等思政元素融入人力资源的有关概念、人力资源在公共服务中的作用、公共部门人力资源管理的发展趋势等专业知识中；在设计人力资源规划这一模块时，可以将党的人才战略、人才强国思想等融入人力资源的供给与需求分析中；在设计人员招聘、选拔、职位管理模块时，可以将党管人才思想、德才兼备、以德为先的选才标准、公正用人以及我国干部人事管理制度等思政内容贯穿其中；在设计培训开发、绩效考评模块时，可以将习近平总书记的重要论述中的人才培养、培养什么、为谁培养的精神要旨作为设计指导方针；在设计薪酬管理模块时，可以将习近平总书记的重要论述中关于人才激励机制、竞争机制的思想、我国人事工资制度改革精神等融入其中。

（二）德技并修，改革教学方式方法

课程思政既要发挥传统的课程教学功能，又要担负起课程育人的职能。要切实发挥好这二者的功能，必须改革教学方式方法，打破传统的只强调专业知识传授的教学方式，破除唯专是道的教学方法，从片面注重专业技能培养的教学方式向德技并修的教学方法转变。习近平总书记指出，深化教育体制改革，要着眼于"教好"，探索形式多样、行之有效的教学方式方法；着重培养创新型、复合型、应用型人才，健全德技并修、工学结合的育人机制[1]。这实质上从战略的高度为人才培育方式进行了规划，为高校教育、课程教学作了顶层设计。为此，《公共部门人力资源管理》课程应以习近平总书记的重要论述为指针，探索适合"德技并修"的教学方式方法。可以从以教师为主

---

〔1〕《习近平谈治国理政》（第3卷），外文出版社2020年版，第350~351页。

导的单向教学向教学互动的双向教学转变，从传授式向研讨式转变，从学生被动接受式向学生主动参与式转变。结合《公共部门人力资源管理》课程的特点，可以采用包括讲授法、案例分析法、情景模拟法、小组讨论法、专题研讨法等多元教学方式，根据思政元素特点选用适宜的教学方式方法。例如，在人员选聘教学单元中，可以采用情景模拟法，模拟我国公务员面试情景，让学生充当考官和考生，在体验运用人力资源管理招聘知识选拔人才、检验自身专业技能的同时，也理解和明确了我国人才选拔的要素，更是加深了对习近平总书记重要论述中"德才兼备，以德为先"人才标准的领会，也使学生明确了自己要成为什么样的人，从而达到了德技并修的目的；在绩效考评单元中，可采用案例分析法，选用当前我国有代表性的反腐案例，让学生自己分析案例背景、事情脉络、事后结果，使学生明白绩效到底是什么、绩效标准是什么的同时，更加深刻理解"德、能、勤、绩、廉"的内涵，深刻理解"德"为先、"廉"为底线的政治标准，将政治品德、职业道德、社会公德、公在公心、公在事业、公在风气内化于心，外修其行。进而，实现课程育人目标，达到育人与育才的统一。

（三）知行合一，强化内修外炼手段

课程育人的出发点是培养人才，落脚点是立德树人，实现人与才的统一。人才首先是人，是一个有德的人，其次是才，要拥有专业知识和专业才干。专业知识可以通过课程学习获得，德的标准也可以通过学习知晓。但要集德才于一身，成为有德有才之人，必须做到知行一致、知行合一。课程育人的目的亦在于此。因此，《公共部门人力资源管理》课程要发挥好课程育人的作用，达到课程育人的目的，也必须重视开展知行合一活动，强化内修外炼手段。内修重点在知识，在应知应会上，这包括才识与德识。在才识上要求学生知晓公共部门人力资源管理的基本理论与知识，在德识上要求学生领会习近平总书记的重要论述中"德"的科学内涵。这就要求《公共部门人力资源管理》课程在开展教学活动时，要充分运用内修手段，充分调动学生研修的内在动力，发挥学生的主动性。例如，效率、经济、公平、高绩效已成为公共部门人力资源管理的优先考虑目标，作为管理者应如何利用人才资源去实现这些目标？对这一问题就可以运用小组讨论、课题研讨等自我研修手段，结合习近平总书记的重要论述，布置任务，让学生自己查找文献资料，领会"德才兼备，以德为先"的人才内涵、人才的核心价值思想以及习近平总书记关于如何形成激励机制、竞争机制以充分发挥人才价值的科学论断，从而正确认识人才是第一资源、人才是创新驱动的关键，是实现公共部门目标的重要价值资源，进而使学生正确理解专业的"才识"与人的"德识"之间的关系，树立起正确的人才观，建立起自身正确的成才目标。

外练的重点在践行，在于身体力行。只有通过外在的社会实践和历练，才能真正将内心的"才识"与"德识"外化于行，才能真正发挥"才"与"德"的价值，成为对国家、社会和人民有用之才。为此，在开展《公共部门人力资源管理》课堂教学的同时，应加强学生的社会实践锻炼。例如，可以通过"调研韶州"、大学生"三下乡"活动、专业实习、假期工作实习等社会实践活动，让学生磨炼专业技能、感受用人标准、习得职业道德，体验政治要求，将思政教育与专业能力培养融入专业实践，训练学生的"才"，历练学生的"德"，实现"才"与"德"的统一，达成专业能力、价值动力、职业操守目标的统一。

（四）价值引领，革新课程评价体系

课程评价既是对课程教学质量的评判，也是对学生学习成果的检验，更是对学生行为的引导。课程评价有较强的导向性和指向性，在很大程度上影响学生的学习动机和行为选择。以习近平总书记的重要论述为价值引领，革新课程评价体系，有助于为课程育人发挥导向作用。《公共部门人力资源管理》课程评价体系应从评价指标体系、评价主体和评价反馈三个方面构建。在评价指标体系上，目前《公共部门人力资源管理》课程评价主要分为过程考核和结果考核，过程考核包括学习态度、上课考勤和作业完成三方面，结果考核则是期末考试。从表面上看，这种评价包含了过程与结果，符合评价的一般要求。但这些评价指标主要集中在专业学习和专业知识上，评价内容有较强的单一性，更多的是检验学生的"才识"，绝大部分涉及的是专业元素，涉及的思想政治元素很少。这显然，不利于培养"德才兼备、以德为先"的人才。习近平总书记指出，严把德才标准，德才兼备，方堪重任[1]。这实质上为《公共部门人力资源管理》课程育人提出了评价标准。因此，要革新课程评价指标体系，丰富评价指标内容，提高思政元素占比权重。在学习态

---

〔1〕 石光辉：《习近平：努力造就一支忠诚干净担当的高素质干部队伍》，载 https://www.12371.cn/2019/01/15/ARTI1547562750669417.shtml，最后访问日期：2023 年 8 月 17 日。

度这一指标上，不能仅仅局限于学习上的参与性和积极性，不能仅仅局限于课堂；要加强学习的时代感、使命感与责任感指标，要将课堂表现向课外延伸，重点考查学生一以贯之的言行表现。在作业完成上，不能单纯地完成课程专业任务，要强调专业元素与思想政治元素的结合，要融思政元素于课程作业之中，要将课程相关的社会热点问题纳入作业任务。在结果考核方面，可以探讨不依赖于单一的期末考试方式，寻求考核形式多样化。例如，可以采用以解决社会热点问题为导向的课题调研形式，这种调研可以以个人为主体，也可以以小组团队的形式开展，这样既有利于提高专业技能，又有助于提高学生关心国家发展的意识，还有助于培养学生团结合作的良好品质和职业精神。在评价主体上，可由单一的教师评价转为教师与学生共同评价，增加学生自评与互评环节。通过学生自评，能让学生更好地明确评价标准，深刻领会德才兼备的要求，有助于学生反省和提高，更好地达成课程育人目标；通过互评，能让学生学会观察和评判方法，理解集体和个人，有助于更好地融入集体、融入社会，理性地看待和分析问题，也有助于提高学生的责任感、养成良好的道德品质。在评价反馈上，一方面，要回应学生的关切；另一方面，要对学生课程成绩与总体评价结果进行反馈，帮助学生认识问题，明确不足，促成学生达成课程培养目标。

四、结语

习近平总书记关于人才与人才工作的重要论述思想丰富，内涵深刻，是全面推进课程思政建设的指针，是"三全育人"的指导思想。用习近平总书记的重要论述分析课程育人的价值，思考课程育人的目标，探讨课程育人的实践路径，对《公共部门人力资源管理》课程来说任重道远。未来还需要在教学实践中深入思考、不断探索，需要不断解决新形势新背景下的新问题，需要以问题为导向、以育人为导向切实开展教学实验和科学研究。只有持之以恒，长期坚持，才能达成价值塑造、知识传授与能力培养的统一，才能实现立德树人的目的。

党的二十大精神融入《当代中国政府与政治》课程思政的几点思考

江 勇*

韶关学院　政法学院　广东韶关　512005

摘　要：党的二十大精神是中国共产党在新世纪新阶段发展的纲领性文献中提出的一系列科学理论、发展战略和工作要求，对于当代中国政府与政治的发展具有重要的指导意义。为了更好地贯彻落实党的二十大精神，当代中国政府与政治的教育领域也需要深入思考如何将党的二十大精神融入思政课程中，使思政课程更好地服务于国家和社会的发展需求。

关键词：二十大精神；融入；政府与政治；课程思政

在当代中国，政治课程作为高校学生综合素质教育的重要组成部分，具有非常重要的思想政治教育意义。政治课程作为思政课程的代表之一，主要是为学生提供关于国家、政治、法律等领域的基本知识，使学生从全局的角度认识当代中国政治发展现状，培养学生的爱国主义精神、集体主义精神和严谨求实的学风，增强学生的社会责任感和使命感，促进学生的全面发展。

党的二十大是中国共产党历史上的一个重要时刻，其集中体现了中国共产党的理论和实践经验，对于当代中国的政治和社会发展具有重要的指导意义。党的二十大提出了许多具有重要意义的理念和战略，例如实现中华民族伟大复兴等，这些理念和战略对于《当代中国政府与政治》课程思政教育具有重要的引导和指导作用。

---

* 江勇，1973年生，汉族，湖南衡阳人，韶关学院政法学院讲师，硕士。主要从事政府治理研究。

一、党的二十大精神融入《当代中国政府与政治》课程思政的必要性

（一）党的二十大精神的主要内容

党的十九大提出，党的二十大是全党全军全国人民在新时代推进中国特色社会主义伟大事业中的一次具有重大意义的盛会。党的二十大精神是全面深化改革、全面推进依法治国、全面从严治党的重要指导思想，是中国特色社会主义进入新时代的重要指导思想。党的二十大精神包含以下几个方面的内容：

（1）全面从严治党：全面推进党的政治建设、思想建设、组织建设、作风建设、纪律建设，深入推进反腐败斗争。

（2）全面深化改革：坚持和完善社会主义市场经济体制，深化行政体制、财税体制、金融体制、城镇化体制等重点领域改革，加快形成以国家治理体系和治理能力现代化为主要目标的制度体系。

（3）全面依法治国：建设中国特色社会主义法治体系，加强立法、执法、司法、监督等方面的改革和建设，维护国家法治统一。

（4）全面推进生态文明建设：加强生态文明建设，实现人与自然的和谐共生，推动绿色低碳发展，保护生态环境和生态安全。

（5）全面深化国防和军队改革：深化国防和军队改革，建设一支听党指挥、能打胜仗、作风优良的人民军队，增强国家安全和国防实力。

（6）全面从严治军：从严治军，加强军队纪律性和战斗力，维护军队正常秩序和安全稳定。

（7）加强中国特色大国外交：坚持独立自主的和平外交政策，推动建设新型国际关系，为保护国家主权、安全、发展利益创造有利外部环境。

（二）党的二十大精神融入《当代中国政府与政治》课程思政的必要性

党的二十大精神在中国政治发展中具有举足轻重的地位和作用。新时代下中国特色社会主义进入了新的历史阶段，党的二十大精神的提出，有助于普及新时代中国特色社会主义思想，推动全党全军全国人民在新时代下的共同奋斗。党的二十大精神在宏观上注重了制度体系的完善、法治体系的建设和政治纪律的维护，对于深化改革、全面推进依法治国、全面从严治党，对于建设中国特色社会主义事业、维护国家安全、提升全球影响力都具有重要意义。

在新的历史阶段下，中国特色社会主义进入新时代，必须要有新的思想指导全党全军全国人民前进。党的二十大精神的提出，将推动中国特色社会主义进入新的历史阶段，必将在政治、经济、文化、军事等方面对中国的未来发展起到至关重要的推动作用。在中国特色社会主义制度更加完善、法治体系更加健全、政治纪律更加严明的情况下，中国必将在世界上有更为显著的表现和影响。总之，党的二十大精神是中国特色社会主义事业取得更为显著成就、推动中国特色社会主义进入新时代、维护国家安全、提升全球影响力的重要指导思想，对于当代中国的政治和社会发展具有重要的指导意义，具体表现如下：

1. 实现中华民族伟大复兴

党的二十大提出了实现中华民族伟大复兴的战略，这是中国的历史使命和历史责任，是中华民族发展的必由之路。实现中华民族伟大复兴的战略要求中国特色社会主义事业全面推进，要求各行各业为之努力奋斗。《当代中国政府与政治》课程思政应当以此为指导思想，加强学生的民族意识和民族自豪感，培养学生的爱国主义情感，提高学生的国家意识和社会责任感。

2. 推进社会主义现代化建设

党的二十大提出了推进社会主义现代化建设的战略，这是中国特色社会主义事业发展的重要目标之一。《当代中国政府与政治》课程思政应当加强学生对社会主义现代化建设的理解和认识，提高学生的科技素质和创新能力，为中国特色社会主义事业的发展作出贡献。

3. 全面深化改革

党的二十大提出了全面深化改革的战略，这是中国特色社会主义事业发展的重要保障。《当代中国政府与政治》课程思政应当加强学生对中国特色社会主义改革开放的理解和认识，培养学生的改革意识和进取心，使学生能够为中国特色社会主义事业发展作出贡献。

总之，《当代中国政府与政治》课程思政是高校思想政治教育的重要组成部分，具有非常重要的意义和必要性。党的二十大提出的理念和战略对于《当代中国政府与政治》课程思政教育具有重要的引导和指导作用，应当在教学中积极引入和推广，加强学生的思想政治教育，培养具有高素质的人才。

二、《当代中国政府与政治》课程思政的教学现状及存在的主要问题

(一)《当代中国政府与政治》课程思政的教学现状

1. 《当代中国政府与政治》课程思政教育面临的挑战

随着现代化进程的加速和信息技术的高速发展,社会变革与经济快速发展,中国政治面临的挑战越来越多。政治教育也面临着如何应对这些挑战的问题。

首先,全球化和信息化对中国政治形势的影响越来越全面、直接和深刻。世界经济的快速发展,促进了不同国家的交流与合作,也加强了信息传播的速度和影响力。这种趋势使当代中国政治面临更为复杂、多样化的挑战。网络文化的繁荣,使得政治信息更加丰富多彩,如何在这种信息洪流中解决政治教育的问题,也成为政治教育面临的一大难题。

其次,全球化的发展和信息技术的应用,也改变了中国政治教育的传统方式。传统的政治教育主要通过学校和家庭两个渠道传达,而现在社会环境和教育模式的变化,使得这种传统方式的效果不如以前。如何通过新的途径和新的方式,提高政治教育的质量和水平,是当前政治教育需要面对的一个重要问题。

最后,政治教育需要面对的一个问题是如何处理人民的合法权益和发展需求。当前的中国,经济已经进入了高速增长的阶段,但是随着 GDP 的增长,人民的一些合法权益和发展需求也面临着一定问题。政治教育需要关注这些问题,并寻找适当的方法来解决这些问题。

2. 《当代中国政府与政治》课程思政教育面临的机遇

随着中国经济的高速发展,中国在国际上的地位不断提升,这也为政治教育带来了机遇。

首先,中国的企业和组织机构越来越重视政治素质的培养。这使得政治教育不仅限于学校和家庭这两个渠道,越来越多地涉及企业和组织的经营和管理。政治教育的面向也越来越广泛,机遇也越来越多。

其次,随着网络技术的发展,政治信息的传播速度和影响力也得到了提高。这为政治教育的传播提供了广阔的空间。网络环境的特殊性使得政治信息的传递和传播可以更加广泛、直接、深入,政治教育可以通过这种新的途径和方式达到更好的效果。

最后，政治教育可以通过特殊活动、特定场合来增进学生对政治问题的理解和认识。例如，国家领导人的讲话、政府工作报告、重大事件的庆典活动等，都可以为政治教育提供一个良好的平台。

（二）《当代中国政府与政治》课程思政教学存在的主要问题

1. 政治教育质量的不稳定性

当前中国的政治教育面临的一个难题是政治教育质量的不稳定性。传统的政治教育主要是在学校和家庭中进行，但是随着经济的发展和社会的变革，教育的质量和水平也面临着更为复杂和矛盾的问题。由于不同地区、不同学校、不同阶层之间的教育资源和教学能力的不平衡，政治教育的质量和水平差异很大。

2. 政治教育思想的单一性

当前《当代中国政府与政治》教学面临的另一个难题是思想的单一性。在过去的教育过程中，《当代中国政府与政治》教学主要强调学生的爱国主义、集体主义和社会主义思想，而对个人的创造力和创新精神重视不够。这种单一性的思想会对当代中国社会的发展和进步产生不良的影响。

3. 政治教育需要特殊化的课程设计

政治教育需要更加特殊化的课程设计。课程设计的不同，会产生不同的教育效果。当前中国的政治教育课程设计需要更加注重个性化和创新性，使政治教育的理念和实践更加完善和科学。

4. 教育资源的分配不平衡

当前中国的政治教育也面临着教育资源的分配不平衡。在一些发达地区，教育资源丰富，政治教育的质量和水平相对较高，而在一些贫困地区，政治教育的质量和水平相对较低。这种教育资源的不平衡，影响着政治教育的公平性和普及程度。

5. 师资队伍建设不足

当前中国的师资队伍建设也面临着巨大的挑战。一些政治教育学科的教师教学水平有待提高，教学方案和方法也有待完善。因此，在当代中国政治教育中，师资队伍建设是一个重要的问题。

《当代中国政府与政治》课程思政的教学现状和问题是一个极为复杂和重要的话题。在面对这些问题的同时，需要教育行业和教师注意的是，教育需要不断创新和改进，以适应当代中国社会的发展和变化，提高政治教育的质量和水平，为未来中国的发展和进步提供坚实的基础。

三、党的二十大精神融入《当代中国政府与政治》课程思政的方式

（一）建立与时俱进的政治教育方法

《当代中国政府与政治》课程思政教育需要建立与时俱进的教育方法，借鉴和吸收先进的教育方式和理论，确保政治教育的高效性和实际性。在党的二十大精神的指导下，《当代中国政府与政治》课程思政教育要遵循科学、全面、严谨、客观的精神，使其中的每一个教学环节都与现代化、人性化、创新性和开放性相适应，以更好地引导和激发学生的爱国主义精神和追求真理的意愿。

（二）丰富课程内容

当代中国政治具有很强的时代性和实践性，《当代中国政府与政治》课程思政教育也需要紧密结合当下社会、政治、文化和经济的实际情况，以党的二十大精神为指导，充实、深化和拓展课程内容，提高学生的政治觉悟和政治素质。此外，还要加强国际比较和国际视野的教学，使学生更好地了解当今世界政治情况，增强对国家政治建设的跨文化理解能力。

（三）打造多元化教育平台

《当代中国政府与政治》课程思政教育需要更多地依靠课外教育和社会实践来拓展教育内容，营造多元化的教育环境和氛围。《当代中国政府与政治》课程思政教育和社会实践应该相互渗透、相互补充，形成互联互通的多元化教育平台，以激发学生的创新思维和创造力，提高学生的社会责任感和实践能力，让学生在实践中掌握、实践和传承党的二十大精神。

（四）推进课程思政与专业教育的融合

当代中国政治在不断发展和进步，各个专业对于政治的重要性也越来越重视。为了全面落实党的二十大精神，《当代中国政府与政治》课程思政应该融入各个专业教育中，让学生在专业学习过程中也能够深入了解和学习党的二十大精神，帮助学生熟悉和掌握国家政治背景和政策，提高学生的综合素质和竞争力。

（五）建立政治教育评价体系

《当代中国政府与政治》课程思政教育需要建立与之相适应的全面、科学、合理的教学评价体系，以保证评价结果与教育目标、造就学生思想和品

德的要求相一致。在评价体系的建设中，应该注重综合评价，借鉴国际先进的教育评价方法，并从学生、教师、课程和教学环节等方面进行详尽的评价，以不断提高《当代中国政府与政治》课程思政教育的质量和效果。

四、党的二十大精神融入《当代中国政府与政治》课程思政的发展方向和建议

本文在对《当代中国政府与政治》课程思政中融入党的二十大精神的必要性和应用方式的基础上，提出以下几点发展方向和建议：

（一）加强课程内容建设，促进理论与实践相结合

在课程内容方面，应该针对时代特点和学生需求，在党的二十大精神与当代政治所面临的现实问题之间加强联系，推动理论与实践相结合。课程内容不仅要涉及政治理论和政治制度，更要深入国际关系、民族团结、科技创新等领域，从多角度进行全面、深刻的分析和讲解，帮助学生掌握中国特色社会主义事业的最新进展和未来发展方向。

（二）创新教学方法，提高思想政治教育质量

在教学方法方面，应该注重创新，采用多种形式、多种手段，提高思想政治教育的吸引力和感染力。例如，可以通过信息技术手段进行多媒体教学，或者通过实地考察、社会实践等方式，让学生亲身体验政治制度和政策的实际效果，从而更加深刻地理解党的二十大精神所倡导的中国特色社会主义道路。

（三）突出思想政治教育的实效性和实践性

在思想政治教育方面，不仅要注重理论的讲解和引导，更要突出教育的实效性和实践性，注重学生的思想政治素质培养和实际行动。比如，可以通过设置实践课程、专题研究、社会调查等形式，让学生更好地理解和运用党的二十大精神，锤炼其在实践中的创新能力和领导能力。

（四）营造积极浓厚的学习氛围

在学习时，不仅要营造积极浓厚的学习氛围，更要增强学生自主学习的能力和兴趣。在课堂教学中，教师应该注重与学生互动，让学生积极参与，形成互动、合作的学习氛围。而在课外自主学习中，学生应该充分利用自己的时间和资源，多参加相关的科研、实践活动，积极探索、发现和创新。

总之，作为《当代中国政府与政治》课程思政中重要的理论资源，党的

二十大精神的融入不仅体现了中国特色社会主义理论的实践性和时代性，更是推动中国特色社会主义事业发展的重要抓手。在今后的教学中，我们应该积极发掘党的二十大精神的内涵和实践价值，更好地引导学生理解和运用，培养中国特色社会主义事业的合格接班人和建设者，为我国现代化建设的持续发展贡献智慧和力量。

五、结论与展望

（一）研究结论

本文旨在探讨党的二十大精神如何融入《当代中国政府与政治》课程思政中。通过对《当代中国政府与政治》课程思政的分析，结合党的二十大精神的核心要点，本文得出了以下结论：

首先，党的二十大精神为《当代中国政府与政治》课程思政提供了重要的理论基础。党的二十大精神强调了中国特色社会主义新时代的发展方向、目标和任务，为《当代中国政府与政治》课程思政提供了科学的理论指导。

其次，《当代中国政府与政治》课程思政应当全面贯彻落实党的二十大精神。通过深入学习、贯彻党的二十大精神，《当代中国政府与政治》课程思政可以更加深刻地认识中国特色社会主义新时代的发展特点和规律，明确政治责任，树立社会主义核心价值观，增强爱国主义和集体主义精神，提高政治素养和道德水平，为中国特色社会主义事业的发展提供有力的思想保证和精神动力。

最后，《当代中国政府与政治》课程思政应当着力营造良好的教育环境和氛围。在实践中，《当代中国政府与政治》课程思政应当立足于学生的实际需求和社会实际情况，注重培养学生的实践能力和创新精神，注重培养学生的爱国主义和集体主义精神，塑造学生的正确人生观和价值观。同时，教育者应当注重自身的素质提升，积极推动课程改革和教育创新，为《当代中国政府与政治》课程思政的发展提供坚实的基础和保障。

（二）研究不足与展望

尽管本文已经初步探讨了党的二十大精神如何融入《当代中国政府与政治》课程思政中，但还存在一些不足之处。具体来说，本文未对具体的教学内容和方法进行深入探讨和研究，也未对课程思政的实际效果进行充分的考察和评估。因此，未来的研究可以从以下几个方面展开：首先，可以进一步探讨党的二十大精神如何贯彻落实到具体的教育内容和教学方法中，特别是如何在学生的实际学习过程中形成有效的教育效果。其次，可以通过实际调查和案例研究，深入了解《当代中国政府与政治》课程思政的实际效果和存在的问题，提出更加切实可行的改进措施。最后，可以进一步研究《当代中国政府与政治》课程思政的发展趋势和未来发展方向，为推动《当代中国政府与政治》课程思政的深入发展提供科学的理论指导。

（三）研究意义和社会贡献

《当代中国政府与政治》课程思政是当前中国高等教育中的重要组成部分，具有重要的理论和实践意义。本文通过探讨党的二十大精神如何融入《当代中国政府与政治》课程思政中，为进一步推动中国高等教育的改革和创新提供了有益的启示和借鉴。

具体而言，本文的研究意义和社会贡献主要表现在以下几个方面：首先，本文为《当代中国政府与政治》课程思政提供了更加科学的理论基础和指导思路，有助于提升课程的教育质量和教学效果。其次，本文的研究有助于推动党的二十大精神的贯彻落实和实践创新，有助于为中国特色社会主义事业的发展提供有力的思想支持和精神动力。最后，本文的研究为推动中国高等教育的改革和创新提供了有益的经验和借鉴，有助于促进中国高等教育向着更加科学、有效和创新的方向发展。

新时代中国特色社会主义思想融入《宏观经济学》课程的思政路径探究[*]

李晋魁[**]

韶关学院　政法学院　广东韶关　512005

摘　要：基于对《宏观经济学》课程思政相关文献的梳理，提炼出该课程具有：在大学生中受众面广、专业性强、知识点多、理论性与实践性强等特点。依据《宏观经济学》的特性，深入论述了《宏观经济学》课程思政教育的重要性、必要性、可行性。着重将新时代中国特色社会主义思想作为"思政"，融合《宏观经济学》课程特性，从教师个人素养、课程内容设计方案、教学方式、课程考核机制四个方面探究了新时代中国特色社会主义思想与《宏观经济学》课程有机融合的实现路径，以期最终达成"有效教学、价值引领和能力提升"且兼顾立德树人与培养专业人才的课程思政建设目标。

关键词：新时代中国特色社会主义思想；高校专业课程；课程思政；路径探究；宏观经济学

一、引言

2016 年 12 月，习近平总书记在全国高校思想政治工作会议上强调，"要

　＊　本文为 2022 年度韶关学院党建与思想政治研究课题项目"习近平新时代中国特色社会主义思想有效融入《宏观经济学》课程思政与实践探索研究"的研究成果。

　＊＊　李晋魁，1996 年生，汉族，广东韶关人，韶关学院政法学院教师，在读博士。主要从事经济学领域研究。

坚持把立德树人作为中心环节，把思想政治工作贯穿教育教学全过程"[1]。即高校不仅要着重将思政课程上好，同时还要用好课堂教学这一主渠道，使各类课程都与思政理论课形成协同效应[2]，实现三全[3]育人。这种区别于思政课程开门见山讲思政、将思想政治教育融入专业课程中[4]，以"立德树人"为根本任务的综合型教学理念和教育实践活动，被称为"课程思政"。

针对课程思政建设，《高等学校课程思政建设指导纲要》[5]明确指出，"要……系统进行中国特色社会主义……文化教育"。茆健等将该纲要提出的思政方向与《宏观经济学》课程特点相结合，综合提炼后发现《宏观经济学》的课程思政元素主要有三个来源，而习近平新时代中国特色社会主义思想正是其中之一[6]；[7]同时，新时代中国特色社会主义思想是新时代中国共产党的思想旗帜、国家政治生活和社会生活的根本指针。为突显新时代中国特色社会主义思想的关键影响力，本文着重将新时代中国特色社会主义思想作为"思政"，结合《宏观经济学》课程特点，探讨如何将它与《宏观经济学》课程有机、系统地融合在一起，最终达成"有效教学、价值引领和能力提升"[8]之兼顾立德树人与培养专业人才的课程思政建设目标。

本文余下部分安排如下：第二部分介绍《宏观经济学》课程特点及其课程思政建设的意义，第三部分深入探讨新时代中国特色社会主义思想有机、系统融入《宏观经济学》课程的路径，第四部分为结语。

二、《宏观经济学》课程特点及其课程思政建设的意义

（一）《宏观经济学》课程特点

《宏观经济学》课程思政建设要出成效，必须紧密结合其课程特点。只有

---

[1] 朱文蔚：《〈宏观经济学〉课程"思政"的探索与实践》，载《湖南科技学院学报》2019年第9期。

[2] 卢素兰：《宏观经济学课程思政教学设计探索》，载《海峡科学》2020年第12期。

[3] 全员、全过程、全方位。

[4] 赵继伟：《"课程思政"：涵义、理念、问题与对策》，载《湖北经济学院学报》2019年第2期。

[5] 2020年5月由我国教育部印发。

[6] 另外两个来源分别为"社会主义核心价值观"和"中华优秀传统文化"。

[7] 茆健、李梓毓、杨晓丹：《宏观经济学课程思政元素的挖掘及其融合探究》，载《对外经贸》2021年第2期。

[8] 贺勤志：《宏观经济学开展课程思政教学路径探析》，载《对外经贸》2020年第8期。

深刻理解《宏观经济学》课程特点，课程思政建设才能对症下药，发挥其特点中的长处、弥补其特点中存在的不足或平衡其与我国发展要求不符的地方，体现出其课程思政建设的意义。经过对"宏观经济学与课程思政相结合"有关的文献进行梳理与提炼，本文发现，《宏观经济学》课程具有①在大学生中受众面广；②专业性强；③知识点多；④理论性与实践性强等特点。根据这些特点，结合《宏观经济学》课程思政实践取得的成果案例，本文梳理了《宏观经济学》课程思政建设的意义，即重要性、必要性、可行性。

（二）《宏观经济学》课程思政建设的意义

1. 重要性

《宏观经济学》是高校经管类专业的一门基础课程，在大学生群体中受众面极广。建设《宏观经济学》课程思政，在高校思政教育体系建设方面，有助于保障高校专业课与思政课同向而行、走出思政教育的"孤岛困境"[1]。

2. 必要性

（1）牢牢掌握意识形态工作领导权的必然要求。宏观经济学源自 1936 年凯恩斯的著作《就业、利息和货币通论》，是西方经济学的一个分支，其意识形态与我国大相径庭，但绝大多数《宏观经济学》课程教材却没有充分重视这一差别的教育[2]。同时，作为该课程绝大部分受众的青年大学生们，亦终将成为党和国家主要领导的群体。而他们在学习宏观经济学的这段时间，恰是其三观形成的重要时期，若其在意识形态领域的"第一粒扣子"没有扣好，那么后果将难以设想。因此，《宏观经济学》课程思政建设就成了牢牢掌握意识形态工作领导权的必然要求。

（2）应对我国社会主要矛盾变化、增进民生福祉的内在需要。宏观经济学专业性强、知识点多、实践性强，在未提出"课程思政"以前，很少有《宏观经济学》课程教师会去思考如何将思想政治工作贯穿于课程的教学中，使得课程目标无法反映教育功能，教学环节欠缺对学生价值观的正确引导，课程点评未考虑品德教育要素[3]。进入新时代，我国社会主要矛盾已然变

〔1〕 贺勤志：《宏观经济学开展课程思政教学路径探析》，载《对外经贸》2020 年第 8 期。

〔2〕 茆健、李梓毓、杨晓丹：《宏观经济学课程思政元素的挖掘及其融合探究》，载《对外经贸》2021 年第 2 期。

〔3〕 朱文蔚：《〈宏观经济学〉课程"思政"的探索与实践》，载《湖南科技学院学报》2019 年第 9 期。

化，但目前的中心任务依然是经济建设。同时，经管专业人才是经济社会发展的中流砥柱，因此，实施《宏观经济学》课程思政便成为应对我国社会主要矛盾变化[1]，增进民生福祉的内在需求。

（3）促进宏观经济学中国化、最终实现其为社会主义经济建设服务的必由之路。宏观经济学是西方经济学的一部分，有其资本主义特性。在学习或讲授西方经济学时，若没有透过"现象"看到其理论从构建到发展都是在资本主义国家特定的历史背景下提出的本质，仅仅把它当成经济理论知识来教学、完全套用西方理论来指导我国的经济发展，是行不通的。对于这一点，林毅夫创立的新结构经济学明确指出"到目前为止尚未有根据西方主流经济学理论制定政策而成功的发展中经济体"[2]。因此要促进宏观经济学中国化、最终实现其为社会主义经济建设服务，《宏观经济学》课程思政建设就成了必由之路。

3. 可行性

在重要性和必要性之外，《宏观经济学》课程思政建设还具有可行性。上海海事大学在《宏观经济学》课程思政教育实行一年后，取得了喜人的成果：学生对专业知识的吸收效果明显提高，对国家和社会发展的关心程度显著增强。《宏观经济学》课程思政建设在上海海事大学取得成功的事实证明，建设《宏观经济学》课程思政是具有可行性的。

三、新时代中国特色社会主义思想有机、系统融入《宏观经济学》的课程思政路径探究

基于《宏观经济学》课程的特点，以及对相关文献的梳理与提炼，本文认为至少可以从教师个人素质、教学内容设计、教学的方式方法及课程考核方式四个方面开展。

（一）提高教师个人素质

教师是教育工作的中坚力量，教师的素质直接决定了教育的质量。课程

---

〔1〕 李俊、梁劲锐：《宏观经济学实施课程思政的现实意义和实施路径》，载《河南教育（高等教育）》2021 年第 8 期。

〔2〕 刘津汝、曾倩：《课程思政与〈宏观经济学〉教学改革探索》，载《产业与科技论坛》2022 年第 3 期。

思政属于教育之范畴，故教师的素质直接影响了课程思政实施的结果。要将新时代中国特色社会主义思想系统融入《宏观经济学》课程中，必须提高教师的素质。本文中教师素质特指"教学理念、专业知识水平，以及是否知行合一亲身示范"，这三者对于课程思政建设目标的实现都起着重要的作用。

1. 教师教学理念转变是前提

在未提出"课程思政"以前，很少有讲授《宏观经济学》课程的教师会去思考如何将思政元素与专业课程相融合，致使教学目标未能体现育人功能；课程思政提出以后，该提法受到国家教育部门的高度重视，随即，包括《宏观经济学》课程在内的各专业教师纷纷开始思考如何在自己的课程中融入思政元素，并在总体上取得了一定的成效。但这也引发了一系列新的问题，即课程思政标签化、功利化、显性化。主要体现为教师把课程思政当作一种"时髦"去赶；一味想扩大自身影响而在形式上模仿、移植成功案例的做法，或是他们并不是注重思想教育这门课，却为了更好地得到专项资金而参与其中——这并没有做到专业课程与思想课程同向同行，同样使课程目标失去了教育功能。在此观念影响下，有的教师为图方便，甚至直接将专业课相关的思政元素梳理出来，在课堂上直接给学生们灌输式地讲，使专业课上出了思政课的味道——违背了课程思政"润物无声"的原则设置。

宏观经济学具有在大学生中受众面广、意识形态与我国不符合的特点，因此教师要使教学效果最大化，使学生更加深刻地理解宏观经济学固有的资本主义性质之不足和我国新时代中国特色社会主义思想的内涵实质与优越性，就必须努力对上述那些错误的教学理念加以转变。从深入学习领会课程思政的含义开始，厘清课程思政与思政课程的关联，以立德树人为思政目标，花足精力、下真功夫，挖掘课程的思政元素，将新时代中国特色社会主义思想与《宏观经济学》课程系统、有机融合在一起。

2. 教师扎实的专业知识水平是关键

要将新时代中国特色社会主义思想与《宏观经济学》课程有机、系统地融合起来，教师必须有扎实的专业知识功底。"学生往往可以原谅老师严厉刻板，但不能原谅老师学识浅薄"[1]。教师在学生心中之地位，有扎实的专业知识不刻意显露出来，和没有扎实的专业知识的是完全不同的——正如各国

---

[1] 2014年9月9日，习近平总书记同北京师范大学师生代表座谈时的讲话。

在当今世界之地位，手上有核武器不用，和没有核武器是完全不一样的。

《宏观经济学》具有专业性强、知识点多的特点，任课教师若没有扎实的专业知识，就很有可能在解析专业重难点时把自己绕晕，使学生听得云里雾里，多次如此，学生就会对教师的教学水平产生疑问，进而给该教师贴上一个"不靠谱"的标签。这样发展下去到本期课程结束，结果往往就是专业教学基本任务都完成不了——未能使学生掌握宏观经济学基本理论、建立起宏观经济分析框架等。在这种情况下，教师想把新时代中国特色社会主义思想有机、系统融入课程当中是不可能实现的；若强行融入，必定会让学生反感，而学生一旦对教师反感，其结果可想而知。

3. 教师亲身示范是重要引领

教师的言谈举止是学生效仿和参考的重要对象[1]，一言一行，学生都看在眼中，记在心里。如果教师要从学生身上实现自己预期的教学目标，关键不在于教师在课堂上说得多有道理，而在于教师自身有没有切实践行所说的"道理"。若教师自身做好了榜样，不用多说，学生自然会向教师看齐；若教师没有做好榜样，却在课堂上说教学生，那么学生不仅不会按照教师说的去做，反而会从内心深处对教师产生负面情感，从而陷入"一边对教师表达不满，一边又不知不觉地习得教师言行不一之做法"的恶性循环中。

教师的亲身示范对学生具有重要的引领作用，同时宏观经济学具有理论性、实践性强的特点。因此教师若能形成习惯，在课堂上、生活中自然运用宏观经济学知识专业规范地分析我国热点政策，用通俗易懂的语言向学生讲解政策与我们切实的关系，和如何运用宏观经济学知识从政策中获益，激发学生自主学习和思考"如何学以致用"。如此，在其他教学条件同等的情况下，就能更好地将新时代中国特色社会主义思想有机、系统地融入《宏观经济学》课程当中。

（二）合理设计课程教学内容

"课程"是"课程思政"建设的基础[2]，要将新时代中国特色社会主

---

〔1〕 贺景霖：《高校课程思政的价值内核及建设路径探究——以宏观经济学课程教学为例》，载《吉林省教育学院学报》2022 年第 1 期。

〔2〕 李国娟：《课程思政建设必须牢牢把握五个关键环节》，载《中国高等教育》2017 年第 15 期。

思想与《宏观经济学》课程有机、系统地融合起来——建设好《宏观经济学》课程思政，必须合理设计课程教学内容。

首先要审慎选择课程教材。课程教材是课程内容和构建德育教育框架的主要载体[1]，因此，正确的选择尤为重要。我国西方经济学学科主要奠基人之一高鸿业先生主编、中国人民大学出版社的《西方经济学》（宏观部分）（本文采用的版本是第7版，以下简称为"高鸿业先生主编的教材"）在内容上编排合理严谨，更值得突出的是，该教材在每一章的结尾处都坚持使用马克思主义立场和观点来评判宏观经济学的各种理论[2]。例如第十二章[3]的结尾部分，在评判国民收入核算的基本内容SNA[4]时讲道"这套核算体系将国内生产总值（GDP）作为核算国民经济活动的核心指标，这有其合理性……但以GDP作为核算国民经济活动的核心指标也是有局限的"[5]。关于此，该教材指出GDP不能反映经济增长方式付出的代价等不足，高度契合了"不唯GDP"之"协调""绿色"的发展理念。

高鸿业先生主编的教材在内容上编排合理严谨，在每一章的结尾处都使用了马克思主义立场和观点来评判宏观经济学的各种理论，以此为学科教材，能够更方便教师对教材内容的重构，更利于《宏观经济学》课程与新时代中国特色社会主义思想的系统化融合。故本文选取之为《宏观经济学》的课程教材。

选好教材之后，还需要对教材进行重构。对教材进行重构，即一方面要以既定教材为一般性依托，另一方面又要超越教材以适应具体教学之特殊情况。由于课时有限，不可能将整本教材的内容一一给学生讲，因此必须有所取舍。而要使取舍后的《宏观经济学》课程教学更加连贯、成体系，则必须对教材内容进行重构。同时，为了更好地将新时代中国特色社会主义思想与《宏观经济学》课程系统优化融合，在重构《宏观经济学》教学大纲时，必须着重思考如何将新时代中国特色社会主义思想不见斧凿地嵌入《宏观经济

---

[1] 秦序玲：《课堂中以教材为载体，构建德育教育框架》，载《课程教育研究》2015年第31期。

[2] 贺勤志：《宏观经济学开展课程思政教学路径探析》，载《对外经贸》2020年第8期。

[3] 宏观经济的指标及其衡量。

[4] 西方市场经济国家普遍采用的国民经济核算体系，英文全称为System of National Accounts。

[5] 高鸿业主编：《西方经济学》（宏观部分·第7版），中国人民大学出版社2018年版，第382页。

学》课程的每一章节之中。

（三）采取灵活多样的教学的方式

采取灵活多样的教学方式都是取得良好教学效果、达成课程思政建设目标的关键一招[1]。依据《宏观经济学》课程的特点，教师可以采取案例穿插配合对比式教学法、讲述亲历故事引起共鸣配合课堂讨论法、情境创设配合现代科技法、走出课堂亲身实践配合教师讲解法等手段，进行新时代中国特色社会主义思想与宏观经济学的融合，于无声处立德树人、培养专业人才。

新时代中国特色社会主义思想与《宏观经济学》课程融合举例

思政元素	新时代中国特色社会主义思想内容	课程内容	融入方式
党的领导	确保党始终总揽全局协调各方	经济周期理论	案例穿插配合对比式教学法
可持续发展	协调是持续健康发展的内在要求；绿色是永续发展的必要条件	国民收入核算	案例穿插配合对比式教学法
社会建设	坚持在发展中保护和改善民生	失业的原因及影响	情境创设配合现代科技法
民本思想	坚持以人民为中心	宏观经济政策目标	案例穿插配合对比式教学法
制度自信	中国特色社会主义制度的优越性	经济增长的决定因素、促进经济增长的政策	走出课堂亲身实践配合教师讲解法
命运共同体	推动构建人类命运共同体	国际经济学与经济全球化	讲述亲历故事引起共鸣配合课堂讨论法

1. 案例穿插配合对比式教学法[2]

在讲授经济周期理论时，可列举中日两国在 2008 年国际金融危机中的表现作对比；在讲授宏观经济政策目标时，可列举中美两国年 GDP 总量做对

---

〔1〕 王晓军、刘加林：《课程思政融入宏观经济学课程教学的探索》，载《高教学刊》2021 年第 20 期。

〔2〕 葛新宇：《"课程思政"融入我国高校"宏观经济学"课程教学改革的路径研究》，载《大学》2021 年第 48 期。

比。2008 年国际金融危机爆发，中国迅速控制住了此次危机带来的负面影响，从而使中国的经济总量迅速逼近日本，并于 2010 年 7 月 30 日超越日本，至今连年稳居世界第二；中国大规模扶贫计划在到 2020 年实现现行标准下农村贫困人口全部脱贫、贫困县全部摘帽。为实现目标，中国采取了多种措施。通过提供免费教育、就业扶持、社会保障和基础设施建设等举措，截至 2020 年底，中国成功脱贫超过 9899 万人，其中 832 个国家级贫困县实现脱贫摘帽。

通过对比以上案例事实，教师无需多言，学生便能感受到中国共产党领导是中国特色社会主义社会制度的最大优势，从而树立起对党的领导的坚定信心、由衷拥护党的领导。

2. 讲述亲历故事引起共鸣配合课堂讨论法

在其他条件同等的情况下，相比于"国家间几十年的经济发展情况"等历史性事件案例，教师之亲身经历的故事更能激发学生的兴趣、引起学生共鸣。因为人往往更关注与自己相关的事物，同时与自己相关性越大，越会感兴趣，记忆也相对牢固。历史性事件与学生的交集少而教师与学生的交集多——前者甚至几乎为零而后者"抬头不见低头见"，因此相对来说，教师与学生之间的相关性更大，如此进一步推断，在其他条件同等的情况下，教师亲历的故事自然比历史性事件案例更能激发学生的兴趣和引起学生的共鸣。引起学生的共鸣之后，再将预先设计好的课堂讨论主题抛出来给学生讨论，此时往往能收到令人满意的教学效果。最主要的是，教师能通过叙述自己的经历，巧妙地将新时代中国特色社会主义思想中所蕴含的思政元素融入其中。

因此，宏观经济学教师需抓住"亲历故事"这个发力点，自身梳理与课程有关的小故事，通过故事来激发学生的兴趣爱好。梳理好自身与课程有关的故事，通过在课堂上讲故事的方式来激发学生的兴趣、引起学生的共鸣，此时再抛出预先准备好的讨论主题，便能达到水到渠成的效果——通过故事向学生传授专业知识、实现润物无声的价值引领。

3. 情境创设配合现代科技法

情境是使抽象的事物具体、可分析化的重要抓手，是问题导向理念的生动体现。而宏观经济学的特点之一便是理论性强，故创设教学情境之于《宏观经济学》课程，可将宏观经济学抽象的理论知识转化为一个生活中常见的情境，有利于加强课程体验感，激发学生解决问题的创新思维能力。而为了更好地创设教学情境，教师可以充分利用多媒体等现代科技工具。如在讲授失业的影响和奥肯定律〔1〕时，可在课堂上播放《奔腾年代》〔2〕等相关电影的经典片段，让学生透过影片更深刻地理解经济大萧条的形成原因，直观地感受失业给社会经济和人民生活带来的重大损失，体会我国当下幸福安稳生活的来之不易，进而对我国更加坚定"四个自信"〔3〕。

4. 走出课堂亲身实践配合教师讲解法

耳闻不如目睹，目睹不如身受〔4〕。诚然，课堂上利用多媒体、网络视频等现代科技工具创设直观形象的情境所带来的教学效果，比教师单纯在讲台上讲授优越许多；然而创设的模拟情境再好，所体验到的感觉和对知识点的掌握亦不如亲身到真实的情境中实践更牢靠。而宏观经济学具备理论性强特点的同时，也具备实践性强的特点。为增强学生对宏观经济学理论的体验感和掌握程度，更好地达成教学目标，突破课堂教学的局限、带学生走进社会，去感受鲜活的经济社会发展之动态现实是一个绝佳途径。宏观经济学教师带学生走出课堂，可以组织学生实地参观国家宏观经济政策在本地的试点，讲解本地经济发展历程，引导学生对国家和地区经济热点的关注；或带着学生加入自己的课题研究，培养学生的学术思维，适时带学生深入实地做与课程相关的田野调查，拉近学生、学科、生活三者之间的距离，使得学生自觉形成用课程所学知识规范分析日常生活中的经济问题，探究问题内有的经济含义。

通过带领学生走出课堂，参加与课程相关的各种形式的实践活动，并在活动过程中加以必要的讲解，一方面能够加深学生对学习过的专业知识及其背后作用机制的理解与领悟；另一方面，可以帮助大学生更好地掌握我国当下社会发展的动态情况，感受国家日新月异的发展面貌，从而体会党和国家坚持在发展中保障和改善民生的使命担当，由衷生发"看齐意识"，积极投身

---

〔1〕 20 世纪 60 年代，美国经济学家阿瑟·奥肯根据美国的数据提出了经济周期中失业变动与产出变动的经验关系，即：失业率每高于自然失业率 1 个百分点，实际 GDP 将低于潜在 GDP 2 个百分点。

〔2〕 2003 年新经济跌落后萧条时期，美国加里·罗斯导演的电影，讲述的是 20 世纪 30 年代，美国经济大萧条时期的故事。

〔3〕 道路自信、理论自信、制度自信、文化自信。

〔4〕 汉语成语，出自西汉刘向《说苑·政理》。

新时代中国特色社会主义伟大事业。

（四）调整课程考核方式

"市场像一只看不见的手，使各种资源按供求关系的变化在各行各业之间的流动达到较好的配置"。市场之手起作用的"看不见"与课程思政"润物无声"之原则特性不谋而合，将市场的作用机制引进《宏观经济学》课程思政建设中，利用好这只无形的手——调整课程考核方式，能够将学生的关注点之"资源"与《按宏观经济学》课程思政建设前后之"供求关系的变化"，在整个教学过程中自然地达到较好的配置。而对于《宏观经济学》课程考核方式的调整，可以从在内容和结构两个方面来展开。

在内容方面，可以对考核知识点进行调整。《宏观经济学》课程是经济管理专业的基础课程，在本课程的思想政治建设执行以前，本课程的考核关键偏重学生对宏观经济理论和现行政策的正确理解和把握，故彼时该课程考核的知识点多偏向于专业性较强的知识点，而较忽略了有关德育的知识点。要实现新时代中国特色社会主义思想与宏观经济学的系统化融合，则在考核内容这一块，应适当加大与新时代中国特色社会主义思想内涵德育元素结合紧密之知识点（如"宏观经济学的特点、宏观经济政策目标及经济政策的影响"等）的考核。

在结构方面，我们对《宏观经济学》课程中考核分数的构成进行调整。《宏观经济学》课程中考核分数的构成，主要分为平时成绩与期末考试成绩两大类，分别占30%和70%。一般根据学生的出勤和作业完成的情况进行评判，且作业也多是侧重课程知识。与考核内容同理，在《宏观经济学》课程思政建设实施之前，考核的侧重点在课程知识上，对思政课的考虑微乎其微。要实现新时代中国特色社会主义思想与宏观经济学的系统化融合，则在考核分数构成比例上，可适当提高平时成绩的占比[1]。同时将平时成绩中的作业侧重点向思政方向倾斜一些，以强化"课程思政"的过程考核[2]。

四、结论及建议

《宏观经济学》课程具有在大学生中受众面广、内涵意识形态与我国国情

---

[1] 可提高至40%，相应地将期末考试成绩占比降至60%。

[2] 朱文蔚：《〈宏观经济学〉课程"思政"的探索与实践》，载《湖南科技学院学报》2019年第9期。

不符、专业性强、知识点多、理论性与实践性强等特点。本文根据这些特点，结合《宏观经济学》课程思政实践取得的成果案例，深入论证了实施《宏观经济学》课程思政建设的重要性、必要性和可行性。为突显新时代中国特色社会主义的关键影响力，本文着重将新时代中国特色社会主义思想作为"思政"，深入探讨如何将其与《宏观经济学》课程有机、系统地融合在一起，最终达成兼顾立德树人与培养专业人才的课程思政建设目标。

对于"具体如何开展落实新时代中国特色社会主义思想系统融入宏观经济学的课程思政建设，有哪些路径"这个问题。本文基于《宏观经济学》课程的特点，及对相关文献的梳理与提炼，得出至少可以从教师个人素质、教学内容设计、教学的方式方法及课程考核方式四个方面开展的结论。具体如下：

第一，提高教师素质可从"转变固旧教学理念""做扎实专业知识水平"以及"践行知行合一亲身示范所讲道理"三方面下功夫。

第二，设计课程教学内容时须审慎选择教材，明确教材后，应着重思考如何将新时代中国特色社会主义思想不见斧凿地嵌入《宏观经济学》课程的每一章节之中。

第三，根据《宏观经济学》课程的特点，教师可以采取案例穿插配合对比式教学法、讲述亲历故事引起共鸣配合课堂讨论法、情境创设配合现代科技法、走出课堂亲身实践配合教师讲解法等手段，进行新时代中国特色社会主义思想与宏观经济学的融合，于无声处立德树人、培养专业人才。

第四，对于《宏观经济学》课程考核方式的调整，可以从在内容和结构两个方面来展开。在内容方面可适当加大与新时代中国特色社会主义思想内涵德育元素结合紧密之知识点；在结构方面，则可适当提高平时成绩的占比，同时将平时成绩中的作业侧重点向思政方向倾斜一些，以强化"课程思政"的过程考核。

《社会工作概论》 课程思政教学改革探讨*

刘芳娜**

韶关学院　政法学院　广东韶关　512005

摘　要： "课程思政"是 2014 年之后出现的概念，主要是解决思想政治理论课与其他课程之间存在的"各自为政，互不相融"的现象，其解决办法是开发其他课程的思想政治教育资源，发挥其他课程的思想政治教育功能。"课程思政"的含义可以理解为：将思想政治教育寓于、融入专业课、通识课的教育活动。文章主要讲述《社会工作概论》课程思政改革的内容方法和技巧。

关键词： 思政课程；课程教学；教学改革

在 2016 年全国高校思想政治工作会议上，习近平总书记明确指出，要用好课堂教学这个主渠道，使各类课程与思政理论课同向同行，形成协同效应。[1] 2017 年，中共中央、国务院印发的《关于加强和改进新形势下高校思想政治工作的意见》也指出，要充分发掘和运用各学科蕴含的思想政治教育资源，健全高校课堂教学管理办法。[2]无论是 2016 年的全国高校思想政治工作会

---

* 本文为韶关学院 2022 年度第 23 批校级教学改革项目"《社会工作概论》课程思政改革研究"研究成果；2020 年校级课程思政建设项目"《社会工作概论》课程思政改革研究"研究成果。

** 刘芳娜，1981 年生，女，河南新乡人，韶关学院政法学院讲师，硕士。

〔1〕 杨安琪：《习近平在全国高校思想政治工作会议上强调　把思想政治工作贯穿教育教学全过程　开创我国高等教育事业发展新局面》，载 https://news. 12371. cn/2016/12/08/ARTI1481194922295483. shtml，最后访问日期：2023 年 8 月 17 日。

〔2〕 张烁：《把思想政治工作贯穿教育教学全过程　开创我国高等教育事业发展新局面》，载《人民日报》2016 年 12 月 9 日。

议，还是 2017 年的高校思政工作意见，这些政策都明确提出了"课程思政"改革建设的目标和操作方法。因此，寻求专业课程中的思政教育元素，挖掘各学科专业知识与思政教育内容的关联性，并科学有效地将思政教育内容融入其他课程教学中，是课程改革的重要内容，也是提升高校思政教育工作质量的工作思路。

一、思想政治教育融入专业课教育的方式

（一）倡导学生自主学习

自主学习的学习理念是思想政治教育非常重要的组成部分，学生需要定期查阅国内外的经典著作和文章，学习国内外关于专业知识的理念、动态和发展趋势，以实事求是的态度掌握自主学习的理念，以更为广阔的视野和浸润的方式加深对专业知识的认知。要倡导自主学习的理念，不断地了解专业领域发展变化的动态过程，加深对于专业领域的研究，让学生能了解更加前沿的知识。

（二）使用课堂情境教学的模式

充分发挥课堂教学教书育人的主要功能，在课堂教学中多设置一些主题情境，让学生在情境中学习和体验专业知识。自主学习融入情景教学，在情景教学中融入有关思想政治教育的理念和方法，引导学生掌握思想政治教育规范，让学生在教中学，在学中悟，在悟中强化认知。

充分发挥学生在学习中的主人翁精神，在课堂教学中，充分利用多媒体和其他现代化的教学手段，让学生围绕案例展开讨论和直观生动的分享。利用情境教学，导入情境，对学生的价值观做正面的引导。情境教学中融入思想政治教育的基础内容，教师可以在指导学生实践的过程中不断融入专业知识和思想政治教育内容，达到多学科并举的目的。课堂情境教学可以围绕不同的时代背景，也可以围绕不同的文化背景，在实现思想政治教育的发展过程中，帮助学生塑造正确的人生观和价值观。

二、《社会工作概论》课程思政改革中存在的问题

《社会工作概论》是社会工作专业的基础课，在专业课程体系中发挥着基础性、系统性及理论性的作用。实施课程思政改革，将思政教育元素融入

《社会工作概论》课程教学中，有助于培养爱党爱国，有社会责任、有专业知识、有职业技能、有创新精神、身心健康的复合型人才。"课程思政"概念虽然提出已久，但是在《社会工作概论》课程的思政课堂改革的研究目前尚处于起步阶段。目前主要存在以下问题。

（一）对课程思政的认识不足

作为社会工作专业的基础课，其教学改革备受重视。多年来的课程建设与改革大多围绕课程的专业性来进行教学设计，在加强大学生思想政治教育和职业素养方面没有引起足够的重视。一方面，该课程的教学长期以来存在着"重技能、轻德育"的倾向，作为社会学的核心专业类课程，课程内容中几乎没有德育的元素，教学内容和教学设计也没有充分体现对从业人员职业道德的要求，课程教学过程中的思想政治教育体现不明显；另一方面，任课教师对课程思政的理解和认识不到位，对课程思政的意义和教学模式还未从根本上改变，教师课堂上只是讲授知识和带领学生进行实践训练，很少涉及德育方面的教育，有的教师认为学校已经开设了思政课程，专业课程没有必要加入思政元素，从而导致课程教学与课程思政教育严重脱节，不利于立德树人。

（二）提炼思政元素的水平有待提升

"有温度、有感情"是课程思政教育的抓手，在课堂思政教育中，要重点选择好融入的思政元素。要注意引入国家最新的科研成果、国家最新的发展战略。课程思政素材的来源可以是国家政治改革、经济改革的热点内容；可以是古今中外具有教育意义的案例、影视剧、歌曲等；也可以是身边的生活故事；还可以是教师的教学反思等。而目前，《社会工作概论》课程的思政资源还未进行梳理，尚未形成体系，提炼思政元素的水平也有待提升，有关研究尚处于起步阶段。

三、《社会工作概论》实施课程思政改革的建设内容

《社会工作概论》课程思政改革方案以习近平总书记提出的全员、全过程、全方位育人为指导思想，从教学目标、教学内容、教学方法三方面进行课程思政改革建设。以课程知识传授与价值引领互相结合的实现为课程目标，然后根据修订的思政教学目标，在思政教学内容中融入思政教育元素，创新教学方法，编写新的思政版教学方案和教学设计，充分发挥专业课程的育人

功能，构建新的思政版教学体系。

（一）课程改革的内容

改革内容主要包括以下几个方面：其一，教学资源的改革。课程思政要摒弃传统的 PPT 授课方式，构建以事实案例为主的具有思政教育意义的教学资源，不断更新完善教学内容，增强教学内容的生动性和时效性。其二，教学方法的改革。改革传统的教学方法。比如使用案例教学法、项目 PK 法、"对分课堂"教学法等多种教学方式，引导学生积极参与课堂，实现课堂的生动性和有趣性。其三，学生学习方式的改革。改革传统的学习方式，实行小组学习，以某个案例作业为主题，要求小组成员围绕主题展开讨论，头脑风暴，共同找出解决问题的办法。[1]此方法可以锻炼小组成员的团队协作能力，实现朋辈联动学习。其四，考核方式的改革。将形成性考核和终结性考核的所有结果结合起来，并结合学生的社会实践、见习实习等环节。实现考核的公开公平和公正。其五，改革成效分析。在《社会工作概论》课程进行思政课堂教学改革之后，设计出一定的考核指标来衡量课程改革的成效。比如和传统的教学相比，在学生的学习积极性和学习参与度以及学习效果等方面进行考量，是否有所提升。

（二）建设目标

将思想政治教育的相关内容融入课堂知识传授中，采用学科融入的方式达到思想政治教育的目的，通过价值引领达到课程育人的目标，将思政教育中三观教育、中国梦、社会主义核心价值观等融入课程中，潜移默化地让学生接受主流价值观的熏陶，培养具有全球视野、家国情怀、创新精神专业素养的人才。[2]要在课程教学中坚持以马列主义毛泽东思想为指导，构建中国特色哲学社会科学学科体系。帮助学生了解专业相关和该行业领域的国家战略、法律法规和相关政策条文，引导学生深入实践、关注现实，培育学生的职业素养。

四、课程改革的基本思路

该课程主要从两个方面进行改革，即理论教学和实践教学。第一，理论

---

〔1〕 陈单单、彭湘凌：《高职经济数学人才培养改革探析》，载《中国市场》2020 年第 26 期。
〔2〕 徐玲丽：《基于翻转课堂的管理会计课程教学设计》，载《丽水学院学报》2019 年第 4 期。

课程教学改革。以培养应用型人才为目标，对《社会工作概论》课程进行优化组合。重新设计教学内容，遵循教学教育规律和学生的学习特点，贯彻以学生为本的教学理念，打破教师填鸭式的教学方法，运用"对分课堂"和"课堂思政"相结合的教学模式，运用启发式、参与式、情境式、讨论式、PK 式等教学方法，构建新的课堂教学模式。该课程的建设目标是在《社会工作概论》课程建设中，加入思政素材、实现"知识传授"和"价值引领"有机统一。[1]关键路径是实现该课程内容与思政元素的有机融合，包括思政元素与《社会工作概论》课程基础理论、专业热点问题以及学生学习兴趣的有机融合，最终实现《社会工作概论》课程教学与思政教育相互促进。在两者的良性互动中，提升当代大学生对中国特色社会主义的认同感和参与度，培养合格的社会主义建设者和接班人。

第二，实践教学的课程改革。《社会工作概论》作为一门实践性很强的课程，实践教学占据了该课程教学的重要地位。因此，有必要对实践教学环节进行改革。实现思政课从知识教育向知行合一的行动教学转变。《社会工作概论》课程实践教学思政改革要根据对学生基本素养的要求，把爱国爱党教育、职业道德、专业素养、动手能力等融入学生校内外的各项实践活动，引导学生学以致用，实现以理论指导实践，以实践加深理论理解的教学目标。[2]

五、《社会工作概论》课程教学环节的融入技巧

该课程思政教学改革的重点在于在课堂教学环节融入思政教育，下面笔者以"小组社会工作"这个章节为例谈谈该课程的教学融入。

---

〔1〕 徐玲丽：《基于翻转课堂的管理会计课程教学设计》，载《丽水学院学报》2019 年第 4 期。

〔2〕 高翠莲、李媛媛主编：《ERP 管理会计岗位综合实训》，高等教育出版社 2019 年版，第 237 页。

（一）教学内容分析

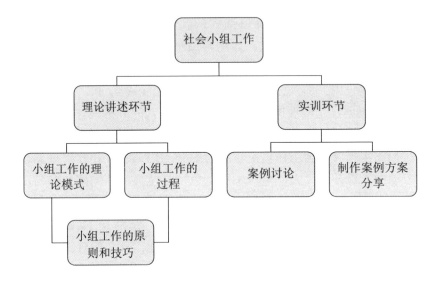

（二）教学设计

	序号	时长（分钟）	教学主题活动	教师活动	学生活动	设计意图（思政元素）
过程设计	1	5	提出问题：什么是小组工作？	提问、讲授	思考、讨论、回答问题	培养同学们自主思考的能力。
	2	5	新知识点导入：小组工作的内涵	讲解定义，区分小组工作和个案工作的区别	听课、思考	培养同学们分辨的能力。
	3	10	小组工作的理论模式	讲授	听课、思考	教育同学们要树立文化自信、理论自信。
	4	10	小组工作的发展阶段和过程	讲授	听课、思考	教育同学们树立家国情怀、具有专业素养。

续表

序号	时长 (分钟)	教学主 题活动	教师 活动	学生 活动	设计意图 (思政元素)
5	15	小组工作的原则与技巧	讲授	听课、思考	教育同学们树立正确的世界观、人生观、价值观；树立社会工作专业利他主义价值观、具有社会责任感和团结协作精神、讲道德规范等社会主义核心价值观。
6	25	学生消化吸收和小组讨论	组织、控场	消化吸收并分组讨论"亮考帮"	锻炼同学们的自主思考能力、批判性思维、提出问题的能力。
7	15	3~5组小组代表发言	组织、控场	发言	锻炼同学们的口头表达能力。
8	5	总结	讲授	听课、思考	教育同学们树立专业素养。
9	30	实训：组织小组讨论案例（"快乐学习成长小组"的设计），形成设计方案	组织并控制讨论的时间，其间也答疑	分组讨论	锻炼同学们的团结协作能力，沟通协调能力，口头表达能力和时间管理能力。让同学们在亲身参与方案设计中增强创新精神、创造意识和创新能力。

续表

序号	时长 (分钟)	教学主 题活动	教师 活动	学生 活动	设计意图 (思政元素)
10	45	分小组分享案例方案	组织并控制讨论的时间，点评	发言、分享	锻炼同学们的口头表达能力和时间管理能力。
11	15	点评和总结本章内容	点评和总结	听课、思考	教育同学们要具有勇于探索的创新精神、有批判性思维意识和善于解决问题的实践能力。

	教学目标		评价手段
学习效果评价	小组工作是什么	掌握小组工作的含义、理解小组工作和个案工作的区别	听课抬头率 主动发言人数及频次 "对分易"考勤
	小组工作的过程	掌握小组工作的设计流程	主动发言人数及频次 案例分享的效果
	小组工作的原则和技巧	能够运用理论组织小组活动	时间控制 台风把握 方案设计特色与关键点的突出性 表达的清楚性

（三）课堂的主要特色及亮点自评

本章节课程采用"对分课堂"的模式，通过理论讲述和案例探讨的方式安排教学。笔者设计了一个"快乐学习成长小组"的教学案例。在该节课上让学生以小组为单位作案例探讨，要求小组在规定时间内编制小组工作方案并向全班同学分享。此环节可锻炼学生的团结协作能力，沟通协调能力和时间管理能力。方案设计完成之后，由该小组同学共同面向全班同学进行方案分享，此环节可锻炼同学们的表达能力和时间管理能力。

"对分课堂"教学方法是学校一直提倡的教学方法，此方法主要突出师生的互动，激发学生的思考和团结协作能力。课堂使用案例教学法、项目PK法等教学方式，引导学生积极参与课堂讨论、小组活动。特别是小组学习过程中，小组成员围绕某一主题一起进行思考讨论，可锻炼小组成员的团队协作能力、口头表达能力、领导能力等。小组工作需要有耐心，沟通协作。此环节可锻炼学生的团结协作能力，沟通协调能力和时间管理能力。

六、总结

该项目改革的关键是在《社会工作概论》课程的教学中加入思政素材，实现"知识传授"和"价值引领"的有机统一。最大程度发挥课程思政育人效果的关键是实现专业课程与思政元素的有机融合，包括思政元素与专业基础理论、与专业热点问题以及与学生学习兴趣的有机融合，最终实现专业课程教学与思政教育相互促进。在两者的良性互动中，提升当代大学生对中国特色社会主义的认同感和参与度，培养合格的社会主义建设者和接班人。

课程思政融入《行政秘书与公文写作》课程的教学改革研究*

刘芳娜**

韶关学院　政法学院　广东韶关　512005

摘　要："课程思政"的含义可以理解为：将思想政治教育寓于、融入专业课、通识课的教育实践活动。文章主要讲述《行政秘书与公文写作》课程思政改革的背景、内容方法和思路，并通过教学设计进一步说明该课程思政教育融入的技巧。

关键词：思政课程；课程教学；教学改革

"课程思政"是 2014 年之后出现的概念，源于上海市相关高校的探索，其目的是解决大学生思想政治教育的"孤岛"困境，尤其是解决思想政治理论课与其他课程之间实际存在的"两张皮"现象[1]，其方式是开发利用相关课程的思想政治教育资源，以充分发挥所有课程蕴含的思想政治教育功能。这些探索对于形成各门课程育人合力发挥了重要作用，激起了很多高校的兴趣，并引发了教育部的关注。教育部颁布的相关通知、文件以及教育部领导的讲话中多次出现"课程思政"这一概念。目前，"课程思政"的观念日益深入人心，逐渐掀起了一股关于"课程思政"的热潮。这就需要我们对"课

---

　*　本文为韶关学院 2023 年校级课程思政建设项目"《行政秘书与公文写作》课程思政改革研究"的研究成果。

　**　刘芳娜，1981 年生，女，河南新乡人，韶关学院政法学院讲师，硕士。

　〔1〕陈荟洁、黄海菲：《立德树人视域下高职院校"课程思政"融合发展模式探索》，载《教育与职业》2019 年第 14 期。

程思政"的含义、理念、问题与对策等进行系统、深入的研究。

一、课程思政的解读

"课程思政"包括"思想政治理论课""专业课""通识课"和"思想政治教育（实践）活动"等关键词，则其含义可以初步理解为：依托或借助思想政治理论课、专业课、通识课等课程而开展的思想政治教育实践活动[1]。若进一步考虑，从"思想政治教育"这一社会实践活动包括思想政治理论教育和思想政治实践教育这一现实来看，则思想政治理论课是其主渠道，因为思想政治理论课既包括课堂教学也包括实践教学，其中，思想政治理论教育以课堂教学为主要形式，思想政治实践教育以实践教学为主要形式[2]。换言之，思想政治理论课教学本身就属于思想政治教育。从现实来看，思想政治理论课作为大学生思想政治教育的主渠道，在高校思想政治教育中具有主干地位，对于培养德智体美全面发展的社会主义教育具有实效。"课程思政"概念的提出与探索正是为化解这一问题，所以"课程思政"旨在挖掘和发挥专业课、通识课的思想政治教育资源与功能，其侧重点不在思想政治理论课。由是观之，"课程思政"的含义可以进一步理解为：依托、借助于专业课、通识课而进行的思想政治教育实践活动，或者是将思想政治教育寓于、融入专业课、通识课的教育实践活动[3]。这样理解既关照了"课程思政"建设的重点，又将"课程思政"与"思政课程"所涉"课程"进行了适当的划分，不至于两者在概念上纠缠不清，有利于回击关于"课程思政"与"思政课程"之间关系的"包含论""升级论""替代论"等错误观点[4]。

二、《行政秘书与公文写作》课程改革的背景

《行政秘书与公文写作》是行政管理专业的基础课，在专业人才培养中担

---

〔1〕 王谦：《高职理工类专业课开展课程思政教育的探索与实践——以〈机械制造工艺与装备〉课程为例》，载《职业技术》2019 年第 7 期。

〔2〕 王丽华：《高职院校"思政课程"与"课程思政"协同育人模式构建的逻辑理路探究》，载《中国职业技术教育》2019 年第 18 期。

〔3〕 李睿淳：《"现代职业人"视域下高职课程思政的价值生成及实现路径》，载《黑龙江高教研究》2019 年第 5 期。

〔4〕 王谦：《高职理工类专业课开展课程思政教育的探索与实践——以〈机械制造工艺与装备〉课程为例》，载《职业技术》2019 年第 7 期。

负着基础性、系统性及理论性的作用。"课程思政"概念虽然提出已久，但是对《行政秘书与公文写作》课程的思政课堂改革的研究目前还较少。本文以该课程为依托，研究"思政教育"与专业课程的相互融合，为培养爱党爱国、有社会责任感、有科学创新精神、有职业素养与道德、爱岗敬业的复合型人才打下基础[1]。

该课程改革的关键是在《行政秘书与公文写作》课程的教学中，加入思政素材、实现"知识传授"和"价值引领"有机统一。最大程度发挥课程思政育人效果的关键是实现专业课程与思政元素的有机融合，包括思政元素与专业基础理论的有机融合、与专业热点问题的有机融合以及与学生专业兴趣的有机融合，最终实现专业课程教学与思政教育的相互促进。在两者的良性互动中，提升当代大学生对中国特色社会主义的认同感和参与度，培养合格的社会主义建设者和接班人[2]。《行政秘书与公文写作》实施课程思政改革，将思政教育元素融入其课程教学中，引导学生实现人文知识的内化和道德情操的提升，有助于培养爱党爱国、有社会责任、有创新精神、有专业知识、有职业技能、有健康身心的复合型人才。

三、《行政秘书与公文写作》课程改革的计划思路

（一）系统学习课程思政的含义、理念、实施方法

通过线上线下学习、专题研讨、专项指导等多种形式开展课程思政系列学习，深化团队对课程思政的理解，正确理解课程思政的含义、理念和意义。

（二）在特定章节中进行改革

在这些章节中，有目标地融入思政理论，比如更新教学资源，添加具有爱国教育的教学案例、教学视频等方式。引导学生学习和领悟全面依法治国新理念、新思想、新战略，强化学生的公民意识、民主政治和法治精神，坚定走中国特色社会主义法治道路的理想和信念，引导大学生懂法、知法、守法，提高运用法治思想和法治方式维护自身权利、参与社会公共事务、化解

---

〔1〕 郎振红：《高职学校计算机专业课程思政建设的实践探究》，载《天津市教科院学报》2019年第2期。

〔2〕 王莹：《高职"课程思政"实施路径研究》，载《无锡职业技术学院学报》2019年第2期。

矛盾纠纷的意识和能力[1]。引导学生自觉践行各行业的职业精神和职业规范，增强职业责任感，培养爱岗敬业、无私奉献、诚实守信、公道办事等职业品格和行为习惯。我们在学期中和学期末进行课程学术研讨，召开课程研讨会和经验交流会。在改革实施中发现问题，解决问题，不断地总结提高[2]。

（三）在教学实践中不断地完善教学内容和教学设计

结合"对分课堂"教学模式，根据新的教学资源和教学方法，重新设计新的教学课程标准和教学设计，并且在社会实践、实习环节融入思政教育。

四、《行政秘书与公文写作》课程思政教学环节的融入技巧

该课程思政教学改革的重点在于在课堂教学环节融入思政教育，下面笔者以《公务文书》这个章节为例设计该课程的教学融入（见下表）。

《公务文书》教学设计

教学主题（章、节）： 第四章　公务文书　第一节：概述；第二节：命令、决定、意见；第四节：报告、请示、批复。	
一、教学目标	
思政 目标	1. 引导学生树立并践行全心全意为人民服务的根本宗旨，致力于提升人民生活的满意度、获得感和幸福感。 2. 增强学生对专业的认同度、自豪感、责任感，提升学生的创新意识与能力，培养工匠精神以及民族复兴的爱国情怀。
知识 目标	1. 了解公务文书的概念及作用。 2. 掌握公务文书的分类。 3. 掌握命令、决定、意见的写作方法。 4. 掌握报告、请示、批复的写作方法。
能力 目标	1. 学生养成学以致用、活学活用的思维模式与学习习惯。 2. 锻炼学生信息素养，提升学生团队合作意识、规则意识、责任意识与积极贡献的能力。

---

[1] 程德慧：《产教融合视域下高职院校"课程思政"改革的探索与实践》，载《教育与职业》2019年第3期。

[2] 杨雪琴：《对高职院校"课程思政"改革路径的若干思考》，载《学校党建与思想教育》2019年第2期。

续表

二、教学分析	
教材内容分析	（选用教材内容的分析，内容重构等）《新编应用文写作教程》，航空工业出版社，吴勇斌、王玲香主编。
其他教学支撑分析	（其他教学支撑指教学环境、教学设备、教学资源等。教学资源包括行业条件、网络课程、视频、PPT、电子学术论文、专著等。） 教材、案例参考资料、PPT、对分易 APP 学习平台。
学情分析	管理学专业的学生对管理理念和管理方法有了基本的认知，所以对于学习技能型的文书写作兴趣很大，也认识到了学习的重要性，态度认真。前面学了礼仪文书的写作方法，对于基本的写作格式有了了解，接受新知识很快。
教学重点难点分析	（关联专业培养要求、课程教学要求） 教学重点： 1. 掌握公务文书的分类。 2. 掌握命令、决定、意见公务文书的写作方法。 3. 掌握报告、请示和批复的写作方法。 教学难点： 1. 报告、请示、批复这几个文书适用范围的区别。

三、教学策略设计（为达到教学目标而采取的系统的方式方法和行为）

理论简述+案例欣赏+习作练习的教学方法

四、教学过程设计

课前要求	预习事务性文书相关内容			

	教学环节（时间分配）	教师活动	学生活动	设计意图预期效果
课堂实施	理论讲述（15分钟）	讲述什么是公务类文书，它的基本概念、特点和作用。	听课吸收，了解什么是公务性文书。	明确本节学习任务与目标，重难点。让学生了解什么是公务性文书，了解它的基本概念、特点和作用。

续表

	理论讲述与练习（15分钟）	提问：命令是什么？精讲命令文书（内涵、特点、写作方法、写作要求），练习补充习题。	回答问题，分享对命令的认知；听讲，跟随教师的引导，独思主旨，明确公务文书写作的价值与重要性。	全面认知公务类文书的作用与写作方法，引导学生培养活学活用、学以致用好习惯。
	理论讲述与练习（15分钟）	精讲决定（案例欣赏）、布置习作练习。	听讲，跟随教师的引导，独思主旨，感受写作的方法和语言的使用；练习写作。	全面认知公务类文书的作用与写作方法，拓展深化，检测学习成果。
第一次课	理论讲述与练习（15分钟）	精讲意见（案例欣赏）、布置习作练习。	听讲，跟随教师的引导，独思主旨，感受写作的方法和语言的使用；练习写作。	全面认知公务类文书的作用与写作方法，拓展深化，检测学习成果。
	理论讲述与练习（15分钟）	精讲报告（案例欣赏）、布置习作练习。	听讲，跟随教师的引导，独思主旨，感受写作的方法和语言的使用；练习写作。	全面认知公务类文书的作用与写作方法，拓展深化，检测学习成果。
	理论讲述与练习（15分钟）	精讲请示和批复（案例欣赏）、布置习作练习。	听讲，跟随教师的引导，独思主旨，感受写作的方法和语言的使用；练习写作。	全面认知公务类文书的作用与写作方法，拓展深化，检测学习成果。
课后提升	（融入挑战性学习任务）完成课后写作题的1、2题。			

教学主题（章、节）： 第四章 公务文书　第三节：公告、通告、通知、通报；第五节：议案、函、会议记录。
一、教学目标
思政目标：1. 引导学生树立并践行全心全意为人民服务的根本宗旨，致力于提升人民生活的满意度、获得感和幸福感。 2. 增强学生对专业的认同度、自豪感、责任感，提升学生的创新意识与能力，培养工匠精神以及民族复兴的爱国情怀。

知识目标	1. 掌握公告、通知、通告、通报的写作方法。 2. 掌握议案、函、会议纪要的写作方法。
能力目标	1. 学生养成学以致用、活学活用的思维模式与学习习惯。 2. 锻炼学生信息素养，提升学生团队合作意识、规则意识、责任意识与积极贡献的能力。

二、教学分析

教材内容分析	（选用教材内容的分析，内容重构等） 《新编应用文写作教程》，航空工业出版社，吴勇斌、王玲香主编。
其他教学支撑分析	（其他教学支撑指教学环境、教学设备、教学资源等。教学资源包括行业条件、网络课程、视频、PPT、电子学术论文、专著等）。教材、案例参考资料、PPT、对分易 APP 学习平台。
学情分析	管理学专业的学生对管理理念和管理方法有了基本的认知，所以对于学习技能型的文书写作兴趣很大，也认识到了学习的重要性，态度认真。前面学了礼仪文书的写作方法，对于基本的写作格式有了了解，接受新知识很快。
教学重点难点分析	（关联专业培养要求、课程教学要求） 教学重点： 1. 掌握通知、通报、公告等公务文书的写作方法。 2. 掌握各类公务文书的写作方法。 教学难点： 1. 公告、通知、通告、通报这几个文书适用范围的区别。 2. 议案、函、会议纪要的写作方法和适用范围。

三、教学策略设计（为达到教学目标而采取的系统的方式方法和行为）

理论简述+案例欣赏+习作练习的教学方法

四、教学过程设计

课前要求	预习事务性文书相关内容

课堂实施	教学环节（时间分配）	教师活动	学生活动	设计意图预期效果

第二次课	理论讲述与写作练习（10分钟）	精讲公告（内涵、特点、写作方法、写作要求）。	听讲，跟随教师的引导，独思主旨，明确公务文书写作的价值与重要性；回答问题，分享对相近文书的认知。	比较全面认知公务类文书的写作方法，引导学生培养活学活用、学以致用好习惯。
	理论讲述与写作练习（10分钟）	精讲通告（内涵、特点、写作方法、写作要求）。	听讲，跟随教师的引导，独思主旨，感受写作的方法和语言的使用；练习写作。	比较全面认知公务类文书的写作方法，引导学生培养活学活用、学以致用好习惯。
	理论讲述与写作练习（10分钟）	精讲通知（内涵、特点、写作方法、写作要求）。	听讲，跟随教师的引导，独思主旨，明确写作的价值与重要性；练习写作。	比较全面认知公务类文书的写作方法，引导学生培养活学活用、学以致用好习惯。
	理论讲述与写作练习（10分钟）	精讲通报（内涵、特点、写作方法、写作要求）。	听讲，跟随教师的引导，独思主旨，感受写作的方法和语言的使用；练习写作。	比较全面认知公务类文书的写作方法，引导学生培养活学活用、学以致用好习惯。
	理论讲述（5分钟）	精讲这四种文书的区别和联系。	听讲，跟随教师的引导，独思主旨。	比较全面认知通知类文书的写作方法，让学生学会区分不同文书的使用范围。

续表

理论讲述与写作练习（15分钟）	精讲议案（内涵、特点、写作方法、写作要求）。	听讲，跟随教师的引导，独思主旨，感受写作的方法和语言的使用；练习写作。	比较全面认知公务类文书的写作方法，引导学生培养活学活用、学以致用好习惯。
理论讲述与写作练习（15分钟）	精讲函（内涵、特点、写作方法、写作要求）。	听讲，跟随教师的引导，独思主旨，感受写作的方法和语言的使用；练习写作。	比较全面认知公务类文书的写作方法，引导学生培养活学活用、学以致用好习惯。
理论讲述与写作练习（15分钟）	精讲会议记录（内涵、特点、写作方法、写作要求）。	听讲，跟随教师的引导，独思主旨，感受写作的方法和语言的使用；练习写作。	比较全面认知公务类文书的写作方法，引导学生培养活学活用、学以致用好习惯。
课后提升	（融入挑战性学习任务）完成课后写作题的3、6题。		

课后教学反思（对教学理念、教学过程和教学效果的反思）

一、教学理念
1. 坚持立德树人，注重挖掘课程内容思政元素，有机融入课程教学一体化设计中，持续提升学生专业认同感、使命感、获得感。
2. 贯彻 OBE 教育理念，以学生素质提升为导向开展教学活动，鼓励学生开展独学独思、同伴互动、对分课堂等实践。
二、教学方法
第三章的教学采用线上线下混合式教学，对分课堂教学法、案例分析法、情境教学法、任务驱动法等，加强了师生、生生之间互动，着力激发学生参与式、探究式、团队式学习的积极性和主动性，从学生反馈来看，能有效提高教学效果。
三、教学过程及目标达成度
本次课堂教学过程总体上能较好按照教学设计计划实施，目标达成度理想，学生参与度高，能看出来学生在知识、技能、素养中都有明显的成长和收获，课堂氛围轻快热烈。在教学过程中发现，随着常年教学案例、经验的积累，课堂中出现即兴发挥导致课堂内容繁多、课时及进度紧张的问题出现，应加强课前教学内容精简精准设计以及执行效度把控，以更好地辅助学生学以致用。

五、该课程思政改革的成果和效果

（一）优化了思政内容的教学设计

根据专业人才培养方案和课程思政建设要求，形成修订版的教学课程标准和教学设计、课件等资料，将课程思政有机融入教学各环节，不断提升学生的课堂学习体验和学习效果。

（二）协同开展教学研究和经验分享

针对该课程，团队成员不定期举办课程思政建设情况工作现场会、研讨会、交流会，不断提高教师开展课程思政教育的能力和水平。

（三）课程的课件、案例资源库、试题资源库

可以校内外共享，同时可以作为培训资料。

《行政管理学》融入思政元素的现状、途径分析[*]

刘俊松[**]

韶关学院　政法学院　广东韶关　512005

摘　要：《行政管理学》作为行政管理专业的主干核心课程，其融入思政元素显得尤为必要和迫在眉睫。恰逢建党百年，如何更加有效地将思政元素融入《行政管理学》课程中，值得深究。本文从《行政管理学》融入思政元素的意义、现状、构思及其途径等角度进行深入研究，旨在较系统地分析《行政管理学》融入思政元素的必要性和可行性。

关键词：行政管理学；思政元素；现状；途径

一、《行政管理学》融入思政元素的意义

改革开放四十多年来，我国一直重视思政课程的建设和青少年思政德育和意识的培养。其中，《行政管理学》与《思想政治教育》两门课程长期以来结合我国不同阶段的实际情况进行深入的探索、实践与发展，与此同时两者也取得了有机的统一。两门课程在宣传党的大政方针、转变政府职能，全面推进依法行政和国家行政体制改革以及培养党的合格接班人等方面作出了重大贡献，但在发展过程中也出现了不同的矛盾与特点。尤其是近年来，行政管理专业在课程设置上，过分强调权力的行使，忽视或弱化了对学生公共

---

　*　韶关学院第二十一批教育教学改革研究项目"《行政管理学》融入思政元素探究"（编号：SYJY20201206）。

　**　刘俊松，1980年生，男，江西赣州人，韶关学院政法学院讲师，硕士。主要从事公共卫生治理和生态环境治理研究。

服务意识、责任意识的培养，缺少对青年学生价值取向的引领，致使部分学生出现"精神迷失"的现象，人才培养目标逐渐偏离社会主义教育事业的发展方向。

习近平总书记在全国高校思想政治工作会议上强调，要用好课堂教学这个主渠道，其他各门课都要守好一段渠、种好责任田，使各类课程与思想政治理论课程同向同行。[1]同时，做好高校思政工作事关中国特色社会主义事业后继有人，事关实现中华民族伟大复兴的中国梦。党和国家对高校课程思政工作空前重视。

因此，做好行政管理专业课程思政建设，尤其是《行政管理学》作为行政管理专业的主干核心课程，将其融入思政元素、加强思政建设更加具有长远意义：其一，有利于全面贯彻落实党的教育方针，逐步形成具有中国特色的行政管理学科体系、学术体系；其二，有利于将行政管理教育融入国家公共治理体系中，为国家建设、政府职能转变提供更加强大的理论支撑与智力支持，为国家和社会培养思想素质更加坚定、能力素质更加专业的人才。其三，有利于为专业课程以及其他课程融入思政元素提供借鉴的经验和操作模式，力争在课程思政建设领域上贡献理论智慧；其四，有利于丰富行政管理教学内容、创新教学方法、规范师风学风。

二、《行政管理学》融入思政元素的研究现状

（一）研究情况

本文以"课程思政"为"关键词"，在中国知网上检索到 2016 年至 2020 年 11 月的论文有 5027 篇（含核心期刊 226 篇），其中 2016 年 0 篇，2017 年 28 篇，2018 年 284 篇，2019 年 1575 篇，2020 年 1 月至 2020 年 11 月 3140 篇；以"课程思政"为"主题"，在中国知网上检索到 2016 年至 2020 年 11 月的论文有 8104 篇（含核心期刊 483 篇），其中 2016 年 139 篇，2017 年 204 篇，2018 年 619 篇，2019 年 2591 篇，2020 年 1 月至 2020 年 11 月 4551 篇。从不同角度搜索的情况来看，课程思政研究几乎从无到有，且短短五年内，

---

〔1〕 杨安琪：《习近平在全国高校思想政治工作会议上强调 把思想政治工作贯穿教育教学全过程 开创我国高等教育事业发展新局面》，载 https://news.12371.cn/2016/12/08/ARTI1481194922295483.shtml，最后访问日期：2023 年 8 月 17 日。

研究发表的论文就增加了约 32 倍，可见"课程思政"越来越受到学术界的广泛关注，尤其是 2019 年以来已然成为研究的热点议题。五年来，以并含"行政管理学"为主题搜索到的论文只有 2 篇，到并含"行政管理"为主题搜索到的论文只有 8 篇（包含了以并含"行政管理学"为主题搜索到的 2 篇）。通过对这 8 篇论文的细研，真正研究行政管理课程思政的论文只有 5 篇，与行政管理思政密切相关的论文只有 4 篇，而关于《行政管理学》课程融入思政元素的研究论文却为 0 篇。从相关联的研究论文来看，目前关于行政管理"课程思政"研究情况主要体现在以下三个方面：

首先，从专业角度分析"专业思政"的可行性和必要性。刘洋、樊子瑶认为，"应将行政管理'专业思政'与思政课程有机结合，分工协作进行研究"，同时提出了行政管理"专业思政"的建设路径，即教学内容与方式协调统一；提升专业课教师执教能力，完善教师考评系统；运用现代管理学原理建立一套系统高效的教学管理体系等[1]。刘美萍比较系统地从专业角度分析了"课程思政"的路径，即打造高素质的行政管理专业"课程思政"教师队伍；充分挖掘行政管理专业课程的思政元素；创新行政管理专业"课程思政"的载体和形式；建立和完善行政管理专业"课程思政"评价机制等[2]。

其次，从"西方行政学说史"课程探讨课程思政的价值体现以及引导策略。齐海丽主要论述了"西方行政学说史"这门课程引入思政的价值及策略。其中，价值方面主要从以下几个方面阐述：其一，政治学类课程蕴含的价值认同，有助于学生理解国家层面的价值目标；其二，史学类课程铺开的思想卷轴，有助于学生深化社会层面的价值取向；其三，人物传记类课程所展现的道德情怀，有助于学生遵守个人层面的价值准则。而策略方面主要从以下几个方面详述：其一，做好课程思政的顶层设计；其二，完善课程思政的教学内容设计；其三，推进课程思政的教学方法改革[3]。

最后，从行政管理教学团队的角度来分析课程思政中的队伍建设。在这

---

〔1〕 刘洋、樊子瑶：《行政管理"专业思政"建设创新研究》，载《当代教育实践与教学研究》2020 年第 12 期。

〔2〕 刘美萍：《行政管理专业"课程思政"的改革与探索》，载《徐州工程学院学报（社会科学版）》2020 年第 4 期。

〔3〕 齐海丽：《"西方行政学说史"课程思政的价值体现及引导策略》，载《桂林师范高等专科学校学报》2020 年第 5 期。

方面，齐海丽比较系统地论述了教学团队在课程思政建设中的局限性以及改进措施。其中，局限性主要体现在以下两个方面：一方面，教学团队与思政教师队伍协同效应不佳；另一方面，教学团队内部成员协作意识不强。改进措施主要从以下三个方面进行：一是开展课程思政建设的学理探索；二是加强教学团队内部的协作力；三是提升教师的课程思政教学能力[1]。

（二）研究现状的问题分析

综合分析以上学者的观点，主要从专业和团队角度去分析专业课程思政建设的设计和路径，尽管为专业课程思政提供了较好的总思路和宏观建议，但在具体的研究上仍然存在以下问题：

首先，宏观上，一方面，研究内容不够系统全面，有关专业思政建设模式构建和研究还比较欠缺；另一方面，在"如何将专业思政与思政课程有机联系和统一"上的研究还不够系统深入。

其次，微观上，一方面，欠缺具体课程，尤其是主干核心课程在思政建设上的研究和理论成果；另一方面，在课程思政过程中，对将课程思政活动中所涉及的各种人、财、物资源有效地配置和整合等具体问题尚未有详细研究。

三、《行政管理学》融入思政元素的困难

（一）行政管理学科学习科目繁杂

行政管理专业起源于公共行政学，公共行政学始于 19 世纪末的美国。除此之外，它是从政治学中分离出来的并作为一门独立的学科，主要研究政府机构、组织及其人员作出决策和实施管理活动的目标、方法。其研究方法已经从政治、管理和法律慢慢融合至社会学、工商管理、法学等多个科学领域。我国的公共行政学也继承了这一学科的体系的建构方式。因其研究的范围非常广泛，就给教育带来了两个问题：一是如何让学生掌握自己专业的知识水平；二是教师如何教授课程内容。

行政管理专业除官方必修科目和选修科目外，其专业涉及的科目大多是关于政治制度、社会学、撰写行政文书等，学习学科领域众多。面对同一学

---

〔1〕 齐海丽：《教学团队在课程思政中的作用限度及优化路径研究——以行政管理专业为例》，载《桂林师范高等专科学校学报》2020 年第 2 期。

期不同学科的课程安排，学生需要在不同学科的研究视角和知识体系结构之间来回切换。当一个学期课程结束时，学生们会感觉学习了很多知识，但似乎记不住很多。虽然从表面上看学生学习的知识非常多，但是能熟练掌握这些知识的学生较少。

根据学科特色和专业课设置的客观要求，教师也面临类似的问题。由于知识体系和教学时间的双重限制以及学生的接受能力不等，教师只能通过压缩每一门课程的内容，以概念和导论的形式向学生传授最近基本的知识，一般不会进行深入的讲解。大体上行政管理专业的教学课程以"布朗运动"呈现，课程之间有联系，但教师很少课上鼓励学生注意这种联系。同时，随着时代的发展和要求，课程思政元素的融入呈现出必然性，导致教学的"教"和学生的"学"双重压力，而且起初都需要经历一个摸索的过程，因此，刚开始思政元素的有效融入会比较困难。

（二）缺乏实践指导

行政管理学科自诞生之日起就备受关注，就是一门注重实践和参与性的学科，知识转移固然重要，但理论必须与现实相结合。课堂是进行师生互动的重要场所，主要由教师授课知识点，学生接受并内化过程。这是最好的，主要特点是效率高，操作方便。但自 20 世纪 80 年代中期以来的武汉大学、郑州大学等高校设立行政管理系以来，行政管理专业学生就业形势便呈逐年下降趋势。其原因是专业太理论化了，学生动手能力差，社会实践少，创新精神能力不足，归根结底是专业实践教育不足造成的。实践的薄弱导致思政元素融入缺乏实践的认识和支撑。

（三）专业课程时代适应性不强

行政管理专业的发展一直受到我国政治和行政体制改革的影响，为了国家的发展和适应时代发展来培养优秀人才。从目前的情况来看，行政管理专业的学生职业定位分为三种：直接就业、公务员、考研，但是在课程设置中缺乏目标教学。另外，有些课程的制定跟不上时代的发展，这严重制约了行政管理学科建设和人才开发。因此，思政元素的融入缺乏与时代相匹配的专业课程。

四、《行政管理学》融入思政元素的路径

（一）加强专业课教师思政能力建设

无论是在思政课程还是专业课程中加入思政元素，核心都是以德育人，最根本的是解决"为谁培养接班人"的问题。我国高校人力资源开发的共同目标是打造社会主义建设者和接班人，而这仅仅依靠思想政治教师是无法实现的，需要全体教师共同努力，才可以真正实现学生思想政治教育的协同效应。所以，需要加强专业课教师思想政治能力建设。为此，可以从以下两点出发：一是加强专业课教师的思政培训，将"走出去"和"请进来"有机结合，将"专家引入"与"自主领悟"有机结合；二是加强自主思政学习，深挖专业课程思政元素，将两者有机整合[1]。

（二）完善专业课思政元素设计

专业教师需要具备课程思政教育的能力和水平，仅有丰富的专业理论知识、开阔的视野、敏锐的政治洞察力是不够的，更需要有将国家的大政方针、思政元素有机融入专业教育的能力，融入专业教学的各个方面。换句话说，专业课程教师在进行思政设计的时候，不仅需要注意与传统的教学理念和思政教学保持一致，而且还需要将新时代新要求与专业知识有机融合，深入教学领域中。在完成专业教学任务的前提下为所谓的"课程思政教育"留出一定的时间，这样是生硬地加入思政元素展开教学，不具备吸引力，容易失去课程思政的应有价值。所以专业课程教师需要加强思想政治和专业教育融合的设计，以确保思政元素融入专业课程的吸引力[2]。

（三）思想政治教育课程评价体系的建立

任何课程的教学质量的好坏，都需要有一套有效的教学评价体系。思政元素如何融入专业课程的教学，融入的质量如何等等，也需要有一套完善衡量评价标准。这包括元素融入的角度、数量、层次等的评价，还需要对教学目标、教学手段和方式等的评价，从而提升思政元素融入的质量，进而提升有效评价。为此，可以先从顶层设计抓起，加强制度的规范性。制度的规范性是课程思政质量控制的基础和保障。因此，学校领导必须抓好顶层设计，为学校的专业思政课程建设制定统一的实施纲要和要求。从宏观角度有效实施专业课程思政建设，明确课程思政原则要求，建立专业的课程思政评价标准，提出相应的制度和政策保障。另外，注意教材的选择和课程大纲的制定，

---

〔1〕 张俊娜：《现代学徒制培养模式下课程思政的实施路径——以汽车检测与维修技术专业为例》，载《南方农机》2021年第10期。

〔2〕 左长清、付晖、邹丽宜：《思政元素有机融入〈新药研究与开发〉课程教学分析和实践》，载《广东化工》2021年第10期。

把思政元素纳入课程大纲中，纳入课程标准和计划中。此外，注重教学督导，通过对专业课程教师思政课程教育环节的有效监督和检查，分析思政元素融入情况，发现问题、分析问题、解决问题，从而为思政元素更好地融入专业课程奠定坚实的基础。同时，注重专业教师的培养。专业教师是课程思政建设的最重要主体，课程思政质量主要取决于专业教师队伍和个体的建设。所以，可以定期举办思政课程教学研讨会，总结自己课程的思政经验，进而从中不断学习和吸收其他教师的宝贵经验，丰富自己[1]。

---

〔1〕 吴起白等：《课程思政融入〈表面分析测试技术〉的教学探索》，载《广东化工》2021 年第 10 期。

专业课教师"三位一体"课程思政
胜任力模型构建*

罗楣宗[**]

韶关学院　　政法学院　　广东韶关　　512005

摘　要：专业课要与思政课程协同育人、相向而行。但课程思政的开设质量仍有待提高，其中课程思政质量与专业课教师的胜任力息息相关。本文梳理了专业课教师课程思政胜任力模型，尝试从思政动机、知识素养和教学教研能力三个维度构建"三位一体"课程思政胜任力模型。思政动机是推动专业课教师自觉提高课程思政质量的基础和动力；知识素质是开展课程思政的重要支撑；教学教研能力是思政动机（隐性特质）和知识素养（显性特质）联系耦合的桥梁，也是将显性和隐性特质转化为胜任力的重要途径。

关键词：三位一体；课程思政；专业课；胜任力模型

2016 年 12 月，习近平总书记在全国高校思想政治工作会议上发表重要讲话，指出我国当前对高等教育的需要比以往任何时候都更加迫切，对科学知识和卓越人才的渴求比以往任何时候都更加强烈。[1]为更好地培养高素质人

---

　　* 本文系广东省课程思政示范教学团队"行政管理课程思政教学团队"、广东省质量工程项目"基于'一核三层五维'的行政管理一流本科专业课程思政建设研究"（粤高教函〔2023〕4 号）和韶关学院 2022 年校级教学改革项目"基于胜任力模型的专业课教师课程思政能力探索"的阶段性成果。
　　** 罗楣宗，1992 年生，女，广东韶关人，韶关学院政法学院助教，硕士。主要从事教学改革研究。
　　〔1〕　杨安琪：《习近平在全国高校思想政治工作会议上强调　把思想政治工作贯穿教育教学全过程　开创我国高等教育事业发展新局面》，载 https://news. 12371. cn/2016/12/08/ARTI1481194922295483. shtml，最后访问日期：2023 年 8 月 17 日。

才，需要在高等教育教人育人的过程中注重德智体美劳等方面从而促进学生的全面发展，并在授课过程中融入马克思主义、中国特色社会主义等先进思想理论，贯彻党的教育，培养出合格的社会主义事业建设者和接班人。

为了更好地实现这一目的，各大高校对课程体系、课堂教学、授课方式进行改革，围绕着"培养什么人、为谁培养人、怎样培养人"的问题，促进思政课程与课程思政相互协同，同向而行，形成一个"三全育人"局面。其中，专业课教师扮演着重要的角色。当代课堂教学虽逐步将"主角"归还给学生，但这并不意味着教师的作用减弱。教师要将重点转向引导、激发、拓展学生的思维，让学生在学习中形成正确的三观。可见教师在其中的地位和作用依旧明显，对课程思政的开展有着重要影响，但专业课教师如何才能胜任开展课程思政的工作呢？这是可进一步探讨的问题。

一、专业课教师课程思政胜任力模型梳理

为使课程思政与专业课程相融合，每位教师要"守好一段渠、种好责任田"。有人认为专业课程是培养学生专业任职能力、提高专业素养、初步规划职业生涯的基础，影响力贯穿学生时代及职业生涯，因此思想政治教育工作还要与专业课程融合，通过"隐性教育"的方式，达到思政元素全方位、全时段融入教学过程，提高思政育人的效果[1]。此外课程思政从理论提出到实践推广历时较短，还需不断优化，如存在任课教师思政育人意识未树立、思政元素挖掘不够[2]，"将课程元素生硬移植"导致课程内容与课程思政"两张皮"[3]，评估指标体系缺乏实操性，导致评价不科学、对任课教师激励不足等问题[4]。

虽然课程思政的优化还需经过较长一段时间的实践，但科学的课程思政胜任力模型有助于专业课教师提高胜任能力，从而针对性地补齐短板，有效

〔1〕 刘承功：《抓住全面提升高校教师课程思政建设意识和能力的关键点》，载《思想理论教育》2020 年第 10 期。

〔2〕 汤苗苗、董美娟：《高校课程思政建设存在的问题及对策》，载《学校党建与思想教育》2020年第 22 期。

〔3〕 靳玉乐、张良：《要认真对待高校课程思政的"泛意识形态化"倾向》，载《现代教育管理》2021 年第 4 期。

〔4〕 谭红岩、郭源源、王娟娟：《高校课程思政评估指标体系的构建与改进》，载《教师教育研究》2020 年第 5 期。

激励其高质量完成课程思政目标。但当前课程思政胜任力模型研究仍较少，主要有以下两种类型：一是引用经典模型。有学者借用"洋葱模型"[1]将专业教师课程思政胜任力由内至外分为个性特征、思政认知和知识技能三个层次，通过在问卷调查后进行实证分析构建胜任力指标。有学者则以"双螺旋模型"为基础进行实证研究，通过质性研究构建显性胜任力特质链（知识储备、教学能力和教学研究能力）、隐性胜任力特质链（教师价值观、课程思政动机和学习能力），并以"学校的政策引导、措施保障和激励控制"为显性胜任力与隐性胜任力耦合的连接[2]。这一模型除关注隐性特征和显性特征外，还关注两种特征的耦合方式以将胜任力外化成实践活动。二是重构模型，通过梳理相关文献资料形成半结构化提纲后，通过扎根研究的方式重新构建符合调研实际的胜任力模型[3]。综上，专业教师的课程思政胜任力模型的构建和应用都立足于具体问题情景，尤其是经典模型的使用要结合具体的岗位及岗位目标。

二、"三位一体"课程思政胜任力模型构建

本文沿用经典理论模型，既关注"洋葱模型"中从内至外的课程思政胜任力，又关注"双螺旋模型"中显性胜任力和隐性胜任力的分类，将"思政动机、知识素养和教学教研能力"等一级指标进一步细化，尝试构建"三位一体"的专业课教师的胜任力模型。

"胜任力"又被译为胜任能力、能力素质、资质等。美国心理学家大卫·麦克利兰构建了"冰山模型"，将知识、技能等视为"冰山"之上的外在的、可观察的、易测量的显性特征；社会角色、自我概念、特质、动机等则被视为"冰山"之下较难测量却又决定人们行为和表现的关键因素，即隐性特征。查理德·博雅特兹在冰山模型的基础上进行改进，提出"洋葱模型"，即将胜任特征由外及内、层层深入分布排列，表层特征包括知识和技能，向内的中间层为自我形象、社会角色、价值观、态度等，最内的核心层为特质和动机。

〔1〕 赵光、孙伟锋、仲璟怡：《"课程思政"视域下高校教师胜任力模型构建研究》，载《南京社会科学》2020年第7期。

〔2〕 蔡爱丽：《高职院校专业课教师课程思政胜任力双螺旋模型构建》，载《中国职业技术教育》2021年第8期。

〔3〕 王巍、吴其阳：《高校思想政治理论课教师胜任力结构模型研究——基于扎根理论视角》，载《教育学术月刊》2019年第9期。

詹姆斯·沃森在生物学领域提出双螺旋结构，之后在企业管理和教师胜任力领域"广泛应用"[1]。模型由显性特质链和隐性特质链构成，两条主链由酯键连接，显性和隐性两条特质链相互补充促进，强调两类特质间的动态关系，显示胜任力特质与现实环境的互动。

专业课教师"三位一体"课程思政胜任力模型主要包括思政意识、知识素养和教学能力三个维度。思政动机是整个模型的核心，能够激发和触动专业课教师实施课程思政的热情，主动提高专业课德育质量，属于胜任力模型的内在隐性特质部分。知识素养、教学教研能力均属于模型的显性特质部分。知识素养是专业课教师进行课程思政的重要支撑，通过专业课知识讲授传递进行思政教育，达到"融盐于汤"的效果，教师的知识素养能够直接反映在课堂教学及其教学成果中，较容易测量。教学教研能力则为思政意识和知识素养的纽带，即把隐性特质与显性特质联系起来，促进胜任力特质转化为实际教学效果。"三位一体"胜任力模型如下图所示：

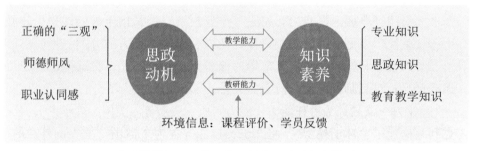

专业课教师"三位一体"课程思政胜任力模型

（一）以思政动机为核心：提高在专业课中融入思政元素的主动意识

思想是行为的先导。课程思政并非简单指"思政元素+专业知识"。要解决"两张皮"现象需要专业课教师主动参与课程思政体系的发展，主动推进课程思政建设、谋求课程发展。因此专业课教师首先要具备充分的思政动机，在研学、备课、授课过程中将课程思政要素融入课程之中。

思政动机包含以下几个部分：一是要树立正确的世界观、人生观、价值

---

〔1〕 蔡爱丽：《高职院校专业课教师课程思政胜任力双螺旋模型构建》，载《中国职业技术教育》2021 年第 8 期。

观，认可课程思政的理念。正确的"三观"是教师具备清晰政治鉴别能力的基础，也是激发思政动机的重要前提。正确的"三观"有助于教师主动接纳认可课程思政的理念，学习领悟马克思主义理论及其中国化的最新理论成果，主动挖掘专业课程的思政元素，搭建专业课程与课程思政的联系，从人才培养目标层面厘清本门专业课"培养什么人、为谁培养人、怎样培养人"的理念。二是要具有良好的师德师风。"学高为师，身正为范。"教师的责任不仅在于学识的传授，还在于对学生的人格、价值观、职业观、政治观等方面的培养。只有具备良好的师德师风，拥有正确的政治立场，才能于无声处对学生产生影响，通过言传身教引导学生自觉接受教师的影响。三是对教师职业的认同感。教师职业最重要的功能在于"传道受业解惑"。只有认同教师职业、对职业的功能和性质有明确的认知和认同，才能迸发强烈的职业责任感，理解课程思政的重要性，从而提高专业课程讲授中的思政动机。

（二）以知识素养为支撑：深化对课程知识的理解，掌握一定思想政治理论，熟练调动教育教学知识

要给学生一滴水，教师就要有一泉活水。课程思政依托专业课程开展，这就要求教师有宽广的知识面和深厚的理论体系支撑课程讲授。专业课教师要胜任课程思政，需要在以下方面提高自身知识素养。一是深化对专业知识的理解，构建专业课程知识体系。专业课程知识脉络是课程思政的基础和主体。专业课程的知识、情感、价值观目标、专业伦理、专业知识脉络、专业技术应用等都可以作为课程思政的切入点，而通过专业知识挖掘思政元素就要求教师熟练掌握知识脉络，对专业知识的掌握和理解要具有深度和宽度，才可将与思政内容隐含的联系梳理出来，搭建框架，授课引导。二是有一定的思政知识储备。这并非要求专业课教师要具备思政教师的专业知识，达到思政课教学的专业度，而是要求专业课教师能够掌握一定的思想政治理论知识，了解国内外时政热点，知晓一定的历史人文知识，从而形成思政知识的理论素养。这部分知识素养与胜任力模型中最内层的思政意识息息相关，以意识为先导促进教学，主动学习和储备思政知识，不仅仅停留在理念层次，而要转化为行动力，并切实内化为一名教师的内在知识储备。三是掌握教育教学知识。专业知识和思政知识是构成课程内容的主体部分，但要恰到好处地在专业知识中找到课程思政的切入点，适时引入课程思政内容，把握育人规律，根据学生的接受能力、状态选择合适的传递方式，这要求专业课教师

熟练掌握教育教学知识，如此才能在教书育人过程中游刃有余地调动相关知识，实现课程思政的有效传递。

（三）以教学教研能力为纽带：灵活授课方式，强化沟通能力，根据评价反馈迅速调整授课方式

润物无声，课堂有声。专业知识和课程思政理论性较强，授课质量的提高、课堂效果的保证有赖于专业课教师具备良好的教学能力并进行呈现。专业课教师首先要具有良好的教学能力，具体能力如下：一是要培育自身课堂引导能力，灵活运用教学方式，以学生的学习效果为导向。教师需要掌握不同学生的学习情况，运用多元的教学方式引导学生成为课堂的主体，可以通过翻转课堂、课中讨论、案例研讨等方式引导学生参与课堂，以科学的课程设计、主次分明的教学内容提升学生学习兴趣。二是掌握现代教学方法、优化课程设计，挖掘和建立思政案例库、丰富教学素材，运用音视频（如《重走长征路》）等可视化多媒体技术设备辅助授课，以更有趣的方式向学生展示课程思政内容，从而吸引学生注意力，高效传递课程知识和价值内容。三是提高沟通能力，这主要包括与学生的沟通和与教学团队的沟通。一方面，专业课与课程思政互为表里，要从专业知识自然过渡到课程思政内容，需要教师有较高水平的语言表达能力，以精简准确、通俗易懂、贴近实际、深入浅出的言语传递思想，更好地引起学生的共鸣，由此深化专业课程的内涵和思想。同时要注重学生对课程思政的接受度，把握学生的思想动态，随时调整课程内容和价值观传递的语音和方式，杜绝"满堂灌""填鸭式""听我说"的现象，起到为学生答疑解惑的作用，思政内容才能被学生心悦诚服地接受。另一方面，是专业课开展课程思政最终目的是与思政课程相向而行，共同实现德育目标，因此专业课教师在开展课程思政时应当开拓交流范围，提高团队和跨专业沟通能力，与课程组及思政课教师共同探讨课程思政的优化方式。四是解决实际问题的能力。正如南开大学提出"文以治国、理以强国、商以富国"的理念，任何学科最终落脚点都在实践，都是为了解决社会赋予的时代命题。如理工科课程的专业知识倾向于实践型，其所学知识最终立足于解决现实技术问题。余江涛[1]等也提到，理工课程主要目的在于揭示

---

〔1〕 余江涛、王文起、徐晏清：《专业教师实践"课程思政"的逻辑及其要领——以理工科课程为例》，载《学校党建与思想教育》2018年第1期。

自然规律，最终目的是"学以致用"，这是理工类课程的实质特点，也是在教学过程中需要考虑的学科规律。同理，人文学科与社会现实结合紧密，应立足于经世致用，解决社会发展、国家治理、人文关怀等问题，这要求任课教师具备理论联系实际以及解决现实问题的能力。

此外，教研能力。随着政策倡导、学校推动，课程思政已经全面铺开，但其实施质量仍有待提高。因此专业课教师要具备教研能力，从课程评价、学员反馈、自我感知等各种途径了解课程思政的教学效果，并不断调整课程思政的内容和方法。这一能力让教师通过评价反馈主动调整施教策略，适应学生情况，以达到学校要求标准，是将胜任力"显性特质"和"隐性特质"联系并显化为实际教学效果的重要能力。

三、结语

专业课教师要组织好课程思政，不将专业课上成"为思政而思政"的"水课"，这需要其不断提高相关胜任力。以专业课为载体融入思政内容体现了专业课程工具性与价值性的统一。专业课程要解决的是实际问题，这是每门专业课都具备的"工具性"，同时也蕴含了值得了解的名人事迹、发展历程等内容，这就是课程的温度和生命力所在，即课程的"价值性"。专业课教师要将专业课程"工具性"和"价值性"结合就必然要具备胜任力特质。本文尝试从思政意识、知识素养、教学能力三个维度构建"三位一体"课程思政胜任力模型，以思政意识为核心，知识意识为支撑，教学能力为纽带构成专业课教师课程思政的胜任力。

"三全育人"理念下高校文科实践教学的反思与重构

张　晓*

韶关学院　美术与设计学院　广东韶关　512005

摘　要：社会日益看重就业人员的实践和操作能力，这就对高校人才培养提出了更高要求。在"三全育人"视域下高校应加强文科专业实践教学反思，明确当前实践教学存在的不足，通过完善考核体系、修改教学计划、丰富教学内容、加大经费投入力度等策略，不断完善文科专业实践教学模式，提升人才培养质量。

关键词：实践教学；考核体系；单调；重视；主体意识

实践教学是贯彻落实"教育必须与生产劳动相结合"和"全员、全过程、全方位育人"的教育理念，是培养高素质、复合型、应用型人才的重要环节。学校是实践教学活动的决定因素，教师是实践教学活动的组织者，学生是参与者和受益者，社会是实践教学质量的检验者。

在"三全育人"背景下，高校日渐重视实践教学，不断加大经费投入、完善制度、规范管理、建立校内实验室、校外实践教学基地（点）等，并取得了显著成效。但文科专业特点有别于理工科，学校制定的实践教学管理体系和考核标准，不完全适用于文科专业。"三全育人""新文科建设"教育理念都要求将实践教学作为文科专业的必修课程，贯穿于整个大学学习阶段；

---

* 张晓，1985年生，女，河南南阳人，韶关学院美术与设计学院教师，艺术学硕士。主要从事美术实践教学研究。

因文科专业对实验室、实验设备等实践资源要求相对理工科较低，更有利于开展实践教学活动，但其实践教学活动仍然存在一些问题。

一、"三全育人"对高校文科实践教学的要求

近年来，实践教学已成为考核一个学校办学质量的重要指标。实践教学是学生所学理论知识与社会就业需求转化的一个桥梁，通过实践教学培养学生严谨踏实的工作作风和解决实际问题的能力，能避免学生毕业后发现大学所学的知识在工作中用不上的尴尬。国家提出高校要培养创新型、应用型人才[1]，这就要求高校把实践教学和理论教学同等看待且当作必修课程。

实践教学活动是一个贯穿整个大学学习阶段，由易到难，循序渐进的过程，需要学校、社会、老师、学生、校外指导老师、家长等参与进来，符合"三全育人"以人为本的教育理念，旨在确保学生得到全面、系统、可持续的发展。在大众的习惯认知中，文科专业相对理工科专业来说不需要实践教学活动或轻视实践教学活动。虽然文科专业相对理工科专业实操性较弱，但不代表文科专业不需要实践教学，更不是实践教学不重要。

在"三全育人"和"新文科建设"教育理念下，高校人才培养要立足新时代、回应社会需求，把文科实践教学改革、课程建设、培养学生实践创新能力作为文科课程建设的重点任务来抓。[2]实践教学对文科专业来说，与理论教学同样重要。学生所学理论知识在实践教学中得到了检验，通过实践教学了解了最前沿的社会就业需求从而及时调整自己的认知观念和努力的方向，为未来适应社会、增加就业竞争力提供了保障[3]。

二、对文科实践教学的反思

（一）实践教学成效不显著

实践教学的目的是培养学生实践操作能力和提高综合素质，社会就业需

---

〔1〕 张烁：《把思想政治工作贯穿教育教学全过程　开创我国高等教育事业发展新局面》，载《人民日报》2016 年 12 月 9 日。

〔2〕 赵倩：《新文科建设内涵及实施路径思考——以西南大学为例》，载《高等教育评论》2020年第 1 期。

〔3〕 杨晓慧：《高等教育"三全育人"：理论意蕴、现实难题与实践路径》，载《中国高等教育》2018 年第 18 期。

求是学生能力和综合素质的检验标准。社会就业需求的实践能力，学生只有通过在实践教学中不断地磨炼、自我提升才能获得，这将避免在学校学习的理论知识与社会需求脱节的尴尬。在"三全育人"教育理念和市场就业要求下，国家和高校加大了对实践教学的重视和经费投入，并建立了全国实践教学管理平台进行监管[1]。有目共睹，高校文科专业实践教学虽然取得了一些成效，但相对实操性更强的理工科专业成效并不明显。

（二）实践教学的内容单调

文科专业实践教学课程常见形式为：见习、研习、专业实习、毕业实习和毕业论文（设计）等，授课内容由任课教师自主安排实施，与其他科目教师教学内容衔接性不强。虽然教师组织开展授课的形式和内容以学生实践能力的培养为目标，但是形式不够多样且内容不够丰富多彩，无法最大限度调动学生的积极主动性和兴趣从而吸引其参与进来，很难达到预期成效。传统的实践教学模式和内容难以满足大学生希望通过实践教学活动了解最前沿的社会就业需求、增强自身实践能力的愿望，所以无法充分调动学生的主动性。

（三）实践教学计划安排不合理

文科专业的教学计划、内容相对理工科较笼统、缺乏专业建设特色，还在沿用多年以前的教学计划，其组织实施方式、实践方法等未与时俱进，未体现当下最前沿的社会就业需求。实践教学学分占总学分比例不合理，没有突出实践教学与理论教学的同等重要性。文科实践教学占总课时的比例大多很低，不到总课时的1/3，常见的见习研习课程仅占1学分，不足以引起师生重视；实践教学课程的时间安排较短，学生无法在较短的时间内获得实践教学预期成效。实践教学是以学生为中心，通过培养他们的综合素质、实践动手操作能力，从而实现理论与实践相结合，是对"三全育人"理念的践行，如果教学计划安排不合理则难以达到预期效果。

（四）实践教学的经费投入不足

目前，高校实践教学经费多是财政专款，经费来源单一，文科专业实践教学经费投入相对于理工科较少，经费不充裕制约着实践教学更好地创新教学形式和内容。文科专业实践教学活动多采用集中和分散实习相结合，有限的实践经费一般只用于对来往交通费和住宿费的补助；整个实践教学活动中

---

〔1〕 朱泓：《高等学校教学质量评估体系的研究》，大连理工大学2004年博士学位论文。

还有很多其他隐性开支，学生需要自行垫付一部分经费；经济条件差的学生为了减少开支，选择参加的实践教学活动以校内实验室、实训室的活动为主，避免外出进行实践教学活动增加经济负担，这也成为制约学生参加实践教学活动积极性的主要因素。

三、文科实践教学问题的成因分析

（一）高校文科实践教学缺乏完善的考核体系

文科专业实践教学活动成效考核目标含糊笼统，缺少具体考核内容和标准。学校、学院需根据就业需求和办学定位，立足专业和课程特点，制定细致的、可操作性强的考核表；同时，要加强实践教学的体系研究和过程管理。实践教学活动成效的考核可以校外实践单位对学生实践活动的评价、教师对学生实践活动的评价和学生对实践教学的评价为参考[1]。

（二）对实践教学认识和重视程度不够

实践教学是培养就业需求人才不可缺少的教学活动，其教学过程具有鲜明的方向性、探索性和创新性。所以，加强对实践教学的重视是很有必要的。

学校层面——学校对文科专业实践教学的重视程度和资金投入远不及理工科；学校制定的实践教学计划、组织形式、教学内容、考核标准、管理体系等具有概括性和笼统性，不完全适合文科专业市场定位和专业发展特点。学校没有制定一套适合文科专业特点的实践教学计划和考核体系。

教师层面——教师的业务能力和工作态度决定着实践教学质量。部分业务能力和科研能力强的教师，不愿意参与实践教学活动。实践能力较弱或没有实践经验的教师，很难有针对性地指导出实战能力强的学生。部分实践课指导教师的认知、知识结构和实践方法没有及时更新，还在沿用老的组织方式、教学内容；所以，提高教师的实践能力是做好实践教学工作的必要条件。

学生层面——学生是实践教育活动的主体，在文科专业实践教学中学生积极主动性差，应付式完成老师安排的实践教学任务，活动结束后缺乏反思和总结。其根本原因是学生没有认清实践教学的重要性，没有认识到在实践教学活动中可以检验自身所学理论知识是否与社会需求相融合、是否了解最

---

〔1〕 吴玉程：《新时代高校落实"三全育人"的理论与实践探究》，载《中国高等教育》2018年第 Z2 期。

前沿的社会就业需求。实践教学开展形式和内容的单调直接影响学生参与的积极性，并且，实践教学所占学时和学分比较低，也是学生不重视的重要原因。

（三）教学计划不能与时俱进

就业率是目前大学生选择就读学校和专业的首要因素。学校制定的实践教学计划中教学的内容、开展形式、操作程序、考核标准适用于所有专业，没有结合自己的办学定位、培养目标、文科专业特点和就业市场需求及时更新调整，陈旧的教学理念、教学内容、教学方法不利于培养出快速适应社会就业需求的学生。实践教学课时安排太短，学生无法在较短的实践过程中得到有效的锻炼，教师的教学方式和内容得不到充分拓展；安排课时太长，整个实践活动的各个环节将会拖沓、衔接不紧凑。实践教学学分占比不合理，无法引起教师和学生的重视。实践教学质量得不到保证，学生无法将理论知识快速应用于实际，掌握市场需求的必需实践技能。

（四）校外实践教学单位主体意识不强

高校在校外建立的实践教学基地和实习点等实践教学单位主体意识不强，没有发挥应有的积极性[1]。本着合作愉快的原则和文科专业特点，在接待学生进行校外实践教学活动时，更像导游带着游客流于形式地参观工作环境、工作流程；指导多停留在蜻蜓点水般的肤浅表面，缺乏专业性、实践性、针对性；更没有深入细致地准备与理论相对应的实践专题讲座和专业指导老师；对学生实践成效要达到的标准无明确要求；学生自己在思想、行动、着装上，也没有按照未来从事职业的正式员工标准严格要求自己；学生多以见习生的标准在校外实践教学基地像参观旅游景点一样走马观花地观摩，缺少实际操作和反思。校外实践教学单位主体意识不强，导致学生无法认清当前严峻的就业形势和自身差距，文科专业与校外实践教学单位的合作关系和方式，有待进一步地探索和完善。

四、对文科实践教学的重构对策

（一）建立完善的考核体系

首先，学校应加强对实践教学的宏观管理，实行科学的监督和考核。紧

---

[1] 吴国英：《高校人文社科专业实践教学体系的构建研究——基于营销理念》，天津大学 2010 年博士学位论文。

扣培养目标和教学计划要求规范组织与实施相应的实践教学活动，加强对实践教学活动过程的监督和管理；要结合文科专业和课程特点，创新实践教学方法和内容，用科学的考核方法、合适的考核形式，使理论教学与实践教学有机融合，达到实践教学预期目标。其次，制定合理的量化考核标准，加强实验室建设管理。建立与理论教学同样严格的、规范的实践教学的考核办法，明确分工和相应的岗位职责。依据教学计划，鼓励学院、教师和学生积极完成实践教学内容、积极开展实践教学相关研究课题，考核结果计入学生成绩和教师工作量绩效。最后，把学生评价纳入实践教学考核体系。学生是实践教学活动的主体，全程参与实践教学活动，最清楚实践教学过程中存在的问题和值得肯定的地方。中肯的反馈意见有利于以后实践教学的改进、良性开展。

（二）提高对实践教学的重视

在学校层面上，其一，学校要做好文科专业实践教学的场地建设，资源设备管理、使用及维护，保障实践教学经费足额准时到账，优化学习环境，提高使用率等后勤服务。其二，学校应协同院系对实践教学活动制定具有开拓性和前瞻性的总体方案，尤其是要根据文科专业特点安排实践教学活动的时间、学分比重和实践教学内容等，保障文科专业实践教学活动符合当下社会就业需求。其三，应加大对实践教师的培养和引进力度，实践教师是学院教师队伍的重要组成部分，教师自身水平的高低直接决定指导成效。要鼓励科研能力和实践能力强的广大青年教师参与到实践教学活动中；鼓励教师之间加强交流、相互学习、充实教学内容、改进教学方法；鼓励实现校内外师资实验实训等资源共享。其四，实践教师要积极承担实践教学工作，严格遵守实践教学活动管理规范，认真完成各项实践教学任务。其五，在职称晋升、工作量考核方面设置可量化的指标，如给参加实践教学活动的教师绩效考核加分或把实践教学成果与理论教学成果同等转化等。

在教师层面上，教师是实践活动的组织者，同时也是给予学生知识和能力的直接传授知识者。教师要充分认识到实践教学的重要性，全程参与并及时解决学生实践中遇到的困难；组织校外实践活动时，提前与实习单位进行沟通，明确该次实践教学目的、内容、进度、考核目标等，让校外实习单位有充裕时间去准备；积极深造提升自己，制定可行的实践教学计划，开发新的实践教学内容，开展形式多样的实践活动，激发学生学习的积极性；在指导学生过程中既要严格又要发挥学生的主观能动性；除此之外，还要加强学生的安全意识教育、培养树立正确价值观和团结协作精神，从而贯彻落实以人为本的教育理念，增强学生未来就业竞争力和适应社会的能力。

在学生层面上，首先要转变学生学习观念，使其认识到实践教学与理论教学同等重要且都是必修课程，考核不合格将影响按时毕业；其次，当今社会就业单位不再只看重文凭，更看重的是实践操作能力。让学生在思想和行动上自觉重视实践教学，主动参与到实践教学活动中。通过参与实践教学活动，掌握社会所需要的实践操作能力，解决工作中的实际问题，认识到自身能力的差距，谦虚低调做人。

（三）科学制定教学计划

教学计划是保障教学质量和人才培养规格的重要文件，是组织实施教学内容、安排实践教学任务的基本依据。教学计划的制定要结合专业特色和培养目标定位，用科学的发展的眼光制定符合本校文科专业学情和师资情况的教学计划。实践教学的内容和组织形式安排必须关注最新行业和社会的需求，突出实践教学的科学性、实用性和灵活性；选择合适的实践教学时间和学时比例，提高实践课程的适应性和针对性。实践教学时间安排的合理程度关系实践教学组织形式的多样性和内容丰富程度，其中教师的教授示范课时和学生动手实践课时比例要适当。鼓励教师积极组织学生参加各种竞赛，通过参加专业竞赛加强与社会的联系，弥补实践教学内容单调的缺陷；实践过程中给学生提供使用实验场地、资源设备的便利，充分调动学生学习的积极性，培养出符合市场需求业务能力强的学生。

（四）加大经费投入

实践教学经费是学校拨付的专项经费，充裕、及时到位是完成实践教学内容、完善实践教学设施、创造良好实践教学条件的重要保障。学校经费投入额度决定着实践教学活动的开展次数、开展形式和活动成效。鼓励学校、学院多方筹措实践教学经费，加强校内实验（训）室、校外实践教学基地（点）建设，全员、全方位、全程培养学生的实践能力。鼓励教师利用科研申报、竞赛等多渠道筹措实践教学经费，从而解决实践教学活动中经费紧张的问题。[1]

---

〔1〕 邵娟：《新文科视角下高校文科实验室的建设与管理》，载《青岛职业技术学院学报》2022年第3期。

（五）校外实践单位增强主体意识

实践教学的最终目的是减少用人单位培养合格劳动力的成本[1]。校外实践教学单位作为学校合作的实践教学活动开展场所，要充分发挥主人翁意识，根据就业需求深度参与到学校人才培养的过程中去，使学生快速完成角色转换、节省培养成本[2]。

针对每次接待的实践教学活动提前和组织活动的老师对接，明确该次实践活动的目的、要求、内容、进度，认真准备并制定有针对性的实习内容、流程和预期目标。在实践教学活动中严格要求学生认真参与到活动中，聘请专业老师让学生在实践活动中得到专业性的、针对性的指导，掌握用人单位所需人才必备技能，减少在工作中培养人才的成本。

另外，学校增加学生在校外实习单位的实习时间将会有利于开展多种形式、内容丰富且新颖的实践教学活动，强化学生实践教学能力。学生也要根据社会就业需求调整自己的思想观念和学习模式。

五、结语

实践教学不仅是一种有效的教学活动，更是贯彻落实"培养应用型人才"和"全员、全过程、全方位育人"的教育理念。文科实践教学关系新文科建设质量和学生整个职业生涯的良性发展。

通过完善实践教学体系，加强实践基地（点）建设，校企协同推进，从而培养学生的就业必备技能；在实践中提高未来员工业务水平，为企业节省人才培养成本，充分体现了"三全育人"教育理念和市场需求对人才培养的导向作用，有利于改善社会就业困难的问题。

---

〔1〕 尹民等：《实践教学思维方式特征与教学方法改革》，载《实验技术与管理》2006 年第 3 期。
〔2〕 杨国欣、蔡昕：《高校实践育人实现路径探析》，载《学校党建与思想教育》2019 年第 4 期。

课程思政对乡村定向师范生职业承诺的影响探析[*]

朱代琼　罗家才[**]

韶关学院　政法学院　广东韶关　512005

韶关学院　教育科学学院　广东韶关　512005

摘　要： 乡村定向师范生培养是实现乡村教师队伍高质量发展的倾斜性补偿机制，课程思政是实施乡村定向师范生教育"大思政"的重要方法与理念。研究发现，乡村定向师范生课程教学中，大学教师课程思政频率较高，课程思政方式以举例子为主，其次是说理，其他方式运用非常少。乡村定向师范生的职业情感承诺、职业理想承诺水平较高，职业准备承诺有待提升，职业持续性承诺整体水平较低。课程思政强度与师范生职业情感承诺、职业准备承诺、职业持续承诺和职业理想承诺之间有着显著的正相关关系。不同课程思政方式对师范生职业情感承诺的影响存在差异，对其他几项承诺的影响不存在差异。这给乡村定向师范生教育的启示是，要探究个性化课程思政方式、培养学生职业情感承诺，并通过构建专业化、群落化的课程思政体系增强师范生职业准备承诺与职业持续性承诺。

关键词： 课程思政；职业承诺；乡村定向师范生

* 韶关学院 2023 年度大学生创新创业训练计划项目"乡村振兴背景下定向师范生职业承诺影响机制及提升策略研究"（项目编号：S202310576057）；2022 年度韶关市哲学社会科学规划基础教育特别委托课题（项目编号：2022038）；2021 年度韶关学院博士引进科研启动项目"'新师范'建设背景下师范生在线学习力发展研究"（417-9900064504）。

** 朱代琼，1986 年生，女，湖南郴州人，韶关学院政法学院讲师，博士。研究方向：舆情治理、乡村治理。罗家才，1987 年生，男，湖南郴州人，韶关学院教育科学学院讲师，博士。研究方向：教师教育、院校研究。

一、乡村定向师范生教育课程思政现状

（一）乡村定向师范生教育课程思政频率

调查显示，0.45%的学生认为大学任课老师上课时"都不会"对学生进行课程思政教育，7.69%的学生认为大学任课老师上课时"大多数不会"对学生进行课程思政教育，19.46%的学生认为"50%"的大学任课老师上课时会对学生进行课程思政教育，58.37%的学生认为"大部分"大学任课老师上课时会对学生进行课程思政教育，14.03%的学生认为大学任课老师上课时"全都会"对学生进行课程思政教育。总体而言，大学教师课程思政的频率较高。

（二）乡村定向师范生教育课程思政方式

数据显示，举例子、行为评价、说理、社会活动、以身作则和其他课程思政方式，大学任课教师常用的课程思政方式为"举例子"（说生活、历史典型案例），占57.03%，其次是"说理"（摆事实、讲道理），占25.34%。社会活动和其他方式运用非常少，共占3.16%（如图1）。

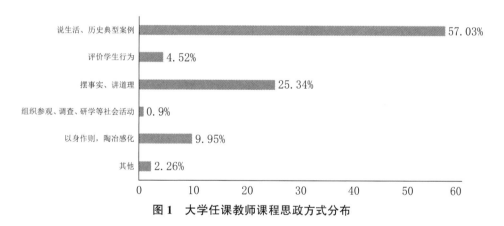

图1 大学任课教师课程思政方式分布

二、乡村定向师范生职业承诺现状

（一）职业情感承诺

情感承诺共设置4个题项，每题设置"非常不符合""不符合""有点符合""基本符合""非常符合"5个选项，最低得分为4分，最高得分为20分。将得分4分至7分计为情感承诺"低"，8分至11分计为情感承诺"较

低"，12分计为情感承诺"一般"，13分至16分计为情感承诺"较高"，17分至20分计为情感承诺"高"。调查数据显示，一半以上乡村定向师范生对师范职业情感承诺"较高"，还有23.53%的乡村定向师范生情感承诺"高"，只有约8.59%的乡村定向师范生的情感承诺低于"一般"水平（如图2）。

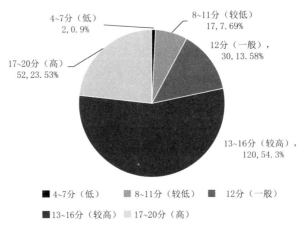

图2 乡村定向师范生职业情感承诺水平人数分布

（二）职业准备承诺

一般认为，规范承诺是受社会伦理道德规范的影响形成的对职业的留恋[1]。访谈调查发现，乡村定向师范生作为职前教师，感受到的规范更多是学生时代对教师职业规范与要求的适应，在此将其称为职业准备承诺，即乡村定向师范生受到职业角色社会期望的影响，做好教师职业准备的努力程度，包括发展师范技能的责任意识、为人师表、养成乡村教育情怀等。关于职业准备承诺，问卷中共设置3个题项，每题设置"非常不符合""不符合""有点符合""基本符合""非常符合"5个选项，最低得分为3分，最高得分为15分。将得分3分至5分、6分至8分、9分、10分至12分、13分至15分分别计为规范承诺"低""较低""一般""较高""高"水平。通过数据分析，12.67%的乡村定向师范生对师范职业的规范承诺达到"高"水平，规范承诺为"一般"及以下水平的乡村定向师范生比例为47.96%（如图3）。

---

〔1〕 莫书亮、陶莉莉、盛建森：《免费师范生的教师职业承诺与人格–职业匹配和心理契约破坏的关系》，载《教育研究与实验》2014年第5期。

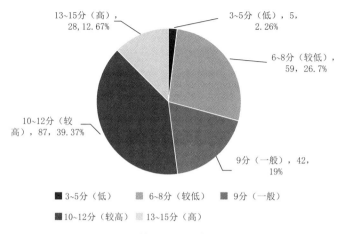

图3　乡村定向师范生职业准备承诺水平人数分布

（三）职业持续承诺

有学者将"持续承诺"称为"继续承诺"，认为它是指考虑到离开现在的职业会导致利益损失或难以找到理想的职业而不愿离开现在的职业[1]。事实上，师范生不愿离开师范职业，不仅仅出于利益，也可能与职业情感、教育情怀、社会规范有关。如有学者将义务规范承诺定义为个人因为社会规范的原因待在某职业或觉得有一种义务继续留职[2]。因而本文把职业持续承诺定义为乡村定向师范生未来不愿意离开教师职业而继续留任的意愿。问卷中职业持续承诺共设置3个题项，每题设置"非常不符合""不符合""有点符合""基本符合""非常符合"5个选项，最低得分为3分，最高得分为15分。将得分3分至5分、6分至8分、9分、10分至12分、13分至15分分别计为持续承诺"低""较低""一般""较高""高"水平。由数据分析结果可知，只有11.31%的乡村定向师范生对师范职业的持续承诺达到"高"水平，持续承诺为"较高"及以上水平的人数占比不到50%。持续性承诺在"一般"及以下水平的乡村定向师范生比例为51.59%（如图4）。

---

〔1〕　龙立荣、李霞：《中小学教师的职业承诺研究》，载《教育研究与实验》2002年第4期。

〔2〕　刘世瑞：《中小学教师职业承诺问卷的编制及适用研究》，湖南师范大学2005年硕士学位论文。

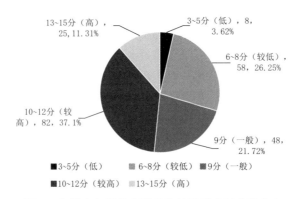

图4 乡村定向师范生职业持续承诺水平人数分布

（四）职业理想承诺

理想价值观承诺指职业符合从业者对理想的追求，符合从业者的职业价值观，职业有助于理想的实现[1]。调查中，理想承诺共设置4个题项，每题设置"非常不符合""不符合""有点符合""基本符合""非常符合"5个选项，最低得分为4分，最高得分为20分。将得分4分至7分、8分至11分、12分、13分至16分、17分至20分分别计为理想承诺"低""较低""一般""较高""高"五个层级。数据统计结果显示，理想承诺处于"高"和"较高"水平的乡村定向师范生人数占比较高，在70%以上。只有不到13%的乡村定向师范生职业理想承诺低于"一般"水平（如图5）。

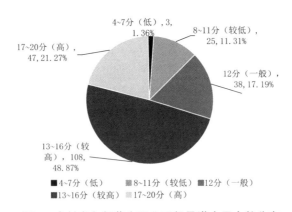

图5 乡村定向师范生职业理想承诺水平人数分布

---

〔1〕 刘世瑞：《中小学教师职业承诺问卷的编制及适用研究》，湖南师范大学2005年硕士学位论文。

三、课程思政与乡村定向师范生职业承诺的关系

(一) 文献回顾与研究假设

课程思政理念在古代就已萌生，如我国古代提出将教育隐藏在娱乐之中，即"寓教于乐"，再比如《论语·泰伯》中提出的"兴于诗，立于礼，成于乐"，主张以诗歌来感发意志，促使个体向善求仁的自觉；以礼实现人的自立；以音乐的熏陶，实现最高人格的养成。外国教育史上的"课程思政"理念以赫尔巴特的"教育性"教学原则最具代表性，这一原则指出，没有无教育的教学，也没有无教学的教育，二者互为依托，相辅相成。

2004 年以来，我国"学科"德育理念逐渐形成与发展。2014 年起，德育被纳入教育综合改革重要项目，我国逐步开展从思政课程到课程思政的探索，"课程思政"理念逐步形成。2018 年，教育部《关于加快建设高水平本科教育全面提高人才培养能力的意见》（教高〔2018〕2 号）提出强化课程思政和专业思政。2020 年，教育部印发的《高等学校课程思政建设指导纲要》（教高〔2020〕3 号）对各类专业课程的核心思政元素范畴作出重要指示，标志我国课程思政建设进入新阶段。课程思政是思政课以外的其他各类课程以"立德树人"为价值旨归，通过挖掘、提炼课程内蕴的思想政治教育资源，对学生进行知识传授与价值引领，进而形成各类课程与思政课程同向同行、多方协同的"三全"育人格局的一种教育理念[1]或者思政寓课程、课程融思政的教育方式、方法。

不少学者呼吁持续加强课程思政建设，充分挖掘专业课程中的隐性德育元素，推动提升课程思政建设整体质量和水平，引导学生树立正确的人生观、道德观、职业观[2]。有学者认为，职业教育专业课程内容的价值负载性、课程结构的成果导向性、课程实施的实践指向性为职业伦理的意义生成提供了可能性[3]。有学者指出，职业教育课程思政具有"目的"明晰、"主体"回

---

〔1〕 张正光、张晓花、王淑梅：《"课程思政"的理念辨误、原则要求与实践探究》，载《大学教育科学》2020 年第 6 期。

〔2〕 马卫国：《五育融合视域下高职院校德育课程体系构建》，载《职教论坛》2021 年第 12 期。

〔3〕 史洪波、阳琼芳、梁裕：《基于职业伦理视角论职业教育专业课程的思政意蕴》，载《教育与职业》2023 年第 3 期。

归、"信仰"坚守、"批判"反思、"建构"超越五大育人功能[1]。有学者对大学的研究发现，大学生的职业价值观会对大学生的专业承诺产生影响，应丰富课程体系，加强就业联结[2]。还有学者的研究表明，乡村教育的感知行为控制力对乡村定向师范生职业承诺具有正向影响，应通过开设专门的乡村教育课程，增加定向师范生对从事乡村教师的理解和认识[3]。概而言之，已有研究认为，课程思政对学生的职业观、职业伦理、职业信仰、专业承诺、职业承诺等具有重要影响。职业承诺是个人对职业或专业的认同和情感依赖、对职业或专业的投入和对社会规范的内化而导致的不愿变更职业的程度[4]，是一个包括职业观、专业承诺、职业伦理、职业信仰的丰富概念。综上所述，课程思政会对学生的职业承诺产生重要影响。本文提出研究假设：

假设1：课程思政强度与乡村定向师范生的职业承诺呈正相关关系。

根据本文对职业承诺结构的划分（详见表1），假设1具体分为以下4个假设：

假设1a：课程思政强度与乡村定向师范生的职业情感承诺呈正相关关系。

假设1b：课程思政强度与乡村定向师范生的职业准备承诺呈正相关关系。

假设1c：课程思政强度与乡村定向师范生的职业持续承诺呈正相关关系。

假设1d：课程思政强度与乡村定向师范生的职业理想承诺呈正相关关系。

大量的教学论与德育论研究成果表明，教师的教学方式和德育方式的思政教育效果存在差异。如徐秦法、赖远妮认为，教学方式产生的教学效果受制于教学对象的认知能力，只有符合教学对象认知能力的教学方式才是有效的，小学、初中、高中、本专科、研究生的思政课教学方式应分别以"启发式""体验式""情境式""问题式""探究式"为主[5]。冯润民、张洁则认为，与"刚性"管理理念下的德育方式相比，柔性理念下的德育方式更为适

---

　　〔1〕 游薇、吕鹏：《价值理性视域下职业教育课程思政的育人功能探析》，载《教育与职业》2022年第21期。

　　〔2〕 刘晓磊：《大学生职业价值观、专业承诺和就业力的关系研究》，载《江苏高教》2021年第12期。

　　〔3〕 朱守信、程天君：《乡村定向师范生职业承诺的影响机制研究——基于计划行为理论框架》，载《江苏高教》2022年第11期。

　　〔4〕 龙立荣等：《职业承诺的理论与测量》，载《心理学动态》2000年第4期。

　　〔5〕 徐秦法、赖远妮：《认知能力视角下大中小学思想政治理论课一体化教学方式建设研究》，载《思想教育研究》2022年第3期。

合研究生的思想道德及思维特点，后者能够弥补前者的缺憾[1]。再比如郭翠菊指出，知识经济时代要求德育方式方法的改革，德育方式应由重"他律"向重"自律"转化，由重"社会"向"社会与个人"并重转化，由"灌输""说服"向"活动德育"转化，这样才能实现有效德育[2]。课程思政是一种融思政于课程的教学方式、方法，根据上述观点，其融入方式也可能导致思政效果的差异。据此本文提出以下假设：

假设 2：课程思政方式对乡村定向师范生职业承诺的影响不具有差异。

根据本文对职业承诺结构的划分（详见表 1），假设 2 具体分为以下 4 个假设：

假设 2a：不同课程思政方式对乡村定向师范生的职业情感承诺影响平均水平相同。

假设 2b：不同课程思政方式对乡村定向师范生的职业准备承诺影响平均水平相同。

假设 2c：不同课程思政方式对乡村定向师范生的职业持续承诺影响平均水平相同。

假设 2d：不同课程思政方式对乡村定向师范生的职业理想承诺影响平均水平相同。

（二）研究设计

1. 研究方法选择与调查工具设计

本文采用问卷调查法，问卷编制参考龙立荣编制的《中小学教师职业承诺问卷》，该问卷将职业承诺分为情感承诺、规范承诺和继续承诺[3]；连榕的《教师职业承诺问卷》，该问卷将中学教师职业承诺分为情感承诺、机会承诺、代价承诺和规范承诺[4]；刘世瑞编制的《中小学教师职业承诺问卷》，该问卷将教师职业承诺分为理想价值观承诺、义务规范承诺、机会代价承诺和现实价值承诺[5]。问卷初稿设置 17 题，删除影响因子低于 0.5 的 3 题，

〔1〕 冯润民、张洁：《柔性管理理念下的研究生德育方式》，载《当代青年研究》2006 年第 12 期。

〔2〕 郭翠菊：《知识经济条件下德育方式改革的基本思路》，载《河南师范大学学报（哲学社会科学版）》2001 年第 5 期。

〔3〕 龙立荣、李霞：《中小学教师的职业承诺研究》，载《教育研究与实验》2002 年第 4 期。

〔4〕 连榕：《新手—熟手—专家型教师心理特征的比较》，载《心理学报》2004 年第 1 期。

〔5〕 刘世瑞：《中小学教师职业承诺问卷的编制及适用研究》，湖南师范大学 2005 年硕士学位论文。

最终保留 14 题，分为职业情感承诺、职业准备承诺、职业持续承诺和职业理想承诺。

2. 问卷的信度与效度

经过克隆巴赫系数（Cronbach's Alpha）分析，α 系数为 0.929，大于 0.7，问卷信度较好。经过探索性因子分析，14 个题项的因子均大于 0.5，各维度的平均影响因子分别为 0.743、0.740、0.816、0.700，问卷结构效度较好（见表 1）。

表 1　问卷维度与题项因子

	成分			
	1	2	3	4
1. 我非常关心乡镇（含县城）教育发展变化	.763			
2. 从事教师职业，我感到很自豪	.760			
3. 我喜欢教师这个职业	.748			
4. 我愿意牺牲自我利益助力乡村（含县城）教育发展	.702			
12. 我觉得，公费师范生不存在违背教师职业道德的行为		.830		
13. 我觉得，公费生一般会比普通师范生学习更努力		.828		
14. 我能面对到乡镇（含县城）任教的任何困难		.561		
5. 将来定向就业合同到期我还是会坚持留在乡镇任教			.871	
6. 坚持留在乡镇（含县城）小学我会有好的发展前景			.864	
7. 我觉得，公费师范生有责任长期在乡村任教			.712	

	成分			
	1	2	3	4
8. 公费定向是我最好的选择				.782
9. 从事教师职业有利于实现我的理想				.742
10. 教师职业有利于自我价值实现				.685
11. 我对教师职业很满意，它如我想象得那么好				.589

备注：成分 1 为职业情感承诺，2 为职业准备承诺，3 为职业持续承诺，4 为职业理想承诺

3. 数据来源

在粤东西北的两所大学中，随机抽取 5 个班的乡村定向师范生作为被试者，包括小学语文、小学数学、小学英语、学前教育、全科教育乡村定向师范生，共计 262 人。通过班主任、辅导员采取在线发放电子问卷的方式进行调研，共回收问卷 221 份，剔除填答时间过短的无效问卷 3 份，共回收有效问卷 218 份，回收率为 83.21%。

（三）实证结果分析

1. 课程思政强度与乡村定向师范生职业承诺的相关性

经过皮尔逊相关分析，课程思政强度与乡村定向师范生职业情感承诺之间的相关系数 $r = 0.288$，$p = 0.000 < 0.05$（详见表 2），因而说明课程思政强度与乡村定向师范生职业情感承诺之间有着显著的正相关关系，假设 1a 得到验证。

经过皮尔逊相关分析，课程思政强度与乡村定向师范生职业准备承诺之间的相关系数 $r = 0.222$，$p = 0.001 < 0.05$（详见表 2），因而说明课程思政强度与乡村定向师范生职业准备承诺之间有着显著的正相关关系，假设 1b 得到验证。

经过皮尔逊相关分析，课程思政强度与乡村定向师范生职业持续承诺之间的相关系数 $r = 0.257$，$p = 0.000 < 0.05$（详见表 2），因而说明课程思政强度与乡村定向师范生职业持续承诺之间有着显著的正相关关系，假设 1c 得到验证。

经过皮尔逊相关分析，课程思政强度与乡村定向师范生职业理想承诺之间的相关系数 $r=0.253$，$p=0.000<0.05$（详见表2），因而说明课程思政强度与乡村定向师范生职业理想承诺之间有着显著的正相关关系，假设1d 得到验证。

表2　课程思政强度与乡村定向师范生职业承诺的相关性

维度		课程思政强度
职业情感承诺	Pearson 相关性	.288 **
	显著性（双侧）	.000
	N	221
职业准备承诺	Pearson 相关性	.222 **
	显著性（双侧）	.001
	N	221
职业持续承诺	Pearson 相关性	.257 **
	显著性（双侧）	.000
	N	221
职业理想承诺	Pearson 相关性	.253 **
	显著性（双侧）	.000
	N	221

2. 课程思政方式对乡村定向师范生职业承诺影响的差异

运用单因素方差分析（One-Way ANOVA）方法，分析不同课程思政方式是否会对乡村定向师范生职业情感承诺产生不同影响，方差齐性检验结果显示，Levene 统计量取值为 0.941，sig 取值为 0.455，大于 0.05。经过最小显著差异法（LSD）分析，sig 取值为 0.019，小于 0.05，即假设 2a 不成立，认为不同课程思政方式的职业情感承诺均值水平具有差异，即说明举例子、行为评价、说理、社会活动、以身作则和其他课程思政方式对乡村定向师范生职业情感承诺的影响存在差异。

运用单因素方差分析方法，分析不同课程思政方式是否会对乡村定向师范生职业准备承诺产生不同影响，方差齐性检验结果显示，Levene 统计量取值为 1.801，sig 取值为 0.114，大于 0.05。经过 LSD 分析，sig 取值为 0.297，大于 0.05，即假设 2b 成立，认为不同课程思政方式的职业准备承诺均值水平相同，即说明举例子、行为评价、说理、社会活动、以身作则和其他课程思政方式对乡村定向师范生职业准备承诺的影响不存在差异。

运用单因素方差分析方法，分析不同课程思政方式是否会对乡村定向师范生职业持续承诺产生不同影响，方差齐性检验结果显示，Levene 统计量取值为 1.350，sig 取值为 0.245，大于 0.05。经过 LSD 分析，sig 取值为 0.060，大于 0.05，即假设 2c 成立，认为不同课程思政方式的职业持续承诺均值水平相同，即说明举例子、行为评价、说理、社会活动、以身作则和其他课程思政方式对乡村定向师范生职业持续承诺的影响不存在差异。

运用单因素方差分析方法，分析不同课程思政方式是否会对乡村定向师范生职业理想承诺产生不同影响，方差齐性检验结果显示，Levene 统计量取值为 1.038，sig 取值为 0.396，大于 0.05。经过 LSD 分析，sig 取值为 0.300，大于 0.05，即假设 2d 成立，认为不同课程思政方式的职业理想承诺均值水平相同，即说明举例子、行为评价、说理、社会活动、以身作则和其他课程思政方式对乡村定向师范生职业理想承诺的影响不存在差异。

四、结论与启示

(一) 研究结论

本文发现，课程思政已经成为乡村定向师范生培养的重要教育理念，大学教师课程思政的频率较高。课程思政方式以"举例子"（说生活、历史典型案例）为主，其次是"说理"（摆事实、讲道理），其他方式运用非常少。

乡村定向师范生的职业情感承诺水平较高，70% 以上的乡村定向师范生的职业情感承诺为"较高"和"高"水平，只有少数乡村定向师范生的职业情感承诺较低。乡村定向师范生的职业准备承诺有待提升，仅有少数乡村定向师范生的职业准备承诺为"高"水平，近 50% 的乡村定向师范生职业准备承诺居于"一般"及以下水平。乡村定向师范生的职业持续性承诺需要强化，乡村定向师范生的职业持续性承诺为"一般"及以下水平的比例超过 50%，整体水平较低。乡村定向师范生的职业理想承诺水平较高，职业理想承诺处于"高"和"较高"水平的乡村定向师范生人数占比超过 70%，职业理想承诺整体水平比较高。

课程思政强度与乡村定向师范生职业情感承诺之间有着显著的正相关关系。课程思政强度与乡村定向师范生职业准备承诺之间有着显著的正相关关系。课程思政强度与乡村定向师范生职业持续承诺之间有着显著的正相关关系。课程思政强度与乡村定向师范生职业理想承诺之间有着显著的正相关关系。

不同课程思政方式对乡村定向师范生职业情感承诺的影响存在差异。不同课程思政方式对乡村定向师范生职业准备承诺的影响不存在差异。不同课程思政方式对乡村定向师范生职业持续承诺的影响不存在差异。不同课程思政方式对乡村定向师范生职业理想承诺的影响不存在差异。

（二）启示

本文的结论给乡村定向师范生教育的启示是：

一方面，要探究个性化课程思政方式从而培养学生职业情感承诺。不同的课程思政方式对乡村定向师范生的职业情感承诺影响不同。而教师较多采用举例子和说理法，其他课程思政方式运用较少。虽然乡村定向师范生的职业情感承诺居于较高水平，但仍有近30%的学生职业情感承诺缺乏。因此，必须探究个性化的课程思政融入方式，有针对性地培养学生的职业情感承诺。

另一方面，要构建专业化、群落化课程思政体系从而增强乡村定向师范生职业准备承诺与职业持续性承诺。课程思政建设的基本理念是充分挖掘课程中的思政元素，在教学和改革中，有机融入思想政治教育，实现课程同向同行，发挥协同思政功能。"充分挖掘"意味着扩充思政内涵、发掘思政意蕴、强化德智勾连，然而，这并不是说漫无目的、不着依据地随意发挥。课程是专业人才培养的主要支撑，人才培养规格决定了高校各学科专业课程体系设置，各学科专业的特点间接决定了专业课程思政的特性。乡村定向师范生教育课程思政推进必须以学科专业人才培养目标为中心，以专业特性为基点，以课程为载体，突显专业特色，即从随意性向专业化转变。同时，在"大众思政"背景下，源于课程教学缺乏统合，会造成课程的功能生态位重叠，也就是单科课程在课程体系中的地位和角色，在时间、空间上的位置以及与其他课程间的功能关系发生交集或者重复。这一现象在强化某些领域课程思政合力的同时，也窄化了课程思政的覆盖面，损害了课程思政功能的系统性。

因此，应通过课程群建设，使具有不同思政基因优势的各科课程相互协调、互补互通、相辅相成，构建内容与要素较为完善的课程思政体系，发挥课程思政在乡村定向师范生职业承诺培养中的整全功能，不断提升乡村定向师范生的职业准备承诺与职业持续承诺水平。

基于 OBE 理念的公共管理专业应用能力考核评价体系研究

——基于课程思政的视角[*]

马全中[*]

韶关学院　政法学院　广东韶关　512005

摘　要： 在课程思政的背景下，基于 OBE 理念的行政管理等公共管理类专业应用能力考核评价体系构建有利于保证公共管理专业教学改革的社会主义方向，有利于提高学生的应用能力、实践能力和创新能力，有利于行政管理等公共管理本科专业提高人才培养质量，有利于引领公共管理学科教学朝着健康方向发展。公共管理专业应用能力考核评价体系构建应遵循课程思政导向原则、结果导向原则、应用能力优先原则、循序渐进原则。公共管理专业应用能力考核评价体系构建应注重办公应用能力的培养，注重决策、管理和人力资源管理能力的培养，注重语言表达能力的培养等。

关键词： OBE；课程思政；行政管理专业；公共管理专业；应用能力；考核和评价

一、引言

近年来，课程思政越来越受到重视。课程思政对于人才培养的质量和人

　＊ 广东省高等教育教学研究和改革项目"基于 OBE 理念的公共管理专业应用能力考核评价体系探索研究"；韶关学院课程思政项目"行政管理专业课程思政建设"。

　＊ 马全中，1974 年生，男，韶关学院政法学院教授，博士。主要研究方向是合作治理。

才培养的社会主义方向具有重要意义。一般而言，不论是专业建设，还是课程建设和教学改革，都与课程思政有一定的联系。换言之，课程思政已经融入所有专业的专业建设和教学改革之中。当前，行政管理等公共管理专业正在不断深化教学改革，行政管理等公共管理专业要不断提高人才培养的质量，而且要保证人才培养的社会主义方向。目前行政管理专业人才培养存在着重理论知识传授、轻应用能力培养等问题，即行政管理等公共管理专业注重基础理论、基本概念等专业理论知识的教学，而对学生应用能力重视不够。这导致学生毕业后缺乏必要的基本技能，从而在就业市场上面临竞争力不足等问题。从近年来毕业生反馈、用人单位意见、学生家长建议等方面来看，行政管理等公共管理专业需要加强学生的应用能力培养和训练。因此，为提高行政管理专业等公共管理学科的教学质量，就必须深化行政管理专业等公共管理学科的教学改革，要在注重学生理论知识传授的同时，重视应用能力的培养。基于此，本文将着重探讨 OBE（Outcome-Based Education，成果导向教育）理念下如何推进和完善行政管理专业等公共管理学科的学生应用能力培养，探讨如何在课程思政的背景下制定行政管理等公共管理类专业的应用能力考核评价体系。

二、课程思政视野下加强基于 OBE 的公共管理专业应用能力考核评价体系的意义

在课程思政的背景下，加强公共管理专业人才培养应用能力考核评价体系具有非常重要的意义，一方面它能保证公共管理类专业教学改革的社会主义方向，能够保证学生提高应用能力水平和创新能力；另一方面，它能够促进行政管理等公共管理本科专业提高人才培养质量，能够引领行政管理等公共管理学科教学朝着健康方向发展。

（一）有利于保证公共管理专业教学改革的社会主义方向

课程思政建设对高校"坚持社会主义办学方向，落实立德树人根本任务"[1]具有重要意义。课程思政的总目标是保证教育的社会主义性质和方向，课程思政指导着教育教学的各个方面。公共管理等专业的教学改革也必

---

[1] 邱伟光：《课程思政的价值意蕴与生成路径》，载《思想理论教育》2017 年第 7 期，第 10~14 页。

须遵循课程思政的各项要求。公共管理等专业教学改革的主要目的是提高人才培养质量，培养适应社会需要的人才。随着我国经济社会的不断变化，社会对人才的需求标准也在不断变化，社会对人才的应用能力和创新能力提出了更高的要求。这就需要公共管理等专业加大教学改革的力度，使教育教学符合社会的需要，使学生具备就业的本领和能力。目前公共管理等专业的教学改革需要从多方面进行，其中一个重要方面是提高学生应用能力和实践能力。公共管理等专业属于管理类专业，它需要培养学生使其具有较强的管理能力、应用能力和实践能力。长期以来，公共管理等专业存在着重理论教学、轻应用能力培养等问题，这导致公共管理等专业人才培养与社会需求脱轨，学生不能够很好适应社会和用人单位的需要。因此，公共管理等专业教学改革的重要方向之一是提高学生的应用能力、实践能力和创新能力，因此，目前需要加大公共管理等专业的应用能力改革力度，加强公共管理等专业应用能力考核评价体系建设。换言之，公共管理等专业应该加强基于 OBE 的公共管理专业应用能力评价体系建设。同时这项教学改革也要融入课程思政元素，即基于 OBE 的公共管理应用能力评价体系要注重学生思想教育，保证教学改革的正确政治方向，保证为社会主义培养合格的建设者。

（二）有利于提高学生应用能力、实践能力和创新能力

基于 OBE 的公共管理等专业应用能力考核评价体系的建立能够帮助教学部门和教师提高应用能力的教学水平。公共管理专业应用能力考核评价体系是提升教学质量和改变教学模式的一个抓手。基于 OBE 的公共管理等专业应用能力考核评价体系能够成为教学的指挥棒。教师在教学中会紧密地以应用能力考核评价体系为标准，在授课中、实践中、作业评价中、学习要求中不断要求学生注重应用能力、实践能力和创新能力的培养，把应用能力、实践能力和创新能力的提升作为教学的重点。例如，老师要在教学中注重应用能力的培训，培养学生的公文写作能力、调查研究能力、沟通能力和演讲能力等。由于教师在教学中注重相关应用能力、实践能力和创新能力的培养，这在一定程度上能明显提升学生的各方面能力。对于学生而言，应用能力、实践能力和创新能力的考核在学习成绩中占比增加，会使学生在训练应用能力、实践能力和创新能力等方面的投入时间增加，从而可以促进学生应用能力、实践能力和创新能力的大幅度提升。公共管理等专业应用能力考核评价体系主要聚焦学生的应用能力、实践能力和创新能力，具体来说，应用能力考核

评价体系应该聚焦学生公文写作评价体系、软件应用评价体系、调查研究评价体系、沟通能力评价体系、危机管理评价体系等各种应用能力评价体系。从学校层面来讲，通过应用能力考核评价体系的构建，能够帮助高校实现其高水平应用型学校的办学定位，也能够帮助学校提升学校的办学质量，提高学校的办学声誉。总之，基于 OBE 的公共管理专业应用能力考核评价体系对于学校、教师、学生而言都是一个重要的提升办学和学习的工具和手段，它对提升学生应用能力、实践能力和创新能力具有极其重要的价值和意义。

（三）有利于行政管理等公共管理本科专业提高人才培养质量

任何专业的发展都以人才培养质量的提升为条件。对于行政管理等公共管理学科而言，提高这些专业的人才培养质量是专业发展和提升的必经之路。在行政管理等公共管理专业人才培养过程中，学生应用能力和实践能力不高一直是制约专业发展的重要因素。在对用人单位和实习单位的访谈过程中，用人单位对学生的工作态度和学习精神表示肯定，但对学生的动手能力和应用能力则提出一定的改进建议。对于学生而言，学生们自己也认为自己在应用实践能力方面需要提升，认为自身在实践能力和创新能力上存在不足。通过对公共管理专业进行基于 OBE 的应用能力考核评价体系的制定，有助于帮助学生提升自己的应用能力和实践能力，有利于提升行政管理专业等公共管理本科专业的人才培养质量。基于 OBE 公共管理专业应用能力考核评价体系使教师在教学中能够抓住应用能力培养的重点，从而在教学中摒弃原来满堂灌式的理论教学模式，将实践能力、应用能力培养融入公共管理专业教学之中。应用能力考核评价体系的建立意味着教师在教学中要注重实践教学、现场教学、案例教学。在专业考核中，教授也要以学生实践操作能力为主要衡量尺度。学生在日常学习中，在理论知识学习之外，还需要注重对于公文写作、会议组织、沟通协调、危机管理等应用能力和实践能力进行学习和训练。通过教与学两个方面的努力，公共管理专业学生的应用能力和实践能力会有一个很大的提升。因此，基于 OBE 的公共管理专业考核评价体系对于提高专业人才培养质量非常重要，它是公共管理专业教学质量改革的重要路径。

（四）有利于引领公共管理学科教学朝着健康方向发展

加强基于 OBE 的公共管理专业应用能力考核评价体系能够促使公共管理学科在教学方法、教学内容方面健康发展。首先，构建应用能力考核评价体系能够促使公共管理学科教师改革教学方法。在传统授课中，教师一般采用讲授式教学方法，老师在课堂上以传授理论知识为主，学生在课堂上主动或者被动学习理论知识。这种教学模式能够使学生掌握比较深厚的力量知识，但缺点是学生动手能力、应用能力和实践能力比较差。这种教学方法和教学模式使学生无法有效提升自己的专业技能和专业能力，也无法迅速适应社会和工作岗位的要求。通过公共管理等专业应用能力考核评价体系的构建，一方面能够使老师在教学中重视应用能力和实践能力的培养，注重在教学中进行教学理念和教学内容的转变；另一方面，评价体系的构建，也能够使教师在教学中有具体明确的标准来进行应用能力培养，使应用能力培养目标更加明确、效率更高。其次，应用能力评价体系的构建使教学内容更加科学完善。从教学内容来看，教材知识体系偏重理论教学，这也是公共管理学科目前存在的普遍现象，因此，要基于应用能力评价体系来完善教学内容，使教材和课堂教学体现一定比重的应用能力培养。加强应用能力培养要在教材和教学参考书中列明需要掌握的专业应用能力，使教学知识体系更加完善；在教学方法和教学内容中注重应用能力培养元素；从这两个方面入手，能够有效提高公共管理专业人才应用能力培养质量，也能够促使公共管理专业毕业生适应社会和用人单位的要求。

三、课程思政视野下加强基于 OBE 的公共管理专业应用能力考核评价体系的原则

教育改革同其他改革一样，有其自身运行发展的规律，也有其自身运行的原则。就行政管理等公共管理专业而言，在进行基于 OBE 的应用能力考核评价体系改革过程中应该遵循课程思政导向原则、结果导向原则、应用能力优先原则和循序渐进原则。

（一）课程思政导向原则

行政管理等公共管理专业基于 OBE 的应用能力考核评价体系教学改革需要遵循课程思政原则。课程思政改革是党和国家为了保证社会主义办学方向，为了培养合格的社会主义接班人，为了国家的长治久安，为了保证贯彻党和国家的教育教学方针而采取的教育教学改革措施。课程思政原则在高等教育教学中是普遍适用的原则。在行政管理等公共管理专业基于 OBE 的应用能力评价体系的教学改革中，课程思政原则也是基本原则。基于 OBE 教育理念的应用能力评价体系基本要求是：要在应用能力培养中加强学生的思想政治建

设。在应用能力培养过程中，要让学生明白，提高应用能力、实践能力和创新能力的主要目的是建设伟大的祖国，实现中华民族伟大的复兴梦，实现个人理想和国家的宏图伟业。在应用能力培养过程中，通过使学生明白学习的目的和使命，能够使学生更加认真地提升自身的应用能力、专业能力和实践能力等。课程思政原则要求在应用能力培训中加强思想政治和道德理想教育。在应用能力评价指标体系构建中，要注重思想政治指标的融入和设置，使课程思政元素融入评价指标之中，使教师在进行应用能力教学、融入课程思政元素时更具有操作性。制定应用能力评价体系要注重融入道德、理想教育的元素。教师在应用能力培养时，要激励学生树立远大的理想，树立正确的职业价值观，激励学生将崇高的职业理想和正确的世界观结合起来，激励学生在追求崇高理想的过程中提高其应用能力、实践能力和创新能力。概言之，基于 OBE 的行政管理等公共管理专业应用能力评价体系要注重课程思政原则，把为国家培养社会主义建设者作为应用能力评价指标体系制定的主要原则。

（二）结果导向原则

"OBE 是一种以学习者为中心、以学习结果为导向的教育哲学思想，在北美、澳大利亚、南非等国家和地区具有较大的影响力，当前我国高校教学改革也深受 OBE 理念的影响。"[1]OBE 教育理念具有鲜明的特点，它是以结果为导向的，它是以学习者为中心的，这在一定程度上改变了传统教学模式以"教师的教"为中心而忽视"学生的学"的教学模式的弊端。OBE 教育模式或者教育理念注重教育结果或教育目标的使用，即以教学结果或教育要求来引导教学过程。"这个理念的逻辑架构基础在于，每个学生都是有才能的，学习应基于合作而不是竞争，学校应当成为每个学生找到成功方法的教育机构。OBE 的提出者斯派迪在立足此教育理念逻辑基础上于 1994 年提出了成果导向教育的金字塔结构。该结构将成果导向教育分为五个方面，即一个执行范例、两个关键目标、三个关键前提、四个执行原则以及五个实施要点"[2]也就是说，课程思政既强调结果导向，也注重学生自主学习。在行政管理等公共管

---

〔1〕 张男星等：《理解 OBE：起源、核心与实践边界——兼议专业教育的范式转变》，载《高等工程教育研究》2020 年第 3 期，第 109~115 页。

〔2〕 申天恩、斯蒂文·洛克：《论成果导向的教育理念》，载《高校教育管理》2016 年第 5 期，第 47~51 页。

理专业应用能力评价体系构建过程中，需要相关部门和老师注重评价体系指标的完善和构建，也要注重引导学生自觉和有效利用这个评价指标体系，把应用能力指标评价体系作为提升应用能力的抓手和关键。OBE 强调学生要具备多种能力。"OBE 在应用层面上有三种类型：以重视专业技能及其结构性表现的传统型 OBE；强调非结构性表现与高层次能力的过渡型 OBE；聚焦生活角色能力以及由复杂角色绩效决定的转变型 OBE"。[1]基于 OBE 的行政管理等公共管理专业应用能力评价体系需要重视专业技能指标体系的构建，同时也要重视结构性能力，既重视那些有既定培训程序的常规应用能力的培训，也要重视那些非结构化的应用能力的培训。前者是指公文写作、办公软件的使用等应用能力的培养，后者主要是指决策能力、社会调研能力、危机管理能力等应用能力的培养。

（三）应用能力优先原则

应用能力优先是公共管理等专业应用能力评价体系的应有之义，这是基于 OBE 的公共管理专业应用能力考核评价体系构建的主要原则之一。"研究型人才重在培养其发现和探索客观规律、创新知识的能力；应用型人才重在培养其应用专业知识到实际生产，特别是将高新科技知识转化为生产力（包括管理能力和服务能力），为社会创造直接利益的能力。因此，不同高校人才培养的模式和定位也是不同的。新建本科院校主要培养应用型人才。"[2]在人才培养中，无论是研究型人才还是应用型人才，都是国家和社会的有用之才。对于一般本科院校而言，学校定位一般是为国家和社会培养高层次的应用型人才。因此，在公共管理等专业基于 OBE 的应用能力评价指标体系构建过程中，需要体现应用能力优先原则。应用能力优先原则意味着在公共管理应用能力评价体系改革中，要在实施阶段适当加大应用能力教学和考核的比重，以引起师生的重视。在传统注重理论教学的惯性之下，如何使应用能力评价被教师和学生接受，是应用能力评价体系改革需要注重的问题。解决之道在于在实行应用能力评价体系过程中，要求教授和学生特别注重应用能力培养，甚至在一定程度上加大应用能力考核权重。学校和学院可以采取应用能力竞

〔1〕 申天恩、斯蒂文·洛克：《论成果导向的教育理念》，载《高校教育管理》2016 年第 5 期，第 47~51 页。

〔2〕 宋克慧、田圣会、彭庆文：《应用型人才的知识、能力、素质结构及其培养》，载《高等教育研究》2012 年第 7 期，第 94~98 页。

赛、应用专题训练、应用能力相关专家讲座等形式来提升学生对应用能力培训重要性的认识。总之，学校、学院和老师要从思想上、课程设置上，课程教学、评先评优等各项教学活动中重视应用能力培养，贯彻应用能力优先原则。

（四）循序渐进原则

行政管理等公共管理专业基于 OBE 的应用能力考核评价体系要遵循循序渐进的原则。循序渐进原则意味着应用能力评价体系要在培养进度、应用能力培训层次、训练和实操等方面遵循循序渐进原则。首先，应用能力评价在培养进度上要循序渐进。无论是计算机软件，还是决策能力等主观个人能力的培养及考核都要遵循循序渐进原则。相关评价体系要尊重知识和技能发展规律，根据知识累积规律，制定不同层次、不同时期的评价体系。其次，要注重应用能力的培训节奏和阶段。知识和能力培养要根据人的学习规律，从易到难、从简单到复杂来进行教育培养。相应的，基于 OBE 的行政管理专业应用能力评价体系也要遵循这个规律来设计。最后，应用能力评价要分为低阶课堂实训到高阶现场实训两个渐进阶段。一般而言，应用能力培训包括课堂上培训和实操两种形式，在课堂上培训注重模拟和熟悉相关典型场景，而实操则更具有挑战性和难度。所以，应用能力评价体系要注重课堂培训或者学校培训与实操的区别，体现应用能力培养和评价的循序渐进性。

四、课程思政视野下加强基于 OBE 的公共管理专业应用能力考核评价体系的内容

（一）注重办公应用能力的培养

行政管理等公共管理专业毕业生需要从事办公室等日常行政管理工作，因此，公共管理专业需要培养学生具备一定的办公基本技能。具体而言，公共管理专业学生应该具备 PPT 设计能力等办公软件使用能力、会议组织能力、文档管理能力、礼仪接待和协调能力等。首先，行政管理等公共管理专业学生应用能力培养首先需要培养学生的常用办公软件使用能力。常用的 WORD、PPT、EXCEL 等办公软件，公共管理专业学生必须会熟练应用。这些办公软件在日常行政管理中会经常被用到。以 PPT 为例，该软件在汇报、交流、总结过程中经常被用到，因此，行政管理等公共管理专业学生必须能够熟练运用 PPT 等办公常用软件，要能够设计各种版式和风格的 PPT。EXCEL 作为数

字统计的软件，在日常行政管理中也经常被用到。其次，要具备会议组织能力。作为管理类学生，需要掌握组织会议的技巧和方法。公共管理类学生要掌握如何组织会议、如何协调会议、如何确定会议流程、如何做好会议准备工作、如何使会议更加高效和便利、如何进行会议记录和撰写会议纪要等。公共管理类学生在校期间，要注意训练自己组织各类学生会议，以及协助老师办好各种专业类会议的能力。再次，要具备文档管理能力。行政管理工作和办公室工作需要公共管理类专业毕业生具备文档处理能力。学生要掌握如何收发文档，如何保存文档，如何传阅文档等。最后，公共管理类毕业生需要掌握礼仪接待能力。办公室人员和行政管理人员经常面临接待工作，因此，公共管理类毕业生要掌握基本的礼仪接待能力和沟通联络能力。礼仪接待能力包括待人接物的基本要求、各种社交礼仪、会客要求等。沟通联络能力包括组织内的沟通联络和组织外的沟通联络，不同性质的沟通联络在方式方法上会有所不同，这都要求学生掌握。

（二）加强决策、管理和人力资源管理能力的培养

行政管理等公共管理类专业学生还需要培养决策、管理和人力资源管理等应用能力，这些属于管理类学生必须掌握的应用能力。首先，要具备一定的决策能力。公共管理类学生要掌握决策的方法，例如，学生要掌握德尔菲决策法、决策树法、科学决策法等现代决策方法和技术。学生要掌握在复杂情况下各种决策方法的使用。其次，要具备危机管理等管理能力。现代社会是个危机频发的社会，因此，行政管理人员掌握必要的危机管理能力是必要的。危机管理能力包括危机预警能力、危机沟通能力、危机应对能力和危机评估能力。当危机发生后，危机处置能力显得非常重要。学生要掌握危机管理的程序和危机应对的方法。课程标准和日常教学中要注重对学生危机管理的演练和推演。最后，人事管理能力也是公共管理类学生应该掌握的重要应用能力。公共管理类学生要掌握一定的人力资源管理能力。学生要具备人力资源规划能力、招聘能力、工作分析能力、绩效评估能力、薪酬管理能力等各种人力资源管理能力。

（三）注重语言表达能力的培养

对于行政管理等公共管理类专业而言，语言能力也是要掌握的重要应用能力。公共管理类专业语言能力包括文字语言能力和口语能力。口语能力主要包括演讲能力和即兴讲话能力。演讲能力要求学生必须能够在给定主题下

进行即兴演讲。演讲要能够做到条理清楚、中心突出、具有鼓舞性和激励性。文字语言能力包括公文写作能力、调研报告写作能力、总结材料写作能力等。行政机关和事业单位会产生大量公文，如何写作各种类型的公文，是行政管理等公共管理类专业必须具备的语言能力。公共管理专业学生必须掌握各种类型的公文格式、写作要求等。书面文字能力还包括调研报告的写作能力。调研报告写作能力实际上是各种能力的综合，是一种综合能力，调研报告能力既包括写作能力，更包括调查能力、分析能力和综合能力。各种总结材料撰写也是公共管理类学生需要掌握的能力，这个能力与调研报告撰写能力是相关的。